西方三千年战争简史

[英] 李德·哈特 / 著

柳宗秀 / 译

江苏人民出版社

图书在版编目（CIP）数据

西方三千年战争简史 /（英）李德·哈特著；柳宗
秀译 . -- 南京：江苏人民出版社，2024. 9. -- ISBN
978-7-214-28985-8

Ⅰ . E19

中国国家版本馆 CIP 数据核字第 2024FH9557 号

书　　　名	西方三千年战争简史	
著　　　者	（英）李德·哈特	
译　　　者	柳宗秀	
责 任 编 辑	胡海弘	
装 帧 设 计	东合社·安宁	
出 版 发 行	江苏人民出版社	
地　　　址	南京市湖南路 1 号 A 楼，邮编 210009	
印　　　刷	天津旭非印刷有限公司	
开　　　本	880×1230 毫米　1/32	
印　　　张	12.25	
字　　　数	296 千字	
版　　　次	2024 年 9 月第 1 版	
印　　　次	2024 年 9 月第 1 次印刷	
标 准 书 号	ISBN 978-7-214-28985-8	
定　　　价	72.00 元	

（江苏人民出版社图书凡印装错误可向承印厂调换）

目
录

第二部分
第一次世界大战中的战略

第三部分
第二次世界大战中的战略

第四部分
战略与大战略的基础

　　本书首版于1954年问世，当时全球刚刚见证了第一颗氢弹的成功试爆。作为一种热核武器，氢弹利用核聚变能量，其威力相当于1945年爆炸的第一颗原子弹的1000倍。

　　在前一版的序言中，我大胆预言氢弹的发明不会从根本上改变军事战略的使用，也不会让我们摆脱对"常规武器"的依赖，然而，它可能会激发军事家们以更多非常规手段运用这些武器，这一观点读者将在后续章节中了解。

　　自1954年以来，核武器一直在发展，而非核冲突也多次爆发，这正与我当时所预测的趋势一样。历史明确地表明，核武器的发展反而削弱了其威慑力，从而导致游击战略的使用愈发普遍。因此，本版特别新增了一章，介绍游击战的基本因素和问题。尽管这些问题存在了很长时间，但人们仍旧对其知之甚少，尤其是在一些国家，任何被称为"游击战"的事物都成了一种新的军事风尚，引发狂热追捧。

尽管核武器在一定程度上确保了西方国家的安全，但并不能完全、永久地做到这一点。它不是万能的，无法消除这些国家所面临的所有危险。核武器在提升西方国家实力的同时，也带来了担忧与不安全感。

1945年爆炸的第一颗原子弹，被当时的西方政治家们视为一种加速战争结束、确保完全胜利并为世界带来和平的利器。据英国时任首相温斯顿·丘吉尔所言，他们当时认为："以几次爆炸为代价，展示原子弹惊人的威力，可以终结战争，还世界以和平，向饱受折磨的人们伸出援手，治愈他们的创伤，简直就像是神迹般将人们从数不清的困苦和危难之中解救出来。"然而如今，生活在自由世界的人们仍然非常焦虑，这表明，当时的政治家们没有意识到，以这种方式取得的胜利无法确保持久和平。

他们只盯着"赢得战争"这个眼前的战略目标，未能以长远的眼光看待问题，忽略了历史给我们的经验教训，自以为军事胜利就能够保障和平。因此，我们可以得出结论：纯粹的军事战略应当受到具有长远眼光、洞察全局的"大战略"的指导。

和平从未如此让人们没有安全感。八年来，人们一直处于神经紧绷的状态，而热核武器的出现更是让"胜利者们"感到极度不安。氢弹试爆时所展现的威力，让人们清楚地意识到，"总体战"作为方法和"胜利"作为战争目标已经不再适用。

战略轰炸的拥护者们也意识到了这一点。英国皇家空军元帅约翰·斯莱瑟爵士最近表示，他相信"我们在过去40年间所熟悉的那种总体战已经过时了。现代世界大战的结果将是大规模自杀，人类文明将会走向终结"。另一位皇家空军元帅亚瑟·泰德男爵也早已强调过这一点，他评论斯莱瑟爵士"准确冷酷地陈述了可能会发生的事情"，并说道："使用核武器对战并不是决斗，而更像是同归于尽。"

他还补充道："这不会鼓励侵略行为。"然而，这句话并不完全合乎逻辑，因为冷血的侵略者可能会利用对手抵触自杀的本能来达到自己的目的。他知道，当对手面对看起来不太致命的威胁时，不会立即做出反应。

如果某个在任的政府遭遇间接侵略或者局部、有限的侵略，他们会考虑使用氢弹作为战争手段吗？如果他们的空军高级长官警告称这无异于"自杀"，政府会有勇气率先迈出这一步吗？因此，我们可以推断：除非面临明确的致命威胁，且这种威胁比氢弹本身更可怕，否则没有国家会贸然使用氢弹。

政治家们竟然相信原子弹和氢弹这类武器可以有效地遏制侵略，这实在是一种不切实际的幻想。克里姆林宫——也就是苏联的政治核心——的官员可能并不会将这种威胁放在心上，但是铁幕周边的国家却更加忧心，因为他们距离苏联及其战略轰炸力量很近，处境非常危险。如果试图用核武器来保护他们，反而可能会削弱他们抵抗的决心。我们现在已经知道，威胁产生的反作用会造成极大的伤害。

氢弹对于"遏制"政策的实施实际上是弊大于利。它虽然可以减少全面战争爆发的可能性，但也会增加"有限战争"的发生概率。"有限战争"通常表现为间接而广泛的局部侵略，侵略者可能会采取一系列不同的战术，以趁敌人犹豫是否使用氢弹或原子弹反击的时机取得战略优势。

现在，为了"遏制"这种威胁，我们变得更加依赖"常规武器"。这一结论并不意味着我们必须回归传统的作战方法。恰恰相反，我们应该与时俱进，想出新的作战方法。

我们已经进入了新的战略时代。这个时代和那些提倡空中核力量建设的人所想象的截然不同，尽管在过去的时代他们可能被视为"革新者"。现在，我们的敌人采取的战略是双管齐下：一方面躲避优势空中力量的袭击，一方面想办法回击使之瘫痪。讽刺的是，我们研究出的轰炸武器越具有大规模杀伤力，就越促进了这种游击型战略的进步。

我们必须清楚地理解这一点，才能更好地制定自己的战略，并相应地调整军事政策。如果充分理解了敌人的战略，我们就有机会成功制定出有效的反击战略。另外，值得注意的是，若要用氢弹将敌人的城市夷为平地，那么我们有可能潜伏在那里的"第五纵队"也将被一起毁灭。

目前的普遍假设"核武器已使得战略变得毫无用处"，是毫无根据、严重错误的。核武器将破坏力提升到了"自杀"的极端程度，反而促使人们更倾向于使用间接路线。间接路线正是战略的实质，使得战争上升到了智力对抗的层面，而不仅是残酷的武力斗争。在第二次世界大战中，许多迹象都表明人们更多地使用了"间接路线"，相较于第一次世界大战，战略在第二次世界大战中所发挥的作用更为重要，尽管当时大战略仍然缺位。现在，由于直接侵略可能受到核武器威慑，因此侵略者会制定更加灵活的战略。所以，我们也必须相应地了解自己的战略力量并制定合适的战略，这越发重要。从本质上讲，战略的历史即是间接路线的使用和演变史。

在1929年，我首次发表了关于"间接路线战略"的研究，书名为《历史上的决定性战争》。25年来，我又进行了更深入的研究和反思，并特别分析了第二次世界大战在战略和大战略方面留给我们的经验和教训。此书充分展现了我的研究成果。

当我研究古往今来的许多战役时，首先意识到的一件事就是间接路线比直接路线更优越。不过，我当时只是从军事角度来看待的。在经过了深入的思考后，我才认识到间接路线还有更广的应用范围。在生活的一切领域中，间接路线都算得上是一条定律、一条哲学真理。这种方法能够解决人生中的诸多问题。矛盾冲突的根本原因是利益争夺，而其中的决定性因素是人。在任何情况下，直接提出新的观念总会遭到顽强的抵抗，这样一来，就更难说服他人改变看法。如果出人意料地将新观念渗透进去，或者用旁敲侧击的方法，那么改变某种观点就会更加容易和迅速。无论在政治领域，还是在两性关系中，间接路线都是一个基本策略。在商业方面，如果双方发现还有讨价还价的余地，成交的可能性便会大大增加。在任何情况下，众所周知，要想说服上级接受某种新的思想，最好的办法就是让他相信这正是他们自己的想法。在战争中，在击溃敌人之前，首先要削弱他的抵抗力，而达到这个目的的最好办法就是将对方引诱出他的防线。

间接路线和一切与人心相关的问题都紧密相关，而人心正是人类历史上最重要的影响因素。不过，它却很难与另外一条原则调和，即在追求真理时，若要得出真正的结论，就必须不顾任何利害关系，勇敢面对所有后果。

历史已经证明，"先知"对人类进步起到过至关重要的作用。一个人发现了真理后，毫无保留地将它公之于众，就会产生巨大的应用价值。不过，历史也同样告诉我们，这种真理的接受和传播程度常常取决于另外一批人物——"领袖"。他们是有哲学思维的战略家，力求在真理和人们的接受度之间找到折中方案。他们能取得什么样的成就，取决于两个因素：一是他们自己对真理的掌握程度，二是他们在宣扬真理时所用的智慧。

先知往往会以身殉道，这是他们的命运，也是对他们自我实现的考验。然而，当领袖走上这条道路时，说明他未能完成使命，或许是才智不足，或许是他未意识到自己的职责与先知并不相同。只有时间能够评判他的牺牲是否足以弥补领导上的失误。然而作为一个"人"来讲，这种牺牲和失败可能还会为他带来荣耀。至少，他避开了领袖们常犯的错误：为了眼前利益损害真理，对事业无益。如果一个人总是为了眼前利益而放弃追求真理，那么，从他的"思想子宫"里诞生的定会是畸形的"婴孩"。

如何在不违背真理的情况下，使真理更易为人所接受呢？或许我们可以从战略原理的研究中找到解决方法。战略原理指出，既要设定一个长期的固定目标，又要在追求这个目标时依据环境适当调整路线。这非常重要。真理往往会遭受反对，尤其是当它还是新观念时，受到的反对格外激烈。但是如果不仅关注目标本身，还考虑到接近目标的路线，那么遭到的反对就可能减弱。避免正面攻击坚固的阵地，而是从侧翼攻击，那一侧就会被真理攻克，这就是间接路线战略。但是，每次选择这类间接路线的时候，都应注意不要背离真理。因为在推广真理的过程中，没有任何东西比谎言更加有害。

回想自己的经历，你可以找到许多例证，更清楚地理解上述观点。回忆一下新观念被大众接受的过程，你会发现，将新观念包装为古老观念的现代复兴，往往比宣扬全新观念更容易被接受。你无须刻意欺瞒，只需注意寻找新旧之间的联系即可，毕竟"太阳底下无新事"。一个很好的例证就是：当我们指出可以快速行动的车——也就是坦克——正是古代装甲骑兵的继承者以后，反对机械化的声音就小了很多。因为大家知道，过去的骑兵起到了关键的作用，因此恢复使用这类工具理所当然。

李德·哈特

第一部分

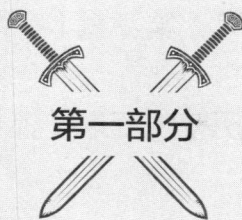

20 世纪之前的战略

第一章

从历史中获取教训

　　"愚人常说他们从自己的经验中学习，我则更喜欢从他人的经验中受益。"这句话出自俾斯麦，尽管并非他的原创，但在处理军事问题时，这句格言具有特殊意义。"正规军"与从事其他职业的人不同，他们不能通过频繁地练习以精进职业技能。所以常常有人争论说，从字面意义上看，军人根本称不上是一种职业，只能算是"临时雇佣"。但矛盾的是，当那些因为某场战争而被花钱雇来的雇佣兵被和平时期也可获得薪酬的常备军取代后，军人似乎又成了一种职业。

　　如果从大多数现代军人的工作方面来看，"军人不是一种职业"这个说法可能并不准确；但从训练的角度来看，则的确如此。因为现在与过去相比，战争的次数变少了，但是规模却更大。所以在和平时期，即使军队进行最好的训练，也总是"理论"多于"实践"。

　　但是，俾斯麦的格言就这一问题提出了一个更鼓舞人心的不同观点。它使我们认识到实践经验有两种形式——直接的和间接的，而在这两种形式中，间接的实践经验可能更有价值，因为它无穷无尽、更加广泛。即使一个人从事最活跃的职业，特别是在军人的职业范畴中，他所能获取的直接经验的范畴和可能性也极其有限。与军队相比，虽然医生可以不断实践，但是医学和外科的巨大进步也更多归功于科学家和研究人员，而非实操的医生。

直接经验的本质决定了它太过局限，不足以成为理论或实际应用的坚实基础。它最多只能营造一种有利于提炼思想的氛围。间接经验更加多样和广泛，因而具有更大的价值。从历史中我们可以汲取普遍经验，这种经验并非一两个人的经验，而是许多人在多种条件下得出的经验。

将军事史作为军事教育的基础非常合理，因为它对士兵的训练和心智发展具有极高的实用价值。但是，正如所有的经验一样，它的价值取决于它的广度，取决于它与上述定义有多接近，以及取决于研究它的方法。

士兵们普遍认可拿破仑那句被广泛引用的格言："在战争中，士气与物质的比重是三比一。"这个实际的算术比例可能毫无价值，因为如果武器弹药不足，士气就很容易下降。士兵一旦阵亡，士气再高也没有什么用处。况且士气与物质因素紧密相关。尽管如此，拿破仑的这句话仍具有不朽的价值，它指出了做军事决策时必须首要考虑士气因素，因为战争和战斗的胜负常常由军队的士气决定。在战争史上，士气是一个常量，只是高低程度有所变化，然而物质因素几乎在每一场战争和每一种军事情况下都不同。

有了这一认识，我们就更加清楚应如何从实际应用的角度来研究军事史。最近几代人的方法是选择一两场战役进行深入研究，将其作为专业训练的方法和军事理论的基础。但是，在如此有限的基础上得出的结论，可能会使我们的视野变得狭窄，获得错误的经验教训，跟不上不断变化的军事方法，在未来的实践中陷入危险。在物质领域，唯一不变的因素就是方法和条件永远在变。

相比之下，人的本性虽然不同，但对危险的反应大同小异。有些人由于遗传、环境或后天训练，可能比其他人更敏感，但区别仅在于程度，而非本质。我们研究的战争情况越局限，就越难判断士气在战争中起到的作用。虽然我们可能无法精确计算军队在不同情况下的抵抗力，但仍可得出以下结论：军队在遭到突袭、疲倦或饥饿时，远比他们预先做好了准备、休息充分且营养充足时要更容易放弃抵抗。对心理因素的调查分析范围越广，则推论出的结论就越可靠。

由于心理比物质更加重要，以及它更具普遍性，我们可以得出这样一个结论：任何战争理论的基础都应该尽可能地广泛。对一次战役的深入研究，如果不是建立在对整个战争史广泛了解的基础上，很可能会使我们掉入陷阱。但是，如果在数十种或更多的情况下，在不同的时代和条件下，某个特定的"因"都会导致某个特定的"果"，那么就有理由将该原因作为所有战争理论的一个组成部分。

本书正是这样一种广泛研究的产物。事实上，也可以说本书是多种原因共同作用的产物，与我曾担任《不列颠百科全书》的军事编辑一职有关。虽然我以前曾出于热爱研究过许多时期的军事史，但编辑《不列颠百科全书》需要广泛了解所有时期的情况。打个比方，如果你是一个地形测绘员，或哪怕只是一个游客，只要你有心，你就至少可以用开阔的视野了解总体的地形情况，而不仅仅是像矿工那样只关注自己所处的煤层。

这次研究给我留下了一个非常强烈的印象——古往今来的战争，除非采用间接路线战略，令对手毫无准备，否则很少能取得有效成果。这种间接性分为两个方面：物质上的和心理上的。物质上可能通常是间接的，而心理上却总是间接的。在战略层面，最迂回的道路往往是最短的捷径。

还有一个教训也非常清晰：如果沿着敌人的"自然期望路线"行进，直接攻击自己的心理或物质目标，那么往往结果会对自己不利。拿破仑的格言"士气与物质的比重是三比一"生动地阐述了这个道理。或者更科学地说，虽然敌军或敌国的力量在表面上表现为人数和资源，但实则取决于指挥、士气和物资供给。

如果沿着敌人的"自然期望路线"行进，便会有利于敌人进行军事部署，从而增强敌人的抵抗能力。战争如同摔跤，想要将对方摔倒却又不攻击对手的立足点来破坏他的平衡，就只会令自己筋疲力尽，事倍功半。想要用这种方法取得成功，除非力量远大于对手才有可能。而且就算如此，也往往不能取得决定性胜利。在大多数战役中，成功打败敌人的重要前提是令敌人的心理和物质失衡。

这种失衡是通过使用间接路线战略而达成的。所使用的间接路线，可能是提前就谋划好的，也可能是偶然想到的。正如本书的分析所示，间接路线的形式多样。因为间接路线战略包含"迂回到敌后"的方法，但又比它更广泛。卡蒙将军的研究表明，"迂回到敌后"是拿破仑军事行动的主要目的和关键方法。卡蒙主要关心的是物质因素，如行动的时间、空间和交通运输等。但是通过从心理层面进行分析，我们可以清楚地看到，许多战略行动之间存在着潜在联系，它们从表面上看和"迂回到敌后"并不相似，却是"间接路线战略"的鲜明例证。

想要弄清这种潜在联系并确定行动的特性，无须详细列出交战双方的参战人数、物资供给和运输的详情。我们只关注一系列综合战争案例的历史影响，以及其物资部署或心理行动。

如果在战争的性质、规模和时间等条件差异都很大的情况下，相似的行动均会产生相似的结果，那么就可以判定一些战略行动间存在潜在的联系，且可以从中找到一个共同规律。各种条件的差异越大，这个规律就越可靠。

广泛地对战争进行研究，其客观价值不只是发现新的军事原理。广泛的调查不仅是创立任何战争理论的基础，也是普通军队学员形成自己的观点和判断的必要条件。否则，对战争的了解就像一个倒金字塔，仅靠着一个点支撑，随时有倒塌的危险。

第二章

希腊时代的战争
——伊巴密浓达、腓力二世与亚历山大大帝

希波战争是欧洲历史上的第一次"大战",我们的研究也自然从此开始。我们不能期望从中得到很多启示,毕竟此时战略还处在萌芽阶段,但"马拉松"一词已深入历史爱好者的心中,令人难以忽视。古希腊人对其印象更为深刻,因此他们夸大了这场战役的重要性,之后所有时代的欧洲人也越发夸大了其重要性。然而,如果合理地看待它的重要性,它的战略意义反而会更加凸显。

公元前 490 年,波斯入侵希腊。这是一次规模相对较小的远征,波斯国王大流士一世想要给埃雷特里亚和雅典这两个他眼中的小城邦一个教训,让他们不要多管闲事,不要怂恿由波斯统治的位于小亚细亚的希腊城邦反抗。埃雷特里亚首先被彻底摧毁,那里的居民被掳到波斯湾地区为奴。接下来是雅典。当时雅典的极端民主党其实正期待着波斯人的到来,想要借波斯人之手打击雅典的保守党。但波斯军队没有直接进攻雅典,而是在雅典东北 24 英里的马拉松登陆。这样一来,他们可以调虎离山,引诱雅典军队出城向马拉松进发,为追随他们的雅典极端民主党夺取政权创造有利条件。

而若是直接进攻，或许会阻碍极端民主党夺取政权，甚至会迫使雅典各党团结一心共同反抗。另外，如果直接进攻就需要攻城，难度更大。

波斯人的这一招奏效了。雅典军队果然开赴马拉松迎战，与此同时波斯人开始执行他们的下一步战略计划：在掩护部队的保护下，除马拉松处的军队外，其余军队转移到费勒隆并从那里登陆，在雅典毫无防备的情况下发起突袭。这一战略计划着实精妙，但因为各种原因最后未能成功。

由于希腊主将米提亚德的英明决策，雅典人抓住了他们的唯一机会，毫不犹豫地攻击了波斯的掩护部队。在马拉松之战中，希腊人优良的盔甲和长矛让他们在武器装备上优于波斯人，这帮助希腊取得了胜利。事实上，那场战斗比后来的传说所描绘的还要激烈，但最终大多数的波斯掩护部队都安全地登上了撤退船只。随后，雅典人以值得称赞的精神迅速返回了自己的城邦。由于军队行军迅速，加上极端民主党行动迟缓，雅典得救了。当雅典军队回到城中，波斯人意识到围城不可避免后，他们就乘船返航了，因为他们仅仅想给雅典一个教训，不值得为此付出沉重的代价。

十年之后，波斯再次对希腊发起进攻，投入的兵力也比以往更多。但希腊人对波斯给予的警告反应迟钝，直到公元前487年，才开始扩张他们的舰队——这是与波斯的陆上优势相抗衡的决定性因素。有两件事使得希腊和欧洲幸免于难：一是在公元前486—前484年之间，波斯的全部注意力都集中在处理埃及叛乱上；二是大流士一世的死亡，那个时代波斯统治者中最有能力的君主就此陨落。

到了公元前481年，波斯军队再度来袭。这一次进攻规模前所未有，希腊的各派系和城邦不得不联合起来共同应对敌人。而波斯国王薛西斯也被迫采用直接路线战略。由于军队太过庞大，无法通过海上运输，波斯不得不选择陆路。而且由于人数过多，无法自给自足，所以不得不依靠舰队运送后勤物资。波斯军队只能沿海岸线行进，而海军舰队又不能离陆军太远，两者相互制约。这样一来，希腊人可以确定敌人的行动路线，而波斯人却无法绕行。

希腊的自然地理环境为他们提供了便利，他们可以在波斯军队的必经之路上设立坚固的阻击阵地。正如格伦迪所说，如果希腊各城邦之间没有利益分歧，"入侵者可能永远不会有机会进入温泉关以南"。这一次，希腊人团结一致，在历史上留下了不可磨灭的印记。在萨拉米斯海峡，希腊舰队击败了波斯舰队，彻底粉碎了波斯的入侵。而薛西斯和波斯军队只能眼睁睁地看着他们的舰队被击毁，入侵的补给线被完全切断。

值得一提的是，希腊在这场决定性的海战中能够获胜，应该归功于一条诡计。这条诡计或许可以被归为间接路线的一种。当时，希腊指挥官地米斯托克利给薛西斯写了一封信，称希腊舰队已准备好投降。波斯人上当受骗，他们的舰队开进了狭窄的海峡，在那里他们的人数优势再无用武之地。这一诡计之所以能得逞，是因为波斯人错误地相信过去的经验，觉得这封信看起来很合理。事实上，地米斯托克利是担心伯罗奔尼撒盟军指挥官们会像在紧急会议中所提出的那样从萨拉米斯岛撤军，留下雅典舰队独自作战，或者让波斯舰队有机会在开阔的海域发挥人数优势。

在波斯这一方，只有哈利卡纳苏斯的女王阿尔忒弥西亚一个人反对薛西斯立即发动进攻的想法，她是这场战役中的一位海军将领。据记载，她要求薛西斯采取相反的计划，即放弃直接攻击，转而与波斯的陆军部队一起进攻伯罗奔尼撒半岛。她认为，面对大军压境，伯罗奔尼撒盟军舰队会立刻回援，希腊舰队将会迅速解体。这正是地米斯托克利所担心的。如果不是波斯舰队急于开战而堵住了出海口，伯罗奔尼撒盟军舰队在第二天早上就会撤退。

但是薛西斯还是发动了直接进攻。希腊舰队向后撤退，诱敌深入。波斯的主力部队扑了空，形势对他们极其不利。当波斯舰队沿狭窄的海峡前进时，希腊战舰继续后退。于是，为了追赶他们，波斯战舰加快了划桨的速度，结果挤成一团。此时，希腊舰队抓住了机会，从侧翼发起反击，而波斯舰队则无力还击。

在此后的 70 年里，波斯没有再进攻希腊，一个主要原因似乎是害怕雅典人使用间接路线战略切断波斯的交通路线。一个有力的证据是：当雅典舰队在锡拉库萨被摧毁后，波斯迅速发动了入侵。值得注意的是，历史告诉我们，间接路线战略的运用和发挥最早出现在海战而非陆战中。这是理所当然的，因为只有发展到了后期，陆军才开始依赖交通线来获取补给，而舰队早已被用于打击敌人的海上交通和补给。

随着波斯的威胁的消失，萨拉米斯海战使得雅典在希腊城邦中占据了领导地位，直到伯罗奔尼撒战争（公元前 431—前 404 年）后才丧失霸权。伯罗奔尼撒战争足足持续了 27 年，可怕地消耗了交战国和不幸卷入战争的潜在中立国的实力。之所以战争持续时间如此之长，是因为交战双方不断更改战略计划，目标也并不清晰。

在战争的第一阶段，斯巴达及其盟友试图直接入侵阿提卡，但被伯里克利的战争政策挫败了。伯里克利拒绝在陆地上作战，同时利用雅典海军的优势对敌人进行破坏性打击，削弱敌人的意志。

虽然"伯里克利战略"一词几乎和随后出现的"费边战略"一样有名，但这一用词有局限性，令人误解了战争的过程。为了清楚地理解，在此必须使用准确、定义清晰的术语。"战略"一词最好定义为"统帅艺术"，即实际领导军事力量。"战略"和决定军事力量部署及与其他经济、政治、心理武器相结合的政策不同。那样的政策是一种更高级的"战略",应该称之为"大战略"。

"伯里克利战略"与间接路线不同。间接路线旨在打破敌人的平衡以取胜,而"伯里克利战略"实际是一个"大战略",目的是逐渐耗尽敌人耐性,让其意识到胜利无望。然而不幸的是,对雅典来说,在这场心理和物资消耗战中,瘟疫的爆发使得天平向敌人倾斜。因此,在公元前426年,雅典放弃了"伯里克利战略",转而采用克勒翁和德摩斯梯尼的直接进攻战略。尽管这样在战术上取得了一些成功,但成本更高,结果也没有更好。公元前424年的初冬,斯巴达最有能力的将军布拉西达斯将雅典艰难取得的所有优势完全摧毁。他用一个战略行动从根本上击溃了雅典,而不是只打败雅典军队。他绕过雅典,迅速向北进军,穿过整个希腊,袭击了雅典在哈尔基季基半岛的领地。这一领地可谓是"雅典帝国的阿喀琉斯之踵"。布拉西达斯一方面使用武力震慑,一方面承诺会保护该领地上所有反叛雅典的城市并赋予其自由。如此一来,雅典在哈尔基季基半岛的统治被严重动摇,不得不派遣主力军队赴此作战。在安菲波利斯,雅典遭到了毁灭性的打击。虽然布拉西达斯在胜利之战中倒下了,但雅典仍自愿与斯巴达缔结了不利于自己的和平条约。

在随后几年的伪和平时期,雅典人多次远征,但未能收复在哈尔基季基半岛的领地。然后,雅典发动了最后一次攻击,远征锡拉库萨。锡拉库萨是西西里岛的要塞,也是斯巴达和伯罗奔尼撒半岛重要的境外粮食来源地。这是一种在大战略层面的间接路线,但它有一个巨大缺陷:打击的不是敌人的军事盟友,而是敌人的商业联系。因此,它不但没有分散敌人的兵力,反而还招来了新的敌对力量。

然而,如果不是在执行过程中出现了一连串致命的失误,雅典很可能在心理和物质上都取胜，从而改变战争的整个格局。想出该计划的人是亚西比德，但在计划实行前，他的政敌称他犯了渎神罪，将他从联合司令部召回。他没有回去接受审判和死刑裁决，而是逃到了斯巴达，告诉斯巴达应该如何挫败自己的计划。在雅典，强烈反对亚西比德计划的尼西亚斯被留下来担任指挥，他的愚蠢和顽固使这个计划没有发挥出一点作用。

在锡拉库萨战役失败后，雅典的军队依靠海军舰队避免了全面溃败。在随后的九年海战中，雅典不仅签订了有利于自己的和约，而且恢复了霸主地位。然而，在公元前405年，斯巴达海军上将吕山德戏剧性地毁灭了雅典。《剑桥古代史》写道："他的作战计划……是避免战斗，通过攻击雅典帝国最脆弱的地方，把雅典人逼到极限。"但第一句话不怎么准确，因为他的计划与其说是避免战斗，不如说是用间接路线战斗，以便在有利的时间和地点抓住战机。他巧妙而秘密地行军，抵达达达尼尔海峡的入口处，在那里等待着开往雅典的庞提克粮船。"由于粮食供应攸关性命"，雅典的指挥官们"匆忙带着180艘船组成的舰队去保卫粮船。他们连续四天试图引诱吕山德作战，但没有成功，而吕山德则不断发出信号，诱导他们认为自己已被逼到绝境。因此，雅典舰队没有回到塞斯托斯的安全港，而是留在吕山德对面的阿哥斯波塔米的开阔海峡里。第五天，当大多数雅典船员都上岸采集食物时，吕山德突然进攻，不费吹灰之力就俘获了整个雅典舰队，在一个小时内结束了这场漫长的战争"。

在这27年的战争中，许多直接路线战略都失败了，反而让采用这些战略的一方受到打击。布拉西达斯动摇雅典在哈尔基季基半岛的"根基"，无疑使局势对雅典极为不利。雅典重夺霸主权的最大希望是亚西比德的间接路线大战略，即切断斯巴达在西西里的经济命脉。这一妙招十年后被吕山德运用在海战中，他在战术上使用间接路线，并在大战略层面有所创新。值得注意的是，吕山德是通过威胁雅典人的交通补给而得到有利战机的。通过打击经济目标，吕山德希望至少可以耗尽雅典的力量。如此一来，雅典会愤怒和恐惧，吕山德便可以创造有利条件，出其不意，迅速获得军事胜利。

随着雅典的衰落，希腊历史开启了新的一章——斯巴达成为希腊的霸主。那么，又是什么终结了斯巴达的统治呢？答案是一个人。这个人对战争科学和艺术做出了很大贡献，他就是伊巴密浓达。在伊巴密浓达崛起之前的几年里，底比斯使用后来得名为"费边战略"的方法脱离了斯巴达的统治。"费边战略"是一种使用间接路线的大战略，底比斯避免直接战斗，使得"斯巴达军队在维奥蒂亚没有遭到任何阻击"。这种方法为底比斯争取了时间，其训练了一支精挑细选的专业部队，即蜚声世界的"底比斯圣军"，并将这支军队作为自己的突击力量。通过采用这种方法，底比斯引发了更多地区对斯巴达的不满，还解除了雅典所受的陆上威胁，使其能够集中精力和人力重建海军舰队。

因此，到了公元前374年，斯巴达同意和包括底比斯在内的雅典联盟签订有利于后者的和约。尽管和约因雅典人的海上冒险而迅速破裂，但是三年后，雅典人已经厌倦了战争，他们又举行了新的和谈。这一次，斯巴达在谈判桌上夺回了自己在战场上失去的许多东西，并成功地使底比斯与其盟友离心。于是，斯巴达急切地想要征服底比斯。但是在公元前371年，当斯巴达军队进到维奥蒂亚区域时，他们在留克特拉惨败于伊巴密浓达领导的底比斯新型军队，尽管斯巴达军队历来素质优良，这一次人数也更有优势（一万人对六千人）。

伊巴密浓达不仅摒弃了在几个世纪的经验上所确立的战术方

法，而且在战术、战略和大战略方面奠定了基础，为后来的军事将领提供了学习和发展的平台。事实上，伊巴密浓达对军队结构的设计也得以保留并数次流行。后来因腓特烈大帝而出名的"斜线战术"实际上是来源于伊巴密浓达。在留克特拉，伊巴密浓达一改常态，把最好的战士和主力都放到了左翼，然后让脆弱的中部军队和右翼向后撤，集中力量以压倒性的优势对抗敌人的一翼——敌军首领所在之处。一旦击溃该翼，便能瓦解敌军的士气。

留克特拉战役结束一年后，伊巴密浓达率领新成立的阿卡狄亚联盟向斯巴达进军。他们朝伯罗奔尼撒半岛的中心前进，那片区域长期以来一直属于斯巴达，从未遭受外敌侵犯。这次行动的明显特点是采用了多种形式的间接路线。进军在仲冬时分开始，兵分三路，三路军队既可独立行军又可联合作战，从而分散了敌人的兵力和注意力。在古代战争中，或者更准确地说，在拿破仑时代之前，这种战术几乎是空前的。但是，伊巴密浓达的战略眼光还要更深远一些，他在距离斯巴达 20 英里的卡尔亚将三路军队合一后，绕到了斯巴达的后方。他的这一举动是经过深思熟虑的，有一个额外的好处，即可以集结大量的"黑劳士[1]"和其他对斯巴达心怀不满的人。然而，斯巴达人紧急承诺解除这些人的奴隶身份，成功地扼杀了潜在的内乱。斯巴达在伯罗奔尼撒的盟友也及时给予了强有力的增援，因此在短时间内围攻斯巴达使其陷落的可能性不再存在。

伊巴密浓达很快意识到斯巴达人不会上当出城作战，再拖下去只会消耗己方由多部族所组成的军队力量。于是，他放弃了不奏效的战略武器，转而使用更灵活的武器——间接路线大战略。在麦西

1　黑劳士，指被斯巴达人奴役的拉哥尼亚和美塞尼亚居民，地位极低。——译者

尼亚的天然屏障伊索米山，他建立了一个新城市作为麦西尼亚国的首都，将所有跟随他的叛乱分子安顿在此，并把他入侵期间获得的战利品当作这个新国家的发展基金。新国家的建立阻碍了斯巴达在希腊南部的发展，并且使斯巴达失去了一半的领土和一半以上的农奴。随后伊巴密浓达还在阿卡狄亚建立了迈加洛波利斯，进一步封锁斯巴达。如此一来，斯巴达在政治上被一系列敌军堡垒所阻断，军事优势的经济根源也因此被切断了。几个月后，伊巴密浓达从伯罗奔尼撒半岛撤军，虽然他在战场上没有赢得任何胜利，但他的大战略无疑大大削弱了斯巴达的国力。

然而，国内的政治家们对伊巴密浓达很失望，他们原本期望能取得决定性的胜利。于是伊巴密浓达被打压，暂时引退。底比斯的民主党人奉行短视的政策和错误的外交政策，导致底比斯失去了当时取得的领先优势。于是，阿卡狄亚同盟的盟友逐渐淡忘了底比斯的恩德，日益自负，野心勃勃地想要摆脱底比斯的领导。到了公元前362年，底比斯必须做出选择：要么奋力恢复自己的权威，要么放弃领导地位。底比斯对阿卡狄亚发起了进攻，导致希腊各城邦分裂为对立的两个联盟。幸好，底比斯人有着伊巴密浓达这样的统帅，他的大战略卓有成效——他创建的麦西尼亚和迈加洛波利斯此时不仅起到妨碍斯巴达的作用，更增强了底比斯的实力。

进入伯罗奔尼撒半岛后，伊巴密浓达与他的伯罗奔尼撒盟友在特吉亚会师，使自己处于斯巴达和其他反底比斯的城邦的军队之间。这些军队当时正集中在曼提尼亚。斯巴达军队出城迂回前进与盟友会合，伊巴密浓达便趁夜间派出一路机动部队突袭斯巴达。但由于一个逃兵告密，斯巴达人加速返回了自己的城市，计划被挫败了。伊巴密浓达于是决定通过战斗来一决胜负，他从特吉亚出发，沿着一个沙漏形的山谷，向12英里外的曼提尼亚发起了进攻，但那时敌人已在约一英里宽的谷腰处占据了一个坚固的阵地。

随着伊巴密浓达的不断推进，我们逐渐来到了战略和战术的交界处。但二者其实也没有明确的界限。伊巴密浓达在曼提尼亚的胜利，归根到底还是得益于间接路线战略。起初，伊巴密浓达直接向敌人的营地行进，迷惑敌人，使敌人沿着"自然预期路线"布兵迎战。但在距敌人几英里远的地方，他突然向左转，隐藏到敌人看不到的高地下方。这一巧妙的行动使敌人的右翼陷入困境。为了进一步扰乱敌人的战斗部署，他停了下来，让部队放下武器，假装要扎营。敌人相信了，松懈下来，士兵四散休息，马匹也未拴好缰绳。与此同时，伊巴密浓达在轻装部队的掩护下继续进行战斗部署。这次部署和留克特拉战役相似，但有所改进。然后，伊巴密浓达发出信号，底比斯军队迅速拿起武器，冲向敌人。敌人的队伍乱作一团，底比斯获胜基本已成定局。但伊巴密浓达自己却在即将胜利的时刻倒下了，于是底比斯军队也开始混乱。伊巴密浓达的死向后世证明了一件事：如果军队和国家的"大脑"瘫痪了，那么军队或国家也会快速崩溃。

仅仅 20 多年后，又发生了一场决定性的战役，使得马其顿夺取了希腊的霸权。这场发生在公元前 338 年的战役取得了重要的成果，示范了政治和战略应如何相辅相成，也证明了合理运用战略可以让不利地形转为对己方有利，给予了后人很多启示。入侵者虽然是希腊人，却是一个"局外人"。因此底比斯和雅典联合起来，组成了泛希腊联盟，对抗实力日增的马其顿。他们甚至找到了一个外部盟友——波斯国王。考虑到希腊和波斯过去的纷争与人性，这无疑是一件奇事。这一次，仍然是入侵的马其顿人使用了间接路线，甚至马其顿国王腓力二世争夺霸权的借口也是间接的。他原本只是受邀参加宗盟会议，共同惩处犯了渎神罪的阿姆菲萨，一个位于维奥蒂亚西部的城邦。腓力二世之所以会受邀，很可能是自己主动提出要参加的。尽管这使得底比斯和雅典联合起来对抗他，但至少确保了其他国家保持善意的中立。

在南下进军途中，腓力二世突然在锡丁尼昂改道，占领了伊拉提亚并加强了此地的防守。这一举动偏离了通往阿姆菲萨的路线——这正是敌人预期他会选择的路线。改道预示着他有更大的政治目标，同时也揭露了他的战略动机。随后的事件证实了这一点。底比斯和维奥蒂亚盟军封锁了进入维奥蒂亚的两条道路：一条是从锡丁尼昂通往阿姆菲萨的东线，另一条则是从伊拉提亚经过帕拉波塔米关隘通往喀罗尼亚的西线。东线形似字母"L"的那一竖，从锡丁尼昂到伊拉提亚的路线则形似下面那一横，而穿过帕拉波塔米关隘到喀罗尼亚的东线则像最后收笔时的那一勾。

在采取下一步军事行动之前，腓力二世采取了新的方法来削弱敌人的实力：在政治上，帮助被底比斯人驱逐的福基斯人重建家园；在心理上，宣称自己是德尔斐之神的后人。

随后，在公元前338年的春天，腓力二世在巧妙地扫除障碍后突然发动了攻击。当时他已经占领了伊拉提亚，在战略上将敌人的注意力转移到了东线——敌人自然而然地预料他会从这条路进攻。在战术上，为了分散敌人在西线的注意力，他写了一封信称他要返回色雷斯，并故意让信落入敌手。然后他迅速离开锡丁尼昂，在夜间越过隘口，从阿姆菲萨进入维奥蒂亚西部。随后他又向诺帕克特斯前进，打开了出海的交通路线。

此时，腓力二世位于敌人东线防御军的后方，与他们之间仍有一段距离。面对这一情况，泛希腊联盟军队从帕拉波塔米撤退了，因为如果他们留下来，他们的后路可能会被切断，而留在那里也没有太大价值。然而，腓力二世又一次打破了敌人的预期，再一次使用间接路线。他没有从阿姆菲萨向东穿过丘陵地带，因为走这条路会遭遇更多阻击。相反，他调整了军队的方向，通过锡丁尼昂和伊拉提亚，向南穿过现在无人守卫的帕拉波塔米山口，在喀罗尼亚突袭敌人的军队。这一策略极大地确保了他在接下来的战斗中取得胜利，同时他巧妙的战术也使战果更为丰硕。他佯装撤退，引诱雅典人离开了阵地，在他们进入到低地时，反击并突破了雅典军队的防线。喀罗尼亚一战确立了马其顿在希腊的统治地位。

腓力二世还没来得及征服亚洲，寿命就终结了。他的儿子亚历山大承袭了他的事业。他留给儿子的不仅是他的计划和一支由他亲手创建的模范军队，还有一个大战略的概念。此外，他还留下了另一个极具价值的遗产，那就是公元前 336 年由他夺取的达达尼尔海峡桥头堡的所有权。[1]

如果我们研究亚历山大的行军路线，会发现他走了许多大弯路。历史研究表明，他采用的间接路线与其说是战略性的，不如说是政治性的，尽管这种政治性体现在大战略层面。

在亚历山大早期的战争中，他的战略非常直接，不够巧妙灵活。原因似乎有二：第一，年轻的亚历山大受过王权和胜利的熏陶，他喜爱荷马式的英雄，比历史上其他的伟大统帅要更具"英雄主义"；[2] 第二，更有可能的是，他认为自己的军队和自己的指挥才

---

1 腓力二世年轻时曾在底比斯当了三年人质，当时伊巴密浓达正处于巅峰时期。腓力二世从伊巴密浓达身上学到了很多东西，从马其顿军队后来的战术中可见一斑。

2 远征亚洲之初，亚历山大浪漫地重演了《荷马史诗》中远征特洛伊的故事。当他的军队在等待穿越达达尼尔海峡时，亚历山大亲自带着一支精挑细选的分遣队，在伊利翁附近登陆，而那里正是特洛伊战争时希腊人停泊船只的地方。然后亚历山大来到了古城的遗址处，在雅典娜神庙里献祭，上演了一场模拟战斗，并在他的祖先阿喀琉斯的墓地上发表了演讲。在举行了这些象征性的仪式后，他重新回到了军队里，开始指挥真正的战役。

能足够优越，没有必要过早就打乱敌人的平衡。他给后人留下的教训也是两方面的：一在战略方面，二在战术方面。

公元前 334 年春，亚历山大从达达尼尔海峡东岸出发，首先向南移动，在格拉尼克斯河击败了波斯的掩护部队。虽然波斯军队被亚历山大的长矛骑兵团的重量和速度所击倒，但他们敏锐地意识到，如果能够集中力量攻击并杀死胆大自信的亚历山大，他们便可将马其顿的入侵扼杀在摇篮里。他们差点就实现了这个目标。

亚历山大接着南下萨第斯——通往吕底亚的政治和经济要塞，然后从那里向西到达以弗所。他在这些希腊城镇恢复了他们以前的民主政府和权利，以最经济的方式确保自己的后方无忧。

他回到了爱琴海海岸，先沿着爱琴海向南，然后向东穿过卡里亚、利西亚和潘菲利亚。他走这条路线的目标是通过夺取波斯舰队的基地来限制其行动自由，进而剥夺波斯的制海权。同时，通过解放这些海港，他使波斯的舰队丧失了大部分人力来源。

除了潘菲利亚，小亚细亚的其他地区几乎没有港口。因此，亚历山大现在再次向北出发，抵达弗里吉亚，然后向东一直到安卡拉。这样，他巩固了对小亚细亚中部的控制，并保障了后方安全。然后，在公元前 333 年，他转向南，通过西里西亚山口，朝叙利亚直行。大流士三世在那里集结了军队准备与他交战。这一次，由于情报失误和亚历山大误判波斯人会在平原上等待他，他在战略上处于非常不利的地位。亚历山大选择了直接路线，而大流士则选择了间接路线。大流士朝幼发拉底河的上游前进，穿过阿曼山口来到亚历山大的后方。亚历山大一直很注重保障后方基地，但现在却发现他与基地的联系被切断了。他调转了方向，在伊苏斯迎战。这一战充分表现出了他的战术和军队的优越性。没有其他军事统帅能像亚历山大这样，在战术中如此精妙和出人意料地运用间接路线。

此后，他又走了一条间接路线，沿着叙利亚海岸前行而非直接向波斯的心脏巴比伦行军。这样走是出于大战略的需要。尽管他剥夺了波斯人的制海权，但未能彻底消除威胁。只要波斯海军还存在，后方的雅典和其他希腊城邦都可能受到威胁。在攻占腓尼基后，亚历山大几乎彻底摧毁了波斯舰队，因为当时波斯舰队剩下的主要是腓尼基人，他们中的大部分都投降了。提尔城陷落后，在提尔的舰队也被俘获了。然后，他再次向南出发，进入埃及。这一举动很难从海军理论方面解释，也许是要防患于未然。但如果从亚历山大的政治主张上来看，这一举动会更好理解。亚历山大想要占领波斯帝国和巩固自己的统治，就需要获取埃及这块重要的经济宝地。

最后，在公元前 331 年，他再次向北攻占阿勒颇，然后向东越过幼发拉底河，推进到底格里斯河的上游。在当时的尼尼微，即现在的摩苏尔附近，大流士集结了一支庞大的新军队。尽管亚历山大渴望战斗，但他还是采用了间接路线。他越过底格里斯河上游，沿东岸而下，迫使大流士改变阵地。在高加米拉一战中，亚历山大和他的军队再次展示了他们的绝对优势。这一战通常又被称为阿尔贝拉之战，得名于离此地最近的城市——60 英里外的阿尔贝拉。在亚历山大实现其宏伟战略目标的过程中，这次的敌人可谓最不堪一击。随后巴比伦被亚历山大占领。

亚历山大抵达印度边境之前的所有战役在军事上可谓是对波斯帝国的"扫荡"，而在政治上是对亚历山大的权力的巩固。他采用间接路线，穿过乌克西亚峡谷和"波斯门"。当他在海达斯佩斯河遭遇印度王波拉斯时，他再次想出了极为巧妙的间接路线，这表明他的战略能力已炉火纯青。他囤积谷物，并在河流的西岸部署了大量兵力，令敌人摸不清他的意图。他命骑兵队反复出动，让波拉斯提心吊胆。随着触动次数越来越多，波拉斯也放松了警惕，阵地也随之固定下来。

随后，亚历山大将大部队留在波拉斯对面，自己带着一支精锐部队在上游 18 英里处夜渡海达斯佩斯河，通过用这种间接路线突袭，他打破了波拉斯及其军队的心理平衡。在随后的战斗中，亚历山大带着一小支精锐部队击败了敌人的全部军队。然而，如果波拉斯和他的军队没有乱作一团，那么亚历山大这种行为无论是从理论上还是从实际操作上来说都不合理，以少对多、孤军无援，他很可能面临战败的危险。

亚历山大去世后，他的"继业者"们争权夺位，导致帝国四分五裂。在争夺战中也有不少使用间接路线的例子，证实了间接路线的意义。亚历山大手下的将领比拿破仑的将领更有能力，他们的经验也使他们更清楚节省武力的重要性。虽然他们采取的许多军事行动都值得研究，但因为本书只分析历史上的决定性战役，因此在众多的"继业者之战"中我们只看发生在公元前 301 年的最后一战。这一战的意义极其重大，《剑桥古代史》写道：这一战"终结了中央权力和地方列王之间的争斗"，也使得"希腊—马其顿世界的解体不可避免"。

到公元前 302 年，自称亚历山大合理继业者的安提柯已经非常接近自己的目标。他从弗里吉亚领地向外扩张，控制了从爱琴海到幼发拉底河的亚洲地区。与他对抗的塞琉古艰难地守着巴比伦；托勒密只剩下埃及；利西马科斯在色雷斯较为安全；而卡桑德是他最强大的对手，也是他能否圆梦的关键。卡桑德当时已被安提柯的儿子德米特里乌斯赶出了希腊。德米特里乌斯与亚历山大非常相似，可谓是第二个亚历山大。卡桑德被要求无条件投降，但他以天才般的战略回击。他与利西马科斯在会议上共同制订了一份计划，还想让托勒密帮助他们，并派遣使者骑着骆驼穿越阿拉伯沙漠与塞琉古取得了联系。

卡桑德只留下了大约 3.1 万人（也有传言说是 5.7 万人）来阻止德米特里乌斯入侵色萨利。他把剩下的军队借给了利西马科斯，后者向东越过达达尼尔海峡。而塞琉古则向西进军小亚细亚，他的军队里有从印度获得的五百头战象。托勒密向北进入叙利亚，但在收到利西马科斯战败的虚假情报后返回了埃及。然而，从四面八方而来的敌军很快到达了安提柯的帝国中心，迫使安提柯急召德米特里乌斯从色萨利赶来支援。当时卡桑德的军队成功地牵制住了德米特里乌斯，但由于敌人采取的间接路线威胁了他在小亚细亚的这一战略后方，卡桑德也不得不撤退——这在本质上和西庇阿后来迫使汉尼拔返回非洲的行动极为相似。

在弗里吉亚的伊普苏斯战役中，卡桑德的盟友取得了决定性的战术胜利，完美实施了他们的战略计划。这场战争以安提柯的死亡和德米特里乌斯的逃跑而告终。值得一提的是，在这场战斗中，战象起到了决定性作用，且胜利者使用的战术基本上是间接性的。他们的骑兵在德米特里乌斯穷追不舍的情况下躲了起来，战象则切断了德米特里乌斯的退路。即使在那时，利西马科斯也没有直接攻击安提柯的步兵，而是用攻击和射箭放火的威胁来打击敌人的士气，直到他们士气崩溃，然后塞琉古开始猛攻安提柯所在之处。

其实，在战役开始时，安提柯占据着极大的优势。很少有战役能使局势发生如此大的逆转。显然，卡桑德的间接路线计划打破了安提柯的平衡。安提柯惊慌失措，他的军队人心涣散，他的军事部署也就彻底崩溃了。

第三章

罗马时代的战争
——汉尼拔、小西庇阿与恺撒

　　下一场对欧洲历史起到决定性影响的战争发生在罗马与迦太基之间。在这些战争中，汉尼拔进行的战争，或者统称为第二次布匿战争的一系列战役是最具决定性的。这场战争由很多阶段和一系列战役组成，每一次都对战争的进程起到决定性影响。

　　第一阶段始于公元前 218 年汉尼拔从西班牙向阿尔卑斯山和意大利进军，到第二年春天他在特拉西梅诺湖将敌军全歼后自然结束。战争的结果是，罗马失去了除罗马城墙和城内守军外的一切防护，如果汉尼拔当时就进攻罗马，他将轻而易举地将罗马击溃。

　　人们通常认为，汉尼拔选择走一条迂回而艰苦的陆上线路而非直接从海上进军，是因为忌惮罗马的"制海权"。但是，我们不能用现在我们所理解的"制海权"去解释那个年代的事情，因为那时船只还非常原始，在海上拦截敌人的能力也很有限。除此之外，罗马在当时是否拥有较大"制海权"仍然存疑。波利比乌斯在其所著的《历史》（第三卷，第 97 页）中谈到特拉西梅诺湖战役时，提到那时罗马元老院还在担心迦太基人"会完全控制海洋"。即使在战争的最后阶段，罗马人在多次取得了海战胜利，剥夺了迦太基舰队在西班牙的所有基地，并在非洲建立了自己的基地后，仍然无法阻止马戈率远征军在热那亚里维埃拉登陆，或阻止汉尼拔顺利地航行回非洲。因此，汉尼拔选择间接的陆上路线，似乎更有可能是为了号召意大利北部的凯尔特人对抗罗马。

下面我们来看一看这次陆上行军所走的间接路线，以及汉尼拔由此获得的好处。罗马人派出了执政官普布利乌斯·西庇阿（伟大的小西庇阿之父）到马赛，以阻止汉尼拔渡过罗纳河。然而，汉尼拔不仅出人意料地在上游越过了这条湍急的河流，而且接着向更北的地方出发。他没有走里维埃拉附近更平直但也更容易遭遇袭击的路线，转而选择了伊泽尔山谷更曲折艰难的路线。据波利比乌斯记载，当西庇阿在三天后抵达渡河口时，他"非常惊讶地发现敌人不见了；他此前坚信敌人绝不会冒险走这条（向北的）路线进入意大利"。随后他立刻做出决策，留下一部分军队后率领主力及时从海路返回意大利，在伦巴第平原与汉尼拔交战。但在平原上，汉尼拔的骑兵团充分发挥了优势。随后，汉尼拔取得了提契诺和特雷比亚河两场战役的胜利，获得了大量的物资补给和新兵。

汉尼拔成了意大利北部的主人，在那里过了冬。第二年春天，新的罗马执政官们预料到汉尼拔会继续推进，便兵分两路，一路去了亚得里亚海边上的阿里米努姆（现称里米尼），另一路去了伊特鲁里亚的阿雷提乌姆（现称阿雷佐），从而分别控制了汉尼拔向罗马进军可能会走的东西两路。汉尼拔选择的则是通往伊特鲁利亚的路线，但他在经过详细调查后，决定出其不意。据波利比乌斯记载，汉尼拔"发现通往伊特鲁里亚的其他道路都很长，敌人也很熟悉，但穿过沼泽地的那条路很短，可以让他们出其不意地袭击弗拉米尼乌斯。这正是他所擅长的，因此他决定走这条路。但是当军队的士兵得知指挥官要带领他们穿过沼泽地时，每个人都大吃一惊"。

一般的将领总是喜欢已知的事物而不是未知的事情，汉尼拔并非如此。像其他伟大的统帅一样，他宁肯选择走一条最危险的道路，也不愿在敌人为他设定的路线上与敌人交战。

汉尼拔的军队"沿着一条隐于水下的路线"行进了四天三夜，将士无法睡觉，疲惫不堪，折损了大量人力和马力。当他走出了沼泽后，他发现罗马军队仍然驻扎在阿雷提乌姆，无所作为。但汉尼拔没有直接攻击，《历史》记载："汉尼拔想到，如果自己绕过他的营地向远处进发，那么弗拉米尼乌斯既会害怕民众指责，又会恼羞成怒，不会看着国家被围攻而坐视不管。一旦他跟上来了，就有了攻击他的好机会。"

基于对对手性格的探查分析，汉尼拔了解了对手的心理，巧妙采用迂回战术。在随后的行动中，汉尼拔沿着通往罗马的道路，布置并完成了史上规模最大的伏击战。第二天清晨，在雾蒙蒙的黎明时分，罗马军队沿着特拉西梅诺湖边的山坡紧追汉尼拔，但突然遭到了前后夹击，措手不及，全军覆没。

后世的读者往往会忽略心理因素在其中起到的作用，但正如波利比乌斯在《历史》中所指出的那样，"如果你俘获了一艘船的舵手，那么所有船员都是你的俘虏；同理，如果你比敌人的统帅更睿智，整支敌军也往往会落入你的手中"。

为什么在特拉西梅诺湖战役之后，汉尼拔没有向罗马进军呢？这是一个历史之谜，所有的解释都只是猜测。缺乏攻城装备是一个明显的原因，但未必就是唯一的原因。我们可以肯定的是，汉尼拔在接下来的几年里试图破坏罗马对其意大利盟友的控制，并希望策反其盟友组成一个反罗马联盟。因此，这几次胜利只是为了在心理上助他更快地实现这一目标。如果他能令作战条件有利于他的骑兵团，就总是可以确保自己能取得战术优势。

战争的第二阶段始于罗马采用间接路线作战，这种间接路线似乎更具希腊特点而非罗马特点，在后世被人们称为"费边战略"。历史上曾有许多人模仿过这一战略，但大多都失败了。"费边战略"的核心不仅是避免战斗以赢得时间，还要打击敌人的士气，进而对敌方潜在盟友产生影响。因此，"费边战略"本质上是一种军事政策或大战略。费边很清楚汉尼拔的军事优势，不敢冒险做出军事决定。他一边试图避免与汉尼拔直接交战，一边组织了几次小型攻击来挑战汉尼拔的耐心，并阻止他们从意大利城市或迦太基基地招募新兵。为了成功实施这一大战略，罗马军队必须始终驻守山上，以阻止汉尼拔的骑兵发挥其优势。因此，这一阶段实际是汉尼拔和费边两人的间接路线的对决。

费边徘徊在敌人周围，阻击零散的敌军和外出寻找粮食的后勤兵，并阻止他们建立任何永久基地。费边始终像一个阴影一样，使汉尼拔胜利前进的光辉变得暗淡。如此一来，费边既避免了失败，又令罗马的意大利盟友变得不那么崇拜常胜的汉尼拔，进而促使他们改变立场。这种游击式的战役也恢复了罗马军队的士气，同时使迦太基军队感到沮丧。迦太基军队在离家千里之外的地方征战，他们深知必须速战速决。

但消耗战是一把双刃剑，即使运用熟练，使用者也会感到吃力。尤其是当大众遭受痛苦，急切希望战争有个结果时，他们往往认为只有通过战斗击败敌人才能结束战争。罗马人越对汉尼拔的胜利感到震惊，就越质疑费边的智慧和战略，尽管实际上正是"费边战略"给了他们恢复的机会。军队中一些人野心勃勃、头脑发热，煽动人们质疑费边，批评费边"懦弱和不思进取"。这导致上层做出了前所未有的决定，任命米努基乌斯为共同统帅。米努基乌斯既是费边的主要下属，也是他的主要批评者。于是，汉尼拔抓住机会诱使米努基乌斯掉入了陷阱，幸而费边行动迅速才将米努基乌斯救了出来。

在这次行动之后的一段时间内，对费边的批评暂时平息了。但是当他六个月的任期到期时，他因不够受欢迎而没能连任，他的战略也随之被弃用。在执政官选举中，两名候选人赢得了选举，其中之一就是浮躁无知的瓦罗，正是他早些时候任命了米努基乌斯。此外，元老院通过了一项决议，决定对汉尼拔直接开战。这一决定是有根据的，因为当时意大利正遭到严重破坏。罗马人用实际行动支持这项决定，他们为公元前216年的战役动员了一支史无前例的庞大军队，在战争中投入了八个军团。但是他们选错了统帅，瓦罗的能力无法匹配他的好战精神，罗马人为此付出了惨痛代价。

另一位执政官保卢斯则对出兵时机保持谨慎，然而他的谨慎策略与瓦罗的意愿相冲突。瓦罗认为："战争不仅需要防守，更需要挥剑向对手进攻。"他公开承诺，无论在何时何地发现敌人，他都会立刻出击。因此，他抓住了他的第一个机会，在坎尼平原向汉尼拔发动攻击。保卢斯主张他们应该设法把汉尼拔吸引到更适合步兵作战的区域，但瓦罗在第二天轮值指挥时让军队前进到了敌军的近处。第二天，保卢斯让军队留在阵地里，他认为物资供应短缺很快就会迫使汉尼拔撤退。但据《历史》记载，"瓦罗比以往任何时候都更加渴望战斗"。大多数部队都有这种感觉，他们对拖延感到恼火。"因为没有什么比停滞不前更让人无法忍受；人们一旦做出决定，无论遇到多大的困难，都会毫不犹豫地冲向前方，并接受所有的后果。"

第二天早上，瓦罗指挥罗马军队离开阵地，并挑起了与汉尼拔的战斗，这正是汉尼拔所希望的。按照传统的战术布置，步兵应当被安排在中心，骑兵则在两侧。然而，汉尼拔的阵形布置出人意料。他命高卢人和西班牙人构成步兵队伍的中心，将非洲步兵向后放在每列队伍的最后端。这样的布置使得高卢人和西班牙人成为罗马步兵的直接对手，他们按照汉尼拔的计划做出了后撤的假象。如此，原本凸出的队形变成了向内凹陷的队形。罗马军团为他们的显著成功兴奋不已，越来越多的人挤进了凹陷处，直到因过于拥挤而几乎不能挥动武器。他们以为自己冲破了迦太基的阵线，实则是掉进了迦太基的包围中。在这个关键时刻，汉尼拔的非洲精兵从两侧夹击，包围了密集的罗马军团。

这种战略类似于萨拉米斯岛海战所用的战略，但思虑更加周全，并巧妙设置了陷阱。从战术上看，它与柔术的集体战术相似，基本上是基于间接路线的策略。

与此同时，汉尼拔左翼的重骑兵突破了敌人侧翼的骑兵防线，从后方将其包抄，另一侧的罗马骑兵纷纷逃跑，但他们的马跑不过努米底亚人的马。努米底亚人追击罗马骑兵，重骑兵从后方攻击罗马步兵，给出了最后一击。罗马军团被三面包围，由于人数过于密集，他们几乎无法自卫。随后的战斗转变为一场大屠杀。根据《历史》记载，罗马军队的7.6万人中有7万人死在了战场上，其中还包括保卢斯。而颇为讽刺的是，瓦罗却成功地从他一手造成的灾难中逃脱了。

这场悲惨的战争一度瓦解了意大利联邦，但并没有摧毁罗马本身。在罗马人民的坚定抵抗下，以费边为首，他们团结起来，坚守到底。罗马的复苏，在很大程度上归功于费边的决心和毅力，无论外界如何批评，他始终坚持回避战略。另一方面，汉尼拔缺乏足够的攻城装备和增援部队，以及他作为外来侵略者无法征用当地资源，这些因素都对罗马起到了有利的作用。（值得一提的是，后来的西庇阿在攻打非洲时发现，迦太基更为发达的经济结构有利于他获得战争的胜利。）

公元前 207 年，罗马执政官尼罗使用另一种间接路线战略，从而终结了这场战争的第二阶段。当时尼罗悄悄带领军队离开了他们驻扎在汉尼拔对面的阵地，集中力量攻打汉尼拔的兄弟哈斯德鲁巴——他刚带领增援部队到达意大利北部。尼罗在梅陶罗河击败了哈斯德鲁巴的军队，汉尼拔因此失去了足以助他取胜的增援力量。随后尼罗及时赶回了营地，汉尼拔此时才得知，敌人的阵地刚刚曾一度空无一人。

此后，战争进入第三阶段，意大利陷入了僵局。在五年的时间里，汉尼拔在意大利南部停滞不前，而一连串尝试用直接路线攻击汉尼拔的罗马将领，都因太过靠近这头雄狮而被咬伤，只好撤退。

与此同时，小西庇阿于公元前 210 年被派往西班牙进行一次希望渺茫的冒险，为他父亲和叔父此前的失败一雪前耻，为死去的将士们报仇，如果可能，还要保住罗马在西班牙东北部的一小片立足点，以对抗驻扎在此的强大的迦太基军队。凭借迅捷的行动、高超的战术和娴熟的外交技巧，小西庇阿转防御为进攻，使用间接路线攻击迦太基和汉尼拔。西班牙是汉尼拔真正的战略基地，他在那里训练军队并从那里获得增援；小西庇阿巧妙地利用这个机会，出其不意，首先夺取了迦太基军队在西班牙的主要基地卡塔赫纳，随后使他们的部分盟友反叛，并击溃了他们的军队。

公元前 205 年，当小西庇阿回到意大利并被选为执政官后，他准备再次使用间接路线对汉尼拔的战略后方进行决定性打击，他为此事已经构思了很长一段时间。然而，现在的费边已经老迈，思维僵化，他强烈建议小西庇阿在意大利境内攻打汉尼拔。"你为什么不直接攻打汉尼拔所在之地呢？为什么要绕那么大一个圈子？你难道希望自己进入非洲时汉尼拔跟着你去吗？"

尽管如此，元老院最终还是批准了小西庇阿进入非洲的战略计划，但他们禁止他征召新兵。因此，当他于公元前 204 年的春天启程远征时，只带了七千名志愿军和两支声名狼藉的军团。这两支军团因为在坎尼战役中大败，曾被罚到西西里驻军。

在非洲登陆时，小西庇阿遭遇了迦太基唯一可用的骑兵部队。他巧妙地逐渐撤退，将对方诱入陷阱中，一举摧毁了敌军的骑兵团。这不仅给他赢得了加强防线的时间，也对双方的士气产生了影响。一方面，罗马当局更加慷慨地支持他；另一方面，迦太基对其非洲盟友的控制力也遭到削弱。不过迦太基最强大的盟友西法克斯除外。

小西庇阿随后试图占领乌提卡港作为自己的基地。他想速战速决，但这次的情况并不像他之前占领卡塔赫纳那样顺利。六周后，西法克斯带了一支六万人的军队来增援哈斯德鲁巴·吉斯戈正在组建的新的迦太基部队，小西庇阿被迫放弃了围困乌提卡港。仅仅从人数上看，这支联合军队远远超过了小西庇阿的军队。他们逼近时，小西庇阿退到了一个小半岛上，在那里打造了一条防线（后世的威灵顿借鉴这个防线建造了托里什韦德拉什防线）。小西庇阿首先使封锁他的敌军指挥官们放松了警惕，然后佯装要从海上进攻乌提卡来分散他们的注意力，最后在夜间袭击了敌人的两个营地。

小西庇阿首先攻击了混乱不堪的西法克斯营地，他们的一部分帐篷搭在了防线外，而且是由易燃的芦苇和席子搭成的。这个策略彻底击溃了敌军的士气，引发了大规模的混乱。利用火势的盛大，罗马人攻进了营地之中，而此时哈斯德鲁巴的迦太基军队正好打开了自己的营地大门，冲向火场救援。他们还以为这场大火是不小心烧起来的，因为天黑时七英里外的罗马营地还非常安静，一切正常。当迦太基营地的大门打开时，小西庇阿趁机向他们发起了第二次进攻，省去了强攻的麻烦。据说，两支敌军都遭到了重创，总兵力损失了一半。

对这场战役的分析，将带领我们从战略层面到战术层面。在这次战役中，战略不仅为夺取胜利铺平了道路，而且可以说是直接造就了胜利。胜利是战略路线的必然结果，因为对毫无反击之力的敌军进行屠杀不能称为战斗。

取得胜利后，小西庇阿没有立即向迦太基进发。为什么呢？虽然历史没有留下明确的答案，但这比汉尼拔在特拉西梅诺湖和坎尼之战后没有进攻罗马的情况更好分析一些。除非能遇到有利时机进行突袭，否则围攻总是战争行动中损耗最大的一种。当敌人仍有野战军能够作战时，围攻也是最危险的行为。因为围攻者比守城的军队消耗更大，而且往往最终以失败告终。

小西庇阿不仅要考虑如何攻克迦太基的城墙，他还必须提前预防汉尼拔可能发起的反击，这是他精细策略的一部分。如果他能在汉尼拔回来之前迫使迦太基投降，那将为他带来巨大的优势。但他的目标是削弱敌人的士气，以最省事的方式降低敌人的抵抗意愿，而不是大量消耗兵力攻击。否则，他可能会在汉尼拔返回时发现迦太基的城墙仍然坚不可摧。

因此，小西庇阿没有强攻迦太基，而是系统地切断了迦太基的补给供应和盟友往来。最重要的是，他对西法克斯穷追猛打，将其击败后大大损伤了敌人的兵力。他还帮助自己的盟友马西尼萨重新坐上了努米底亚的王位，保障了自己的骑兵来源，以此对抗汉尼拔的主要武器。

为了进一步打击敌军的士气，小西庇阿向突尼斯进军。在迦太基看来，"恐怖和沮丧是打击迦太基人的最有效的手段"。加上其他的间接压力，迦太基军队丧失了抵抗的意志，寻求和解。但是当和约条款正等待罗马批准时，迦太基军队得知汉尼拔回来了，并于公元前 202 年在莱普提斯登陆。因此，他们反悔了，和谈破裂。

现在，小西庇阿处于一个艰难危险的境地。虽然他在攻打迦太基时没有损失多少实力，但在迦太基接受了他的和约条件后，他就让马西尼萨回到了努米底亚去巩固新王国的统治。在这种情况下，一般的统帅要么主动进攻阻止汉尼拔到达迦太基，要么死守阵地等待救援。小西庇阿两者都没选，他计划走一条从地形上看起来不可思议的路线。

如果把汉尼拔从莱普提斯到迦太基的直接路线想象成沿着倒着的"V"（也就是"Λ"）的右边的斜线，那么小西庇阿选择的就是左边的那条斜线，只留下一支小分队在迦太基附近扎营。这简直是最迂回的路线了！但正是这条经过巴格拉达斯山谷的路线，将小西庇阿带进了迦太基最主要的内部补给来源地。更重要的是，他的每一步都使他更接近马西尼萨响应他的紧急召唤而派出的努米底亚增援部队。

这一策略实现了它的战略目标。迦太基元老院得知了消息，他们震惊于自己的重要领土正被逐步摧毁，派出使者敦促汉尼拔立即出兵干预，攻击小西庇阿。尽管汉尼拔回复说"不要干预我的计划"，但还是迫于形势向西进军去攻打小西庇阿，而没有向北去迦太基。这样一来，小西庇阿将汉尼拔引诱到了自己选择的作战地点。在那里，汉尼拔没有物资补给，缺乏稳定的支援点，如果失败，他也没有可以撤退的堡垒。然而如果战斗发生在迦太基附近，他就会拥有这一切。

现在小西庇阿成功地诱导了敌人来此作战，他把士气优势利用到了极致。马西尼萨与他会合时恰逢汉尼拔的到来。小西庇阿没有前进，而是后退了，使得汉尼拔和他的迦太基军队在缺水的地方安营扎寨。此外，此地是平原，小西庇阿可以充分发挥他在骑兵方面新获得的优势。

在扎马之战中，小西庇阿使用高超的战术击败了汉尼拔优秀的骑兵部队。这是汉尼拔第一次在战术上失败，而且由于他采用了错误的战略，失败的后果也超出了他的预料。由于没有现成的堡垒可以避难和重整军队，他的军队在小西庇阿的追击下全军覆没。因此，迦太基选择了投降。

经此一战，罗马成为地中海世界的霸主。随后，罗马向外扩张并成为一个帝国，虽然其霸主地位面临过多次威胁，但从未受到严重的挑战。因此，公元前202年自然而然地成为古代历史上的一个分水岭，我们明白了此前的一系列转折点和它们的军事起因。然而，罗马终究开始衰退。由于野蛮人的侵略和内部的衰败，这个横跨欧亚非三大洲的帝国分崩离析。

这一"衰落和崩溃"的时期持续了几个世纪，欧洲的人种不再是单一的白色人种，还有了其他各色人种。对这一时期的"军事统帅之道"的研究可以带来很多启示，像贝利撒留和后来的拜占庭帝国的将军们都从中受益了。但是，总的来说，我们很难明确界定什么是"决定性战役"，转折点太过模糊，战略目的不明确，以及记录也不可靠，无法为科学推断提供依据。

然而，在罗马达到鼎盛时期之前曾发生过一场内战。这场内战值得我们研究，一是因为其中出现了另一个伟大的统帅，二是因为它对历史进程产生了重大影响。正如第二次布匿战争使罗马登上了霸主地位一样，公元前50—前45年的内战使恺撒和恺撒主义统治了罗马。

当恺撒在公元前50年的12月越过卢比孔河时，他只统治着高卢和伊利里库姆，而庞培则掌握了意大利及罗马的其他地区。恺撒有九支军团，但只有一支和他一起驻扎在拉韦纳，其余的八支远在高卢。庞培在意大利有十支军团，在西班牙有七支，还有许多分遣队散布整个帝国。然而，庞培在意大利的军团并未形成实质性的威胁，因为近在咫尺的一支军团的价值远胜于远在天边的两支军团。恺撒曾因轻率地率领一小部分军队南下而受到批评，但时机和出其不意是战争中最重要的两个要素。恺撒在制定战略时，除了考虑到了这两个重要因素，还试图理解庞培的思维方式。

从拉韦纳到罗马有两条路，恺撒选了更长更迂回的路——他沿着亚得里亚海快速行军。当他经过这个人口稠密的地区时，许多准备投向庞培的人反而加入了他的行列，这和拿破仑在 1815 年的经历相似。庞培派的士气受到动摇，他们离开了罗马，撤退到了卡普亚。而恺撒插到了庞培在科菲尼乌姆的先行部队和在卢塞利亚的主力部队之间，通过非战斗手段收编了这支先行部队。然后他继续向南，朝卢塞利亚前进，不断收编敌人的势力以壮大自己。但是，由于他采用直接路线行军，敌人急忙撤退到位于意大利东南部的布林迪西防御港。恺撒继续追击，促使庞培决定越过亚得里亚海退到希腊。因此在第二阶段，恺撒由于过于直接、不够机巧，失去了一举终结战争的机会，使得他在地中海盆地周围又耗费了四年的时间。

现在第二场战役开始了。恺撒没有跟随庞培进攻希腊，而是转而攻击庞培在西班牙的阵线。他因此受到了许多批评，但事实证明他对庞培无暇顾及西班牙的猜测是正确的。这一次，恺撒又过于直接，直朝位于比利牛斯山后的莱里达的敌人主力推进。敌人得知消息，避免了这场战斗。恺撒没能一击取胜，他的士兵士气开始下滑。他及时改变了路线才没有酿成大祸。

恺撒没有进一步围攻，而是把精力投入到建造人工浅滩上，以便能够控制塞格雷河的两岸，而莱里达就在塞格雷河边上。如此一来，恺撒就对敌人的物资补给产生了威胁，迫使庞培的副手们趁着还有时间赶紧撤退。恺撒没有阻止他们撤退，但派他的高卢骑兵跟上敌军，拖延他们的行军速度。然后，他没有强攻由敌人后卫把守的桥，而是冒险带领步兵军团穿过被认为只有骑兵才能穿过的深水滩，在夜间迂回行进，越过敌人的撤退线。即使在那时，他也没有发起战斗，而是反复阻挠敌军选择新的撤退路线。他的步兵军团一路行进，骑兵则持续骚扰并拖延敌军。他牢牢地压制着自己的士兵对战斗的渴望，同时鼓励他们与敌军友好相处。敌军越来越疲倦、饥饿和沮丧。最后，当他驱使敌军调头回莱里达时，他迫使敌人占据了一个缺水的位置，敌军投降了。

这是一场战略上的胜利，战败者和胜利者都没有流血。敌军死伤的人越少，向恺撒投降和加入他的新兵就越多。尽管他使用间接路线而非直接攻击，这场战役也只花费了六个星期的时间。

但在他的下一次战役中（公元前48年），他改变了战略，历时八个月才取得了胜利，而且还不是完全胜利。恺撒没有走间接路线，从陆路通过伊利里库姆进入希腊，而是决定走海上的直接路线。因此，他虽然在刚开始节省了时间，但最后却花费了大量时间。庞培最初有一支庞大的舰队，恺撒则没有。尽管恺撒下令大规模建造或征集船只，但最终只有一部分可用。恺撒没有耐心等待，而是从布林迪西启航，只带了他集结的兵力的一半。

在帕莱斯特登陆后，他沿着海岸前往重要的海港底拉西乌姆（现称都拉斯），但庞培比他更先到达那里。对恺撒来说幸运的是，庞培一如既往地行动迟缓，因而错失了机会，没能在安东尼带着恺撒的另一半军队与恺撒会合之前充分发挥优势击败恺撒。当安东尼在底拉西乌姆的另一边登陆时，庞培虽然位于两者之间，但也未能阻止恺撒和安东尼在地拉那建立会合点。庞培随后后退，恺撒一方的军队紧随其后追击，但徒劳无功。此后，两军在赫努苏斯河的南岸对峙，而这条河本身在底拉西乌姆以南。

这个僵局最后被恺撒的间接策略打破。恺撒在山丘上艰难地走了 45 英里，终于将自己的军队插在了底拉西乌姆和庞培的军队之间。庞培意识到了危险，急忙撤退去保护 25 英里外的基地。但是恺撒没能发挥优势：因为庞培有海上补给，所以以他的性格，他并没有带头进攻。恺撒于是采取了最初的做法：尽管很费力，但他仍然决定封锁庞培的军队。然而庞培的军队不仅比他的军队强大，而且随时可以方便地从海上获取补给或撤退。

即使庞培一向不主动出击，但面临如此脆弱的防线，他也没有放弃这一大好机会。他成功地突围了。恺撒试图通过集中反击来弥补过错，但失败得非常惨烈。然而，由于庞培的消极态度，恺撒士气低落的军队竟幸免于难，没有彻底溃散。

恺撒的部下叫嚣着要恺撒带领他们重新攻击敌军，但恺撒已经吸取了教训，在撤退成功后，他又回归了间接路线战略。在这个关键时刻，庞培本可以更好地利用间接路线——渡过亚得里亚海，重新控制意大利，在那里，人们因恺撒的失败而心生动摇。恺撒也清楚地知道如果庞培走这条路线，他将会极其危险。于是他迅速向东移动，对抗庞培在马其顿的副手西庇阿·纳西卡。因此，庞培被吸引去追击恺撒。他走了一条不同的路线，赶去支援纳西卡。

尽管恺撒率先到达，但他没有安排军队防御阻击，而是允许庞培跟上来。恺撒似乎失去了一个机会，但这也可能是因为他想在底拉西乌姆之后提供一个足够大的诱饵，刺激庞培公开战斗。如果是这样的话，他的想法是对的，因为尽管庞培的人数是恺撒的两倍，他也只是在副手的劝说下才冒险主动进攻。正当恺撒在苦思冥想如何创造战斗机会时，庞培提前给了他这个机会，双方在法萨罗交战。从恺撒的角度出发，这场战斗无疑过早了，这一点从他的险胜就可以看出。恺撒的这条间接路线恢复了战略平衡，但他还需要再次采取间接路线战略来彻底击败庞培。

法萨罗一战胜利后，恺撒紧追庞培越过达达尼尔海峡，穿过小亚细亚，并从那里越过地中海到达亚历山大港——在此地，托勒密暗杀了庞培，从而为恺撒省去了许多麻烦。但是恺撒因为介入了托勒密和他妹妹克莉奥帕特拉之间关于继承埃及王位的斗争而丧失了优势，白白浪费了八个月的时间。似乎恺撒总是会犯过于关注眼前的目标而忽视了更广阔的目标的错误。在战略方面，他也总是来回切换，好似有双重人格。

恺撒没有乘胜追击，庞培军队利用这段时间重新集结，并在非洲和西班牙占据了新的根据地。在非洲，恺撒的副官库里奥采取直接路线，使恺撒面临的困难变得更大。登陆后，库里奥赢得了初步胜利，但随即被庞培的盟友朱巴国王诱入陷阱，并被歼灭。公元前46年，恺撒在非洲的战役拉开序幕，他的行动与他在希腊时的行为一样直接、急躁且力量不足。他将自己置于险地，但又和此前一样，凭借自己的运气和战术技巧脱险。之后，他在鲁斯皮纳附近的一个坚固的营地安顿下来，坚守不出，等待支援军团到来。

这几个月，恺撒坚持间接路线，避免流血牺牲。即使在援军到达后，他仍采取间接路线，不过有些极端且作用有限。他组织了多次小型侵袭，打击敌人的士气。这种策略取得了一定的效果，敌军的逃兵数量逐渐增加。最后，他采用了一种较宽广的间接路线，打击敌人在塔普索斯的重要基地。由此，他创造了一个有利的作战机会，他的部队早已迫不及待，无须他的指令就主动发动了进攻，取得了战斗的胜利。

随后，恺撒在公元前45年发动了西班牙战役，给这场旷日持久的内战画上了句号。恺撒从一开始就努力避免流血牺牲，并在有限的范围内运用技巧使他的敌人处于不利位置，由他自己来决定作战时机和地点。他在蒙达获得了有利时机，取得了胜利，但由于双方势均力敌，因此造成了严重的伤亡。这表明"经济用兵"和单纯的"节约用兵"是非常不同的。

恺撒的间接路线似乎较为狭隘和不够出人意料。在他的每一次战役中，他都打击了敌人的士气，但没能令他们彻底崩溃。原因似乎是他更关注敌军军队的心理，而不是其统帅的心理。他的战役有助于我们区分两种间接路线——一是"针对敌军"的间接路线，二是"针对敌军统帅"的间接路线。更重要的是，它们最强有力地将直接路线和间接路线区分了开来：因为恺撒每次使用直接路线都会失败，而每次换回间接路线则会成功。

第四章

拜占庭时代的战争
——贝利撒留与纳尔西斯

公元前45年，恺撒在蒙达大获全胜后，元老院授予他罗马及罗马世界的"终身独裁权"。这一事件具有决定性意义，标示着罗马宪法的灭亡，为罗马从共和国向帝国的转变铺平了道路。帝国这一体制注定了罗马会走向灭亡，但过程是缓慢的——从长远来看，也可说是渐进的。从恺撒获胜到罗马土崩瓦解，中间经过了长达五百年的时间。但罗马瓦解后，"罗马帝国"在另一个地方又延续了一千年。原因有二：一是君士坦丁大帝在公元330年将首都从罗马迁到了拜占庭，也就是君士坦丁堡；二是罗马世界在公元364年正式分裂为东罗马帝国和西罗马帝国。东罗马帝国的国祚更长，而西罗马帝国则在野蛮人的攻击和渗透下逐渐衰微。到公元5世纪末，高卢、西班牙和非洲的部分地区纷纷独立，意大利也随之建立了独立王国，名义上的西罗马帝国皇帝彻底被废黜。

然而，在6世纪中叶，得益于东罗马帝国的强盛，有一段时间西罗马帝国再度复兴。在查士丁尼统治君士坦丁堡期间，他的部将收复了非洲、意大利和西班牙南部地区。最大的功臣是贝利撒留，他的战役因两大特点而非同寻常：第一，他打赢这些影响深远的战役所使用的资源极少；第二，他始终运用防守战术。一直不主动出击却能取得一系列胜利，这在历史上是绝无仅有的。更瞩目的特点是，他的军队以机动部队为基础——主要是骑兵。贝利撒留并非缺乏胆量，只不过他的战术是允许或诱使对方先行出兵攻击。他的这一选择，在一定程度上是因为他的兵力在数量上处于劣势，另一方面也是因为他在战术和心理方面都有着精妙的计算。

他的军队与传统罗马军团的形式大相径庭，更接近中世纪的形制，但比那个时代的军队要先进得多。对恺撒那个时代的士兵来说，贝利撒留的军队根本不像是一支罗马军队。不过对于曾跟随小西庇阿出征非洲的士兵来说，这种演变趋势倒不是那么令人惊讶。从小西庇阿到恺撒之间的这段时期，罗马从城邦变成了帝国，军队也从一支短期服役的公民部队转变为一支长期服役的职业部队。

不过，尽管扎马一战已显示出了骑兵的优势，但罗马帝国军队仍以步兵为主。虽然他们的马在品种上有了很大改良，体型和速度都有了较大提升，但骑兵仍然只是附属部队，就像与汉尼拔作战的早期阶段那样。由于边防需要更大的机动性，骑兵的比例逐渐上升，但直到378年罗马军队在亚德里亚堡大败于哥特骑兵，罗马军队才根据这一教训进行重组。在随后几代人的时间里，罗马军队走向了另一个极端。狄奥多西统治时大量招募野蛮人骑兵，快速扩大了机动部队的规模。后来，步兵与骑兵的比例在某种程度上得到了纠正，同时也变得更加系统化。到查士丁尼和贝利撒留时期，主要的军队类型已经变成了重骑兵，他们着盔甲，持弓箭和长矛。这样做显然是想让罗马重骑兵兼具匈奴或波斯骑射兵的机动火力和哥特长矛骑兵的冲击力。装备轻便的骑射手会辅助重骑兵作战。这样一种组合，无论在形式上还是战术上，都是现代轻型和重型（或中型）坦克联合作战的前身。步兵也分轻重两种，但配有重长矛、队形紧密的重型步兵只是为骑兵在战斗中提供一个稳定枢纽，使骑兵得以围绕其进行各类机巧行动。

在 6 世纪早期，东罗马帝国岌岌可危。在与波斯的边境冲突中，帝国军队一次次遭遇惨痛的失败，这使得帝国在小亚细亚地区的影响力遭受重创。有一段时间，由于匈奴人从北方入侵波斯，东罗马帝国暂时得到了喘息的机会，但在 525 年左右，战争在边境上再次爆发，不过比较分散。正是在这次战争中，贝利撒留赢得了他的第一个荣誉。他指挥骑兵数次突袭波斯统治下的亚美尼亚，后来又在波斯人占领了一个边境城堡后进行了一次激烈的反击。他的表现与其他统帅糟糕的表现形成了鲜明对比，于是查士丁尼任命他为东部军队的最高统帅，而此时他还不到 30 岁。

530 年，一支约四万人的波斯军队向达拉斯要塞进发。贝利撒留前往迎战，但他只有波斯一半的兵力，且大部分还是刚到的新兵。然而，他决定采取冒险的策略进行抵抗，而不是被动防守。他精心制定了防御性进攻战术——利用波斯对拜占庭的蔑视以及波斯在人数上的优势，诱使波斯首先发起进攻。他命令士兵在达拉斯城墙前挖了一条又宽又深的横向壕沟，沟离城墙不远，便于城墙上方的火力辅助沟里的士兵阻挡敌军入侵，并将不太可靠的步兵安置在此沟中。在这条横沟的两端，贝利撒留又挖了两道垂直向外延伸的壕沟，并在这两道垂直沟的尽头各自再挖了一道横沟通向山谷两侧的山丘。这两条宽阔的横沟形成侧翼，贝利撒留将重骑兵部署在此作反突击之用。匈奴轻骑兵则被安排在两个内部直角处。这样一来，如果侧翼的重骑兵被驱赶回来，轻骑兵就可以绕到敌后袭击敌人以减轻正面的作战压力。

波斯人到达后，他们对贝利撒留的布阵显然感到困惑。在第一天，他们仅仅进行了一些探索性的小规模战斗。第二天早上，贝利撒留给波斯指挥官写了一封信，建议通过和谈而非战争来解决争端。据普罗柯比称，贝利撒留在信中说："和平是最大的福祉，所有稍具理性的人都会认同这一点……因此，最伟大的将军应能化干戈为玉帛。"贝利撒留当时尚且年轻，在取得伟大胜利的前夕竟能说出如此名言，实属难得。但波斯统帅回信称罗马人的诺言向来不可信。他认为贝利撒留的信和躲在战壕后的防御态度表露了贝利撒留的恐惧，于是发动了攻击。波斯人小心翼翼，避免掉入中间明显的陷阱中，但他们过度的谨慎正中贝利撒留的下怀。因为这不仅意味着波斯的力量被分散了，而且意味着贝利撒留两翼的骑兵足以应对任何攻击。骑兵是贝利撒留最可信赖的武器，且在人数上与波斯骑兵相差不多。与此同时，贝利撒留的步兵射箭袭击敌军，为骑兵提供支援。拜占庭军队的弓箭强于波斯军队，波斯的盔甲无法阻挡拜占庭的箭，但拜占庭的铠甲则可以抵挡波斯的箭。

波斯骑兵首先从左翼进攻，取得了一些进展，但躲在山后的一小队拜占庭骑兵突然从后面袭击他们。这一击出乎意料，再加上匈奴轻骑兵出现在他们的另一侧，波斯骑兵不得不撤退。在另一边，波斯骑兵朝达拉斯城墙推进，越走越深，导致他们的前翼和行动缓慢的中心部队之间出现了缺口——贝利撒留调动所有可用的骑兵从这一缺口反击波斯军队。他首先攻击波斯薄弱防线上的骑兵，迫使他们四散而逃，然后攻击中部暴露在外的波斯步兵侧翼。最终波斯彻底失败，这是波斯几代以来第一次败于拜占庭之手。

几经失败后，波斯国王开始与查士丁尼的特使就和约条件进行谈判。在谈判进行的过程中，波斯的盟友撒拉逊国王提出了一个间接袭击拜占庭的新计划。他认为，与其攻击重兵把守、设防牢固的拜占庭边境，不如出其不意，这样才能获得更大的利益。他建议波斯组织一支机动性最强的军队，从幼发拉底河向西穿过长期以来被人认为不可逾越的沙漠，猛攻东罗马帝国最富有的城市安提俄克。

波斯采纳并充分实施了这一计划，证明了只要有一支适当的军队就能穿越沙漠。然而，贝利撒留的部队也非常机动，且由于他在边境建立了有效的情报系统，他及时从北方赶来打败了波斯军队。消灭威胁后，他仅将入侵的波斯军队驱逐回去便收了手，这使他的部下对他的克制态度感到不满。

贝利撒留听到部下的抱怨后，试图说服他们：真正的胜利是以最小的代价迫使敌人放弃目标。只要能取得这样的结果，便没有必要通过战争取胜。"穷寇莫追"，否则可能有失败的风险，使帝国面临更危险的入侵。将一支撤退中的敌军逼上绝路，只会让他们决心以死战来对抗。

然而贝利撒留的说法过于理性，嗜血的士兵根本听不进去。为了避免上下离心，贝利撒留放任他的士兵去追击波斯军队——结果他遭遇了唯一一次失败，证明了他的警告是正确的。波斯人虽然战胜了拜占庭追兵，但也付出了沉重的代价，于是不得不继续撤退。

贝利撒留在东部成功地抵御了波斯的入侵后，不久就被派往西部执行进攻任务。一个世纪前，汪达尔人——日耳曼人的一支——占领了罗马统治下的非洲地区，并在迦太基建立了首都，从而结束了南迁。他们从那里出发，进行了大规模的海盗活动，并派出突袭远征队掠夺地中海沿岸的城市。455年，他们洗劫了罗马城。东罗马帝国曾派出大军进行征讨，却无功而返。然而，几代人之后，奢侈的生活和非洲的阳光不仅使他们的举止变得温文尔雅，而且使他们逐渐丧失了活力。

在531年，汪达尔国王希尔德里克被他好战的侄子盖利默废黜并监禁。希尔德里克年轻时曾是查士丁尼的朋友，因此查士丁尼写信给盖利默，要求他释放自己的叔叔。盖利默拒绝了这一要求，于是在 533 年，查士丁尼决定派贝利撒留率领一支远征军前往非洲攻打盖利默。然而，这支远征军只有五千骑兵和一万步兵。尽管他们都是精锐部队，但面对据说近十万的汪达尔士兵，胜利的希望微乎其微。

然而，当远征军抵达西西里岛时，贝利撒留接到了令人振奋的消息——汪达尔军队中最强的一部分兵力已被派去处理撒丁岛领地的叛乱，且盖利默本人此刻并不在迦太基。贝利撒留迅速做出响应，不停航行，直奔非洲。他成功地避开了汪达尔的舰队，并在约九天后登陆，距离迦太基只有咫尺之遥。一得知这个消息，盖利默急忙下令，要求各个特遣队到阿德西姆附近的一个峡谷会合。阿德西姆是通往迦太基的主路上的第十个里程碑，盖利默希望在那里围剿贝利撒留的军队，但他的计划被打乱了。贝利撒留行军迅速，同时动用舰队威胁迦太基，因此汪达尔人的军队尚在集结时就被包围了。一系列混战使汪达尔人的军队陷入混乱，他们不仅失去了打败贝利撒留的机会，而且四散而逃，从而使贝利撒留顺利地进入了迦太基。当盖利默重新集结军队，并从撒丁岛召回远征军准备再次进攻时，贝利撒留已经修复了迦太基的防御工事，而此前，汪达尔人对这些防御设施毫不关心，任其年久失修。

在迦太基固守数月后，贝利撒留发现汪达尔人并未展开进攻，他推测汪达尔军队士气低落。考虑到即使遭遇失败，他也能撤退至城内，贝利撒留决定冒险发动攻击。他将骑兵安排在前方，在一条小溪后面的特里卡梅隆营地遇到了汪达尔军队，还没有等他的步兵跟上来就开始了战斗。他的想法似乎是，通过展现自己的数量弱势，他可以诱骗汪达尔人发起攻击，这样他就可以在他们渡过小溪时反击。但他的挑衅和假装撤退都没能诱使汪达尔人越过小溪。于是，贝利撒留利用汪达尔军队的谨慎，派大量兵力越过小溪，没有受到任何阻击。

他首先对汪达尔军队的中心发起攻击，吸引了他们的注意力，然后向整个战线发起全面攻击。汪达尔军队很快就放弃了抵抗，躲进了自己的营地。夜间盖利默自己逃跑了，他失踪后，他的军队作鸟兽散。贝利撒留取得了胜利，随后追击并最终俘获了盖利默，结束了这场战争。虽然重新夺回罗马在非洲的领地看上去像是一场没有希望的冒险，但实际执行过程却出人意料地顺利。

在轻松取得胜利后，查士丁尼试图在535年用尽可能小的代价将意大利和西西里岛从东哥特人手中夺回。他派出一支小部队从达尔马提亚海岸登陆，并许诺给法兰克人一笔财富，说服了他们进攻北方的哥特人。以这些行动为掩护，他派贝利撒留率领一支1.2万人的军队远征西西里岛，并命他在到达后放出消息称自己要去迦太基。如果到时他发现西西里岛很容易被占领，就可以占领它；如果不行，就重新上船。事情进展极其顺利，贝利撒留轻易地占领了西西里岛。尽管西西里岛的居民受到了东哥特人的善待，但他们仍将贝利撒留视为拯救者和保护者，欣然欢迎他的到来。小规模的哥特驻军没能阻挡贝利撒留的进攻，不过在巴勒莫，贝利撒留使用计谋才攻下了这座城市。与他的成功截然相反的是，入侵达尔马提亚的行动以灾难告终。但是，一支拜占庭军队随后增援了在达尔马提亚的军队，重新开始行动以转移敌人的注意力，这使得贝利撒留得以越过墨西拿海峡入侵意大利。

得益于哥特人内部的分歧和其国王的疏忽，贝利撒留穿过了意大利南部，一直走到了那不勒斯。那不勒斯的防御非常坚固，有精兵把守，驻军规模与贝利撒留的军队相当。贝利撒留在此停滞了一段时间，最终找到了一条废弃的渡槽，计划从渡槽进入城中。他挑选了一队精兵穿过了狭窄的渡槽，在晚上从后方袭击敌人，配合从正面用云梯攻击的部队，攻下了这座城市。

那不勒斯沦陷的消息在哥特人中引发了强烈抗议，以至于他们发动起义推翻了哥特国王，由维提吉斯这位强健的将军取而代之。但是维提吉斯的军事思想非常传统，他认为需要先结束和法兰克人的战争，然后再集中力量对抗新的入侵者。因此，他在罗马留下了他认为足够的驻军，然后向北进军去对付法兰克人。但是罗马人民并不配合，在这种情况下，哥特驻军认为没有人民的帮助他们不足以保卫这座城市，于是在贝利撒留接近时就撤退了，因此贝利撒留毫不费力地就占领了这座城市。

维提吉斯十分后悔，但为时已晚。他用黄金和领土收买了法兰克人，召集了一支 15 万人的军队以夺回罗马。贝利撒留只剩下一万名兵士防守，但在维提吉斯围城前他还有三个月的时间。他改善了城市的防御设施，并囤积了大量食物。此外，他采取了积极防御策略，频繁地进行适当的攻击。战斗时，他充分利用己方骑兵的弓箭优势，如此一来，他们可以射到敌人的骑兵，而敌人却无法伤到他们，或者可以戏弄哥特长矛骑兵，让他们盲目冲锋。虽然贝利撒留的防守兵力不足，面临很大压力，但围攻者的力量消耗得更快，尤其是疾病加速了这一过程。为了进一步消耗敌人，贝利撒留冒着风险，从他本就不足的兵力中派出了两个分遣队，出其不意地夺取了蒂沃利和泰拉奇纳镇，切断了围攻者的补给线。增援部队到达后，贝利撒留将机动突袭扩大到亚得里亚海沿岸，直逼哥特人在拉韦纳的主要基地。最终，哥特人在一年后放弃了围困，向北撤退。拜占庭突袭部队占领了里米尼的消息更加速了他们的撤退，因为里米尼距拉韦纳很近。当哥特军队的后半部分挤在莫尔维安桥上时，贝利撒留向他们发动了临别袭击。

当维提吉斯向东北方向撤退到拉韦纳时，贝利撒留派部分兵力和舰队，沿着西海岸占领了帕维亚和米兰。他带着剩下的三千人骑马穿至东海岸，在那里与刚刚登陆的七千援兵会合——这支增援部队由宫廷内侍总管纳尔西斯领导。然后，他急忙去解救他派到里米尼的分遣队，他们已经被维提吉斯围困在里米尼。哥特人在奥西莫要塞留下了 2.5 万人驻守，贝利撒留偷偷绕过这个要塞，两路分进，一部分沿海行进，另一部分向里米尼进发。他特意分三个方向朝里米尼前进，以此误导哥特人以为他的军队非常强大。为了加强这种错误印象，他在晚上点燃了一长串营火。他的计谋成功了，由于他威名在外，敌人非常恐惧，于是在他接近时，规模比他大得多的哥特军队惊慌失措地逃跑了。

现在，贝利撒留一边留意在拉韦纳的维提吉斯的动向，一边计划攻下阻碍他与罗马之间交通的敌军堡垒——先前他急行军时绕过了这些城堡。由于他的兵力很少，这不是件容易的事情。但他的方法是孤立和集中攻击特定的堡垒，同时派出分遣队赴远处使任何潜在的敌军救兵都只能待在自己的驻地，分身乏术。即便如此，这项任务也耗费了相当长的时间，而且不断向后推迟，因为他的一些将军想要攻打更容易和更富庶的目标，而且这些将军在宫中有人为他们的不服从辩护。与此同时，维提吉斯向法兰克和波斯派遣大使，提出了一个有吸引力的建议，即三方共同攻击拜占庭帝国。由于现在拜占庭的军队很分散，如果协同进攻就有机会遏制拜占庭的扩张。对此，法兰克国王的回应是派遣大军越过阿尔卑斯山，进入意大利。

但一直期盼他们到来的哥特人却首先遭殃。哥特人让法兰克军队通过了帕维亚附近的波河——当时哥特人正在此处和拜占庭军队作战，但没想到法兰克人突然倒戈，同时攻击他们和拜占庭军队，他们不得不撤退，占据了附近的乡村。由于哥特军队几乎全由步兵组成，可供觅食的范围有限，结果导致数千人很快因饥荒而死亡。他们愚蠢的行为束缚住了他们的手脚，面对机动性很强的对手，他们不敢行军。贝利撒留轻而易举地说服了他们撤军。随后，贝利撒留加强了对拉韦纳的控制，并最终让维提吉斯投降。

正在此时（540年），贝利撒留被查士丁尼召回，表面上是为了让他去对付波斯人造成的新威胁——这个理由并非空穴来风，但更深层的原因是查士丁尼忌惮贝利撒留。因为查士丁尼听到流言说，哥特人视贝利撒留为西罗马帝国的皇帝，并因此向贝利撒留求和。

贝利撒留在回程的路上时，波斯的新国王霍斯劳派出军队重走之前没有完成的沙漠穿越路线，成功地占领了安提俄克。在掠夺了这座城市和其他叙利亚城市的财富后，他接受了查士丁尼每年支付大笔钱款以求和的请求，签订了新的和约。在他回到波斯及贝利撒留回到君士坦丁堡后，查士丁尼就撕毁了和约，保住了自己的财富。因此，只有百姓遭了殃——这正是战争通常会有的结果。

在接下来的战役中，霍斯劳国王入侵了黑海沿岸的科尔基斯，并占领了拜占庭的佩特拉堡垒。与此同时，贝利撒留到达了东部边境。他听说霍斯劳已经远征，尽管不知道其具体方位，但贝利撒留立即抓住机会突袭波斯。为了扩大影响，他派阿拉伯盟友沿底格里斯河突袭亚述。这种适时的推进无意识地证明了间接路线的价值。因为这一行动威胁到了入侵科尔基斯的波斯军队的基地，于是霍斯劳匆忙返回，以免交通补给被切断。

不久之后，贝利撒留再次被召回君士坦丁堡，这次是因为国内的麻烦。在他离开东部的这段时间，霍斯劳再次侵入巴勒斯坦，试图占领耶路撒冷。自从安提俄克被摧毁后，耶路撒冷就成为当时东部最富有的城市。得到消息后，查士丁尼派贝利撒留前去阻击敌人。这一次，霍斯劳率领了一支庞大的军队，估计有 20 万人，因此他不能走沙漠路线。他不得不沿着幼发拉底河进入叙利亚，然后向南进攻巴勒斯坦。由于确定了霍斯劳必须走的路线，贝利撒留将他现有的、虽少但机动性强的部队集中在幼发拉底河上游的卡舍米什，在那里他们可以趁敌军南下时攻击他们的侧翼，那是他们最脆弱的时候。霍斯劳得知这一消息后，派了一个特使去见贝利撒留，名义上是为了讨论缔结和约的条件，真正的目的则是为了摸清贝利撒留的力量和状态。事实上，贝利撒留的力量不到霍斯劳的十分之一，甚至可能还不到二十分之一。

　　贝利撒留猜到了他们的目的，上演了一出军事"戏法"。他挑选了最优秀的兵士，包括被俘虏后投诚的哥特人、汪达尔人和摩尔人，派他们到波斯特使将要经过的岗哨去站岗，这样波斯特使就会认为连前哨都如此厉害，贝利撒留的军队必然非常精锐。士兵们也被命令在平原上分散移动，让他们看起来人数众多。贝利撒留轻松自信的神态和军队无忧无虑的行为更加深了波斯特使的错误印象——好像他们不惧任何袭击。霍斯劳相信了特使的报告，认为在侧翼有如此强大的敌军的情况下，再继续前进会非常危险。接着，贝利撒留派骑兵沿着幼发拉底河进一步活动以迷惑敌人。波斯军队果然被唬住了，匆忙撤退过河返回了波斯。这样一场规模巨大的入侵本应无法抵挡，但贝利撒留却以如此经济的方式将其击退了，这在历史上绝无仅有。这一奇迹般的结果是通过使用间接路线而取得的，虽然看似是通过威胁敌军侧翼而成功的，但实际是纯粹的心理战。

　　贝利撒留的声望日益升高，让查士丁尼再次陷入猜忌，他再一次被召回君士坦丁堡。不久，由于对意大利的事务管理不善，拜占庭岌岌可危，查士丁尼不得不派贝利撒留到意大利稳定局势。然而，出于吝啬和嫉妒，查士丁尼只拨给了贝利撒留极少的兵力来完成这项任务，但当贝利撒留到达拉韦纳时，意大利的情势已非常危急。在新国王托提拉的领导下，哥特人逐渐重建了他们的军事力量，夺回了意大利西北部的全部地区，并向南发展。那不勒斯已经落入了他们的手中，罗马也受到了威胁。

为了拯救罗马，贝利撒留进行了一次大胆但失败的尝试，他带着一支分遣队绕着海岸航行，并强行在台伯河上开辟了一条航道。然而，托提拉迅速摧毁了贝利撒留的防御工事，留下了大约 15000 人的部队在海岸上牵制住贝利撒留的 7000 人，然后向北进军，想要趁贝利撒留不在的时候占领拉韦纳。但是贝利撒留绕过了他的防线，悄悄进入了罗马。所有哥特人都无法拒绝罗马的诱惑。在托提拉率领军队返回之前的三周里，贝利撒留修缮了罗马除城门外的所有防御工事。哥特人的两次进攻都被抵挡住了，他们损失惨重，信心大减。在他们第三次尝试时，贝利撒留进行反击，使他们陷入了混乱。第二天，他们放弃了围困，撤回了蒂沃利。

但是，尽管贝利撒留一再求援，查士丁尼也只是零星地派了一点增援部队。因此，贝利撒留的兵力不足以重新收复整个意大利，他只好花了几年的时间在堡垒和港口之间进行游击战。最后，他意识到出于猜忌，查士丁尼不会再给他足够强大的军队，于是他在 548 年获得许可后，放弃了这项任务，返回君士坦丁堡。

四年后，查士丁尼后悔了，决定进行一次新的远征。但他不愿让贝利撒留领兵，以免他夺权篡位，于是最终把指挥权交给了纳尔西斯。纳尔西斯长期研究战争理论，直到贝利撒留的第一次意大利战役，他才有机会证明自己的实战能力。

纳尔西斯充分利用了这个难得的机会。首先，他向查士丁尼提出请求，得到了一支实力强大、装备精良的军队。他带着军队沿着亚得里亚海海岸向北行进。哥特人认为他必然会选择渡海进攻，因为崎岖的沿海道路和无数的河口对他来说太难行军。这个错误的估计为纳尔西斯创造了优势。纳尔西斯安排了大量船只与他的陆上军队同步前进，在必要时用船只组成了浮桥，出人意料地迅速到达了拉韦纳，且没有遇到任何阻击。他抓紧时间向南推进，绕过路上的各种敌军要塞，目的是在托提拉的部队集结完成之前发起攻击。托提拉控制了穿越亚平宁山脉的主要关口，但纳尔西斯从一条小路穿了过去，在塔吉那遇上了托提拉。

在此战役中，纳尔西斯在力量上胜于哥特人，而贝利撒留在以前的战役中则一直在力量上处于劣势。然而，尽管纳尔西斯此前采用进攻型战略获益匪浅，但在与托提拉的这场决战中，他决定采取防御策略。他期望哥特人本能的"攻击性"使他们率先发起进攻，并为他们准备了一个陷阱，这个陷阱的设计与八百年后英国在克雷西对抗法国骑兵的战术十分相似。他根据哥特人对拜占庭步兵的合理蔑视——认为拜占庭步兵无法抵挡他们的骑兵冲锋——进行了设计，将一批骑兵放在了队伍中间，但不让他们骑马而让他们持长矛步行，这样敌人会以为他们是一群长矛步兵。他将步行的弓箭手安排在军队中部的两翼，呈新月形前行，如果敌军攻击中心部队，他们就可以进行侧面反击。大部分骑兵则跟在他们的后面。另外，他精心挑选了一支骑兵，让他们埋伏在左边的一座小山下，在两军深入交战后，从后方突袭哥特人。

哥特人如预料中般上钩，陷入了纳尔西斯精心设计的陷阱。他们的骑兵冲向了看似最弱的拜占庭步兵阵中心。在冲锋中，侧翼不断袭来的箭矢让他们死伤惨重。当他们企图向前冲锋时，拜占庭骑兵阻挡了他们，而弓箭手则继续向他们的侧翼逼近，使死伤人数急剧上升。而哥特步兵因为害怕被纳尔西斯派在侧翼小山附近的骑射手攻击，犹豫不决，不愿上来支援。一段时间后，哥特骑兵徒劳无功，心灰意冷地开始撤退。趁此机会，纳尔西斯派出了后备骑兵进行决定性的反击。哥特人彻底失败了，以至于纳尔西斯收复意大利时几乎没有遇到更多的严重抵抗。

纳尔西斯及时征服了哥特人，使他得以腾出手来对付法兰克人的入侵。由于收到了哥特人绝望的求援，法兰克人出兵入侵意大利。这一次法兰克人比以前推进得更深，直至南方的坎帕尼亚。纳尔西斯计划通过"给他们一根绳子让他们自杀"的战术对付法兰克人，即避免交战，让艰苦的行军和痢疾消耗他们的力量。然而，当他于553年在卡西利努姆向法兰克人发动战斗时，他们仍然有8万人。在此战中，他针对法兰克人的战术特点设计了一个巧妙的陷阱。法兰克人的军队是步兵，以长长的纵队发起攻击，依靠重量和势头取胜。他们的武器也都是近距离作战武器——长矛、投掷斧和剑。

在卡西利努姆，纳尔西斯将持长矛和弓箭的步兵放在中心位置。法兰克人的冲锋令这些步兵退了回来，但接着纳尔西斯指挥两翼的骑兵向法兰克人的侧翼逼近。这使法兰克军队停了下来，他们立即转向两侧，准备迎接冲锋。然而，纳尔西斯并未接近他们，因为他知道他们的队形太坚固了，不会被冲锋打破。相反，他令自己的骑兵留在法兰克人投掷斧的射程之外用弓箭射击，使法兰克人不得不破坏自己的紧密队形以进行反击。最后，法兰克人为了躲避箭雨，打破了自己的队形，向后方挤去。纳尔西斯抓住机会及时冲锋，击溃了法兰克军队，几乎没有放走一个人。

初看之下，贝利撒留和纳尔西斯的战役似乎更多地在战术上引人入胜，而非战略上。因为他们的许多行动直接引发了战斗，且与其他的伟大统帅相比，更少精心策划切断敌人的交通与补给。然而，更深入的观察会改变这个视角。贝利撒留研究出了一种新型的战术工具，只要他能在适合其战术的条件下诱使敌人主动攻击他，他就可以以少胜多。为了达到这一目的，他的人数劣势——只要不是太明显——反而有利于他，特别是与大胆的直接战略进攻相结合时更是如此。因此，他的战略更多是心理上的而不是物质上的。他知道如何激怒西方的野蛮人军队，诱使他们放任本能直接攻击。面对狡猾和有技巧的波斯人，他起初利用他们面对拜占庭人时的优越感，后来当他们敬畏他时，又利用他们的谨慎在心理上打败他们。

他极其擅长将自己的弱势转化为优势，而让敌人的优势变成弱势。在这一点上他堪称大师。他的战术在本质上也具有间接路线的特点——令敌人失去平衡，然后攻击他们裸露的弱点。

当贝利撒留开始他的第一次意大利战役时，朋友们私下问他为何有信心能战胜人数远超过他的敌军。他回答说，在第一次与哥特人交战时，他一直在观察他们的弱点。他注意到，哥特人的军队由于人数过多，行动不协调。这主要有两个原因：一是哥特军队人数过多，难以有效控制；二是哥特的骑兵没有经验，不像他自己的骑兵那样训练有素。哥特骑兵只使用长矛和剑，而其步兵弓箭手习惯于跟在骑兵后面，在骑兵掩护下移动。因此，除非近距离作战，哥特骑兵无法有效发挥作用。如果敌方骑兵在他们的作战范围外向他们放箭雨，他们就没有办法自保；至于哥特的步兵弓箭手，他们绝不会冒着被敌人骑兵抓住的风险前去支援。结果，哥特骑兵总是试图靠近敌军，容易进行不适当的冲锋，而步兵则在无法跟上骑兵的情况下选择后撤。这样骑兵和步兵之间就产生了空隙，在侧翼的敌人就可以立刻进行反击。

在之后的几个世纪里，西欧进入了所谓"黑暗时代"，但贝利撒留的战术体系和防御性进攻战略却使拜占庭帝国保住了地位并延续了罗马传统。在两本伟大的拜占庭军事教科书——莫里斯皇帝的《战略》和利奥的《战术》中，我们可以看到后人对贝利撒留方法的运用，以及参照这些方法进行的军队重组。事实证明，贝利撒留的体系足够强大，能抵挡住野蛮人从多方施加的压力，甚至抵挡住了将波斯帝国吞灭的穆斯林征服浪潮。虽然拜占庭帝国丢失了一些边疆领土，但其主要堡垒始终保持稳固，并且自9世纪巴西尔一世统治起，失地逐步收复。11世纪初，在巴西尔二世的统治下，拜占庭帝国的实力达到了查士丁尼以来的顶峰，且比查士丁尼所在的五百年前的时代更加安全和稳定。

半个世纪之后，拜占庭帝国的命运岌岌可危，在几个小时内前景就变得一片黯淡。长久以来的和平状态导致其军事预算逐年削减，士兵人数下降，军队实力衰退。然后，自1063年起，阿尔普·阿尔斯兰苏丹领导的塞尔柱突厥的崛起使得拜占庭终于意识到了重整军备的必要性。为了应对威胁，在1068年，罗曼努斯·戴奥真尼斯将军被立为皇帝。他未曾花费时间训练军队以使其恢复昔日的效能，而是过早地发起了进攻。

在幼发拉底河的初步胜利让罗曼努斯受到鼓舞，他率领部队深入亚美尼亚，在曼齐刻尔特附近遇到了塞尔柱的主力军队。面对规模庞大的拜占庭军队，塞尔柱苏丹提议进行和平谈判，但罗曼努斯坚持要求他先拔除营地并撤退，再进行和谈。苏丹认为这样有损颜面，于是拒绝了。罗曼努斯立即发动了进攻。他打破了拜占庭的军事传统，越走越远，徒劳地试图靠近躲躲闪闪、机敏矫健的敌人，而敌方的骑兵不断阻碍他前行。到黄昏时，他的部队已经精疲力竭，队形变得松散，他最终下令撤退。但突厥人现在包围了他的侧翼，在这种压力下，他的军队溃散了。

拜占庭帝国彻底失败了，突厥人很快就占领了小亚细亚的大部分地区。因此，因为罗曼努斯的愚蠢——没能很好地判断局势就头脑发热地进攻，拜占庭帝国遭遇了灾难性的打击，一蹶不振。但凭借极强的韧性，拜占庭帝国在国力衰微后又存活了四百年才最终灭亡。

第五章

中世纪的战争

本章作为古代军事史与近代军事史的过渡，虽不涉及过多细节，却起着承上启下的作用。因为尽管中世纪的几场战役也值得一谈，但关于它们的记载比之前或之后的时代更加稀少和不可靠。想要得出科学、正确的因果推论，最稳妥的方法是基于确定的史实进行分析。若某些时期史实有争议或记载有冲突，我们不妨选择略过，即使这可能意味着放弃一些有价值的、确定的实例。诚然，中世纪军事史的争议主要存在于战术方面而非战略方面，但在研究战争的普通学生看来，争议扬起的疑云易将两者都笼罩住，使人们非常怀疑从这一时期得出的推论。然而，尽管本书不对这一时期进行详细分析，我们仍然可以简略讨论一些片段，说明它们的意义与价值。

在中世纪的西欧，封建骑士精神对军事艺术的发展造成了阻碍。尽管从总体上来看，这一时期的军事表现整体欠佳，但其中也不乏少数耀眼的瞬间——按比例来算也不逊色于历史上的任何其他时期。

诺曼人是最早在这一时期中崭露头角的民族，他们的后代也在中世纪的战争历史上留下了持久的光焰。他们极为珍惜自己的血脉，因此常使用计谋以尽可能减少流血，这种做法使他们在战争中获得了巨大的利益。

在英国，1066 年是连小学生都会记得的一个年份，它见证了许多精妙的战略和战术的应用，并迎来了决定性的结果——不仅彻底解决了当时的问题，而且也决定了整个历史进程。由于英国的注意力被一个战略干扰所吸引，威廉在领导诺曼人入侵英国时受到的阻力减小，从一开始就尝到了间接路线的甜头。干扰英国的是英国国王哈罗德的弟弟托斯蒂格及其盟友挪威国王哈罗德·哈德拉达，他们在约克郡的海岸登陆。这个行动虽然不如威廉的入侵那般紧迫，但发动得更早，尽管他们很快就被击败了，但仍对威廉实施他的计划有所助益。就在斯坦福桥的北欧侵略者被彻底消灭的两天后，威廉在萨塞克斯的海岸登陆。

威廉没有向北推进，而是让一小部分军队进攻英国南部的肯特郡和萨塞克斯郡，以此诱使哈罗德尽快赶往南方。哈罗德越往南走且越早开战，他的增援部队就离他越远，与他会合的速度也就越慢。威廉的计划成功了。他把哈罗德引诱到了黑斯廷斯附近——在那里可以看到英法之间的海峡，并采用间接路线战术赢得了战斗。他命令他的部分兵力假装战败逃窜，导致英军打乱了自己的部署。在最后阶段，他命令弓箭手高角度射击，杀死了哈罗德，而这也可算是一种间接火力方法。

战斗胜利后，威廉所采用的战略同样非常重要。他没有直接向伦敦进军，而是首先确保多佛和他自己的海上交通线不受威胁。在到达伦敦郊区时，他也没有直接攻击，而是绕了一个圈，沿伦敦从西向北破坏。伦敦因此面临断粮的威胁，所以当威廉到达伯克翰斯德时，伦敦选择了投降。

在下一个世纪中发生了历史上最令人震惊的战役之一，诺曼人再次证明了他们的战争天赋。绰号"强弩"的理查·德·克莱尔伯爵率领几百名威尔士边界骑士征服了爱尔兰的大部分地区，并击退了挪威人的强势入侵。这一成就堪称非凡卓越，因为其使用的兵力物资极少，路线又经过极难行军的森林和沼泽，同时还对封建时代的传统战术进行了创新和颠覆，以满足自己的需要。他们卓越的技巧和谋划能力体现在反复引诱对手在开阔地带战斗，以使他们的骑兵冲锋发挥最大的作用。他们还通过佯装撤退、转移和袭击敌后来打破敌人的队形；当无法引诱敌人从其防御圈中出来时，他们就用战略突袭、夜袭和射箭来打败敌人。

13 世纪中巧妙运用战略技巧的例子更多。第一次是在 1216 年，英国国王约翰在亡国之际，通过巧妙的战略运用，以一役拯救了英国。他主要采取了三种手段：一是灵活机动；二是利用当时的堡垒所具有的强大防御能力；三是利用市民对男爵们及其外国盟友法国国王路易八世的强烈反感情绪。当路易在肯特郡东部登陆并占领伦敦和温彻斯特时，约翰的力量已经十分薄弱，无法通过战斗与他抗衡，而英国的大部分地区也被男爵们统治着。然而，约翰仍然拥有温莎、雷丁、沃灵福德和牛津这些要塞——这些要塞控制了泰晤士河，并将泰晤士河南北的男爵军队分隔开来，多佛这个位于路易后方的关键位置也未被占领。约翰本已回到了多塞特郡，但当形势变得更加明朗时，他在 7 月向北进军到达伍斯特，占据了塞文河一线，从而建立起一道屏障，阻止了叛军进一步西进和南下。他从那里沿着自己把控的泰晤士河向东移动，装作要解温莎之围。

为了让围攻者相信他的决心，约翰巧妙安排了一支威尔士弓箭手小队，在夜晚对敌人的营地进行射击，而他自己则秘密转向东北。这一巧妙的策略使他成功先行占领了剑桥。现在他能够在北上的路线上进一步拦截敌人，而法国主力部队还在围困多佛。尽管约翰在 10 月去世了，但他收复了许多反叛和不满的地区，挫败了叛军及其盟友；如果说约翰是死于过量食用桃子和饮新麦酒，那么敌人的希望就死于约翰占据的众多战略据点。

下一次男爵起义被爱德华王子——后来的爱德华一世——在 1265 年巧妙运用战略挫败。亨利三世在刘易斯失败后，男爵党在除了威尔士边界的英格兰大部分地区拥有了霸主地位。于是男爵西蒙·德·蒙德福特向威尔士边界进军，越过塞文河，一路获胜，直到纽波特。爱德华王子刚从男爵的军队中逃出来，到边境的一些郡与他的追随者会合。他夺取了德·蒙德福特在塞文河上的桥梁，来到了敌人后方，打乱了德·蒙德福特的计划。爱德华不仅把德·蒙德福特赶过了乌斯克河，而且在纽波特用 3 艘大帆船突袭了他的船，挫败了他通过海上路线运送军队回英格兰的新计划。因此，德·蒙德福特被迫走陆路，在威尔士的贫瘠地区疲惫地迂回前进，而爱德华则回到伍斯特，据守塞文河。当德·蒙德福特的儿子带着一支军队从英格兰东部前来解救他时，爱德华利用自己的中心位置，依次粉碎了德·蒙德福特的每一支军队，因为他们分散在各处，且信息传递不畅。在进攻和反击中，爱德华利用机动性先后在凯尼尔沃思和伊夫舍姆打了一系列令人惊叹的胜仗。

爱德华一世即位后，在征服威尔士时对军事科学做出了更大的贡献。他不仅改进了弓的使用，实现了骑兵冲锋与弓箭火力的有效结合，还在战略上进行了创新。当时，英军面对的是一个顽强而野蛮的山地民族，一旦形势不利就会退回山中避战，等到冬季英军不得不暂停作战时又会重新下山占领山谷。尽管爱德华一世的财政紧张，但威尔士毕竟只是个小国。

爱德华的解决方案是将机动战与固守战略要地相结合。他在这些要地建造城堡并修建道路使其相连，同时迫使敌人不断移动，这样敌人在冬天就无法重新夺回山谷，而不断移动也使他们疲于奔命。通过这些手段，爱德华将敌人分散并削弱了他们的抵抗力。

然而，爱德华的战略才华并没有遗传给他的子孙。在英法百年战争中，他的孙子或曾孙的战略只能提供一些反面教材。他们在法国的行动缺乏明确目标且无成效；为数不多的几个重要结果也是他们更愚蠢的行为所导致的。在克雷西和普瓦捷战役中，爱德华三世和他的儿子黑太子爱德华分别陷入了险境。他们无意的行为实际上带来了一些间接好处，即他们的直线进攻吸引了他们的敌人，诱使敌人在不利的条件下急匆匆地投入战斗，从而为英国人提供了逆境中的翻盘机会。英军在自己选择的战场进行防守战时，面对法军骑兵的无效战术，英国军队使用了长弓，取得了战术上的显著优势。

然而，事实证明，这些战役的惨败反而成了法国的优势。因为在战争的下一阶段，法军坚定地执行杜·盖克兰的"费边战略"，避免与英国主力直接交锋，同时不断阻碍英军的行动，并侵占英国的领土。杜·盖克兰的战略并非被动地规避战斗，而是巧妙地利用机动性和突然袭击，切断敌方补给线，击败分散的英军小队，甚至俘获孤立的英军驻军，其战略运用达到了罕见的高度。他总是采取最出人意料的方式，经常夜袭敌军驻地。他之所以能够取胜，一方面是因为采用了新的快速打击战术，另一方面则是利用了心理战术，攻击士气低迷的驻军或易于引发反叛的区域。因此，他助长了当地的每一场动乱，分散了敌军的注意力，使英国在法国的领土不断缩减。

在短短五年内，杜·盖克兰就使英国在法国的领土大幅削减，最终只剩下波尔多至巴约讷之间的狭长地带。值得注意的是，他在没有直接交战的情况下取得了这一成就。事实上，即使是面对一小支英国部队，只要英军有时间进行防御部署，杜·盖克兰就不会轻易发起攻击。其他将军就如放贷者一般坚持"非安全不攻"的原则，而杜·盖克兰则遵循"非出其不意不攻"的原则。

后来，英国在对外征战中的行动虽然最初显得轻率，但其战略逐渐变得周密，更加精确地计算了战争的最终结果和手段。亨利五世的第一次战役，也是他最出名但最愚蠢的一次战役。1415年，亨利五世进行了一次"爱德华式"的行军，直至阿金库尔。法国人本可通过封锁道路使他饿死，但他们忘记了克雷西战役的教训和杜·盖克兰的战略。他们认为，己方兵力四倍于敌，若不直接进攻将是耻辱。结果，他们重蹈了克雷西和普瓦捷战役的覆辙。侥幸胜利后，亨利五世采取了所谓"分块系统"战略，通过有序地扩张领土和安抚民心达到永久征服的目的。此后的战役的意义和价值都在于他的宏观战略，而非战术。

在战略领域，我们对中世纪的研究至爱德华四世结束。他在1461年即位，并在流亡后于1471年凭借非凡的机动作战重登王位。

爱德华四世在第一次战役中之所以获胜，主要归功于他的果断和迅速行动。在威尔士与当地的兰卡斯特家族交战时，他得到消息说兰卡斯特家族的主力部队正从北向伦敦进发。他立刻折返，在2月20日到达格洛斯特，并得知兰卡斯特家族的军队于2月17日在圣奥尔本斯战胜了沃里克领导的约克军队。圣奥尔本斯离伦敦20英里，而格洛斯特到伦敦有100多英里，兰卡斯特家族较他们领先三天的路程。但在22日，在伯福德，沃里克加入了爱德华的队伍。与此同时，消息称伦敦市政当局尚在讨论投降条件，城门仍然关闭。爱德华于次日离开伯福德，于26日进入伦敦，并在此地加冕为王，迫使兰卡斯特家族撤退至北方。在紧追兰卡斯特家族军队的过程中，爱德华四世承担着巨大风险，在他选定的地方陶顿攻击了占优势的兰卡斯特军队。然而，他的部下福肯贝格巧妙地利用了一场突如其来的暴风雪，为爱德华四世扭转了局面。福肯贝格派弓箭手射击被风雪遮蔽视线的敌方守军，敌军为了保命混乱地冲锋，死伤惨重。

在 1471 年，爱德华的战略展现了更为精妙且机动的一面。他此前失去了王位，但从他的姐夫那里借了 5 万克朗，带着 1200 名追随者试图夺回王位。在英国，一些忠实的旧部也承诺助他复位。当他从法拉盛起航时，虽然英格兰海岸的防御森严，但他选择了一条出人意料的路线：在亨伯登陆。他深知此地区是兰卡斯特家族的势力范围，因此判断那里不会有防备。在他登陆的消息传播开和敌人反应过来集结兵力之前，他火速行军，很快便抵达约克。从那里，他沿着通往伦敦的道路前进，在塔德卡斯特绕过了挡路的敌军，并始终保持领先于追赶他的敌军。很快，纽瓦克的敌军感受到了压力，并在他的诱导下开始向东撤退；而爱德华本人则掉头转向西南的莱斯特，在那里召集了更多的追随者，随后又前往考文垂——他的主要对手沃里克正在那里集结部队。此时，两支一直追击他的部队也被他引到了考文垂，而不断增强实力的爱德华则再一次转向东南，直取伦敦——而伦敦也主动敞开了大门。进入伦敦后，爱德华认为自己已拥有足够的力量参战，于是率军出城，到巴尼特迎战已经晕头转向的追兵，大获全胜。

同一天，兰卡斯特家族的女王——安茹的玛格丽特和一些法国雇佣军在韦茅斯登陆。她在西部聚集了一批追随者，与彭布罗克伯爵在威尔士召集的军队会合。爱德华很快做出反应，迅速抵达了科茨沃尔德地区的边缘，此时玛格丽特的军队正沿着下面山谷中的布里斯托—格洛斯特道路向北行进。占据制高点的爱德华从高处追击山谷中的玛格丽特军队，并在一天后在丢克斯伯里追上了她——那里的地方官早已接到爱德华的命令，关闭大门以阻止玛格丽特在格洛斯特渡过塞文河。

自天亮以来，爱德华的军队已经走了将近 40 英里。那天晚上，他在距离玛格丽特的军队非常近的地方扎营，紧跟着敌人防止敌人逃走。玛格丽特的军队擅长防守，于是爱德华用火炮和弓箭不断射击，逼迫他们离开营地发起冲锋，最终在第二天早上取得了决定性的优势。

爱德华的战略极具机动性，但具有那个时代的典型特点——不够灵活。因为中世纪的战略通常有一个简单而直接的目标，即尽快结束战斗。一般而言，如果战斗不能立刻分出胜负，那么使用这类战略的人往往会吃亏，除非他们能诱使防守者先发动攻击。

中世纪最好的战略示范来自东方而非西方。在 13 世纪，蒙古人在战略方面给欧洲骑士上了最好的一课。他们的战役在规模、质量、出其不意和机动性方面，以及在战略与战术的间接路线上，都达到了空前绝后的高度。在成吉思汗伐金的过程中，他利用大同府做诱饵布下连环陷阱，这与后来拿破仑·波拿巴利用曼托瓦要塞非常相似。通过三支军队联合行动，他最终瓦解了金朝的士气和军事凝聚力。1220 年，成吉思汗入侵现今土库曼斯坦境内的花剌子模帝国。他首先派遣一支部队分散敌人的注意力，让他们聚焦在从南边的喀什进军的路线上，然后他的主力部队忽然从北部攻入。在这些行动的掩护下，他本人和他的预备队更是深入敌后，从克孜勒库姆沙漠消失后，突然在敌人防线后方的布哈拉进行了出其不意的攻击，成功击溃了敌人。

1241 年，成吉思汗的部将速不台率军远征，在双重意义上给欧洲人上了一课。速不台派出一支军队作为战略侧翼，穿越加利西亚，成功吸引了波兰、日耳曼和波西米亚军队的注意力，并连续击败了他们。他的主力部队则分为三列相隔较远的纵队，横扫匈牙利，直抵多瑙河。在行军时，外侧的两个纵队为中央纵队提供掩护，三队协同作战。当他们在格朗附近的多瑙河两岸上会合时，他们被对岸的匈牙利军队包围了，然而，他们巧妙地逐渐后退，诱使匈牙利军队远离河流这一天然防线及他们的援军。随后，在赛约河上，速不台突然发起夜袭，匈牙利军队大败且几乎全军覆没。从此，他统治了欧洲的中部平原，直到一年后主动放弃了所征服的地区，令根本无力驱逐他的欧洲人感到惊讶。[1]

---

1 对蒙古人的战略战术的全面解读，请参见作者早期所著的《揭秘伟大统帅的智慧》一书。该书于 1927 年被选为第一支试验性机械化部队的教科书。

第六章

17世纪的战争

——古斯塔夫二世、克伦威尔与杜伦尼

现在我们要分析现代史上的第一次"大战",即发生在1618—1648年间的"三十年战争"。值得注意的是,在漫长的战争中,没有一场可以被认为是决定战争结局的关键战役。

最接近这一定义的是古斯塔夫二世和华伦斯坦之间的决战,在战斗中,古斯塔夫二世的阵亡直接摧毁了瑞典主导建立一个伟大的新教同盟的可能。如果不是因为法国的介入和华伦斯坦被暗杀,这场战役可能会让德意志提前三个多世纪实现统一。

然而,这些结果和可能性并非直接由战役产生,而是间接取得的。因为在这场决战中,原本占有优势的一方遭遇了重大挫败。失败的原因,部分是华伦斯坦的作战工具不如瑞典人的先进,另一部分是华伦斯坦没有妥善利用战略优势来在战术上获得利益。在这场战斗之前,华伦斯坦已经获得了真正的优势,且值得注意的是,这一优势是通过连续三次使用不同的间接路线而获得的,这改变了战争的整体形势。

1632年,此前亏待华伦斯坦的卑鄙君主乞求他回来指挥一支根

本不存在的军队。不过，多亏华伦斯坦声望卓越，短短三个月内，他又召集到大约四万名士兵追随他。尽管巴伐利亚——那时被古斯塔夫无坚不摧的军队所占领——向他紧急求援，他也没有立即向巴伐利亚前进，而是转身向北攻击古斯塔夫较弱的盟友萨克森人，并在将他们赶出波西米亚后向萨克森本土前进。他还强迫不情愿的巴伐利亚选帝侯带上军队与他会合，即使这可能让巴伐利亚本土的守备进一步弱化。但事实上，华伦斯坦的谋划是经过深思熟虑的：由于担心失去萨克森这一盟友，古斯塔夫被迫放弃巴伐利亚，匆忙赶去支援。

古斯塔夫还没来得及赶到，华伦斯坦和选帝侯就会合了。面对他们的联合军队，古斯塔夫撤退到了纽伦堡。华伦斯坦紧随其后，但发现瑞典人防守严密，于是宣布"战斗已经打得够多了，是时候尝试另一种方法了"。他没有让他的新部队与经验丰富的瑞典军队对抗，而是选择了一个安全的营地让军队休息。同时，他利用轻骑兵切断古斯塔夫的补给线，以此增强自己的优势。华伦斯坦始终坚持这种战术，无视瑞典军队的挑衅，直到瑞典国王在饥饿的威胁下徒劳地攻击他的阵地。

在军事上，瑞典此次失败只是一件不幸的事，但在政治上，它却在整个欧洲引起了强烈的回响。尽管没有彻底瓦解古斯塔夫的军队，但它动摇了古斯塔夫多次胜利赢得的士气优势，从而使古斯塔夫对德意志各国的控制不再稳固。华伦斯坦之所以能够成功，是因为他清楚地认识到了自己的实际局限，并且从一个更高的战略角度进行长远规划。

古斯塔夫从纽伦堡向南进军，再次攻打巴伐利亚。然而，华伦斯坦并没有紧随其后，反而向北进攻萨克森——这是一个高明的举动。古斯塔夫像之前那样迅速掉头回援，通过快速行军，在华伦斯坦恐吓萨克森并试图与他们单独签订和约之前抵达那里。随后，在孤注一掷的吕岑战役中，瑞典军队以战术上的成功弥补了战略上的失败，但付出了惨重的代价——他们的国王在战役中殒命。因此，在瑞典的领导下建立伟大新教同盟的计划宣告破产。

这场战争长达16年，使参战国家疲惫不堪，不仅浪费了大量时间和资源，还造成了德意志地区的严重破坏。同时，这场冲突也使法国在欧洲的政治格局中获得了主导地位。

1642—1652年间的英国内战与同一世纪欧洲大陆上发生的战争形成了鲜明对比：在这场内战中，英国人倾向于采取直接进攻、速战速决的战术。正如笛福在《骑士回忆录》中所描述的："我们不扎营也不修筑壕沟……不利用河流或隘道做屏障。战争的主旨就是——找到敌人，与之交战。"

尽管有这种进攻精神，第一次内战还是持续了四年，在这期间，没有任何一场战斗在战略上具有决定性意义，尽管在战术层面上各有重要性。当战争终于在1646年结束时，保皇派仍然人数众多，势力强大。由于胜利者之间有矛盾，两年后内战再次爆发，且规模更大。

在研究迟迟没有决定性战役的原因时，我们注意到，参战方轮流、反复采用直接进攻的方法，其间穿插着现代所说的"扫荡"行动。这些战斗耗费了大量的军事资源，但仅带来了局部和暂时的影响。

在战争初期，保皇派军队驻守西部和中部，议会派控制着伦敦。保皇派对伦敦的第一次进攻在特翰姆格林以可耻的失败告终，这通常被称为英国内战中的瓦尔密战役。这次战役几乎没有流血牺牲，主要是因为在早期的埃奇希尔战役中，双方的主力部队遭受了重大损失，却没有取得实质性的结果。

此后，牛津及其周边城镇成为保皇派的重要据点。在这一地带的边缘，两支主力部队进行了长时间的对抗，然而并没有产生明确的结果。在西部和北部，地方部队和分遣队之间的拉锯战仍在继续。1643 年 9 月，保皇派对格洛斯特城的围攻使形势变得十分紧张。为了解围，埃塞克斯勋爵不得不率议会派主力军队绕过由保皇派把控的牛津附近区域，这为保皇派提供了切断其后路的机会。但是在纽伯里爆发的直接冲突仍旧没有产生决定性结果。

本来，由于战争的持久化，厌战情绪可能会促使双方通过谈判来结束战争，但查理一世在政治上犯了大错：他与爱尔兰叛军达成了休战协议。对于苏格兰来说，这等同于让作为天主教徒的爱尔兰人征服信仰新教的苏格兰；结果，隶属于长老会的苏格兰也加入了反对保皇派的斗争中。当得知苏格兰军队正前往北部与保皇派交战时，议会派抓住了机会，再次将主力集中向牛津推进，但最终只占领了几个边缘堡垒。

事实上，国王查理一世本有机会命令鲁珀特迅速集结兵力与北部保皇派一起对抗苏格兰人，然而，他在马斯顿荒原之战中的战术失误，使他错失了这一重要战略机会。而胜利的一方也没获得什么收益，议会派的主力直接攻击牛津并未带来结果，其军队士气衰退，甚至出现了士兵逃跑的情况。如果不是克伦威尔的坚定决心，议会派或许会因为厌战情绪而寻求和谈。幸运的是，相对于议会派，保皇派的崩溃更为严重，内部的问题比外部的打击还要大。因此，保皇派在士气和人数上都处于劣势，若非议会派的战略失误，保皇派早已崩溃。到了 1645 年，费尔法克斯和克伦威尔带着新模范军在内兹比打败了保皇派。然而，即使在战术上取得了决定性胜利，战争也直到一年后才最终结束。

在第二次内战中，情况发生了显著的变化。克伦威尔成了主心骨，而他的得力助手是 28 岁的约翰·兰伯特。在得知苏格兰人正筹备军队入侵英格兰以支持保皇派的消息后，托马斯·费尔法克斯准备北上迎战，而克伦威尔则被派往西部去处理南威尔士的保皇派起义。然而，肯特郡和东英吉利的进一步暴动使费尔法克斯无法从这些地区脱身，而苏格兰人正从北方入侵。此时兰伯特只剩下一小支军队来拖延侵略者，他采用了最有效的方法，在侵略者沿西海岸行进时不断威胁其侧翼，同时阻止他们穿越奔宁山脉与约克郡的盟友会合。

1648 年 7 月 11 日，攻破彭布罗克为克伦威尔提供了向北移动的机会。他没有直接前去迎战苏格兰军队，而是沿着连接诺丁汉和唐卡斯特的一条弯曲道路前进，一路上获取补给，然后向西北在奥特利与兰伯特会合，来到苏格兰军队的侧翼。此时，20000 名苏格兰士兵分布在维甘和普雷斯顿之间，朗格戴尔率领的左翼有 3500 人。克伦威尔的军力，包括兰伯特的骑兵和约克郡的民兵，满打满算也只有 8600 人。但是，他成功地突袭了在普雷斯顿的苏格兰纵队后方，打乱了他们的部署。苏格兰军队立即调头，接二连三地与克伦威尔交战；在普雷斯顿荒原，朗格戴尔的左翼被击溃后，克伦威尔乘胜追击，横扫了苏格兰人，将其从维甘逐至尤托克西特。在那里，苏格兰军队在前方受到英格兰中部民兵的阻挡，在后方受到克伦威尔骑兵的威胁，不得不在 8 月 25 日投降。这场胜利具有决定性意义，克伦威尔不仅粉碎了保皇派力量，还清除了议会派内的异己，最终将查理一世送上了断头台。

随后对苏格兰的入侵实质上是由新成立的政权发动的一场独立战争。这场战争的目标是主动出击，阻止国王的儿子，即未来的查理二世凭借苏格兰的援助夺回王位。因此，这场战争勉强算得上对历史进程产生了决定性的影响。同时，它有力地证明了克伦威尔意识到了间接路线战略的价值。当克伦威尔在去爱丁堡的路上遇到了莱斯利领导的苏格兰军队时，双方进行了一次遭遇战，克伦威尔借此摸清了莱斯利的军力情况。

尽管克伦威尔接近目标，但由于缺乏补给，他克制了自己的冲动，避免在不利的地形条件下发起正面攻击。尽管他天生渴望战斗，但如若不能把敌人引到开阔的地方并有机会袭击敌人暴露的侧翼，他也不会冒险。因此，他先后撤退到马瑟尔堡和邓巴，让自己的军队获得补给。不到一个星期后，他又向前推进，并在马瑟尔堡发放了三天的口粮，带领军队穿过爱丁堡山区迂回到敌人后方。

1650 年 8 月 21 日，莱斯利成功地穿过科斯托芬山，直接阻挡了克伦威尔的前进路线。尽管克伦威尔离自己的基地很远，他还是选择向莱斯利的左侧迂回——结果在戈加被莱斯利再次挡住。这种情况下，大多数人会冒险正面作战，但克伦威尔并未如此。在因风吹日晒和疲劳而损失部分兵力后，他退回到了马瑟尔堡，然后退到了邓巴，引诱莱斯利跟着他行军。在邓巴，他没有因为部下的催促就行动，而是耐心等待，希望敌人做出错误的举动，为他创造机会。

然而，莱斯利是一个精明的敌人，他的下一步行动使克伦威尔的处境更加危险。莱斯利先是率军离开主干道，在 9 月 1 日晚上绕过邓巴，占领了遁山，控制了通往贝里克的道路；同时，他还派出一支小分队去南边七英里外的科克本斯帕斯夺占山隘。第二天早上，克伦威尔惊讶地发现自己与英格兰之间的联系被切断了。由于物资已经短缺，生病的士兵也日益增加，他的处境极其糟糕。

莱斯利的计划是在高处耐心等待，当英格兰军队强行沿着通往贝里克的道路前进时，他就可以从高处冲击他们。但是苏格兰教会的牧师们迫不及待地想看到"上帝"惩罚"摩押人"，特别是当他们发现英格兰军队可能会尝试海上撤退时,这种迫切心情变得更加强烈。此外,9 月 2 日的暴风雨几乎将苏格兰军队从光秃秃的遁山山顶吹下来。大约在下午 4 时,他们从山坡上下来,安营在贝里克路附近的低地,那里有更多的避雨处。这一举动使得他们的防线前方是布鲁克溪,一条从深谷中流向海边的溪流。

克伦威尔和兰伯特密切观察着苏格兰人的动向,并同时意识到这是攻击敌人的绝佳机会。因为苏格兰人的左翼夹在山丘和两岸陡峭的小溪之间,如果集中兵力攻击敌军右翼,敌军左翼很难支援。那天晚上的军事会议上,兰伯特提出应立即向苏格兰人的右翼发起进攻,打破他们的防线,同时集中炮火攻击他们受限的左翼。他的想法得到了克伦威尔的支持,克伦威尔赞赏他的主动性,派他打头阵。在那个"风雨交加的夜晚",兰伯特的部队沿着布鲁克溪的北侧进入阵地,集结了炮兵瞄准苏格兰军队的左翼,而兰伯特自己则在黎明时分带领骑兵赶到敌军右翼发起进攻。

兰伯特出其不意的行动使得他的骑兵和步兵轻易越过了布鲁克溪。尽管他们暂时受阻,无法进一步推进,但英军的预备队的加入使英格兰在海边的战斗中占了上风。克伦威尔趁势将苏格兰防线从右卷向左,将其逼进山丘和溪流间的一个角落,苏格兰军队只能四散而逃。就此,克伦威尔成功利用了敌人过于自信而产生的失误,采取间接战术,粉碎了数量两倍于己的敌人。在这场战役中,他拒绝了一切诱惑,甚至不顾生命危险,矢志不渝地坚持间接路线战略。

在邓巴一战中获胜后,克伦威尔控制了苏格兰南部,彻底击败了苏格兰教会和国民契约签订者组成的军队,令他们无力再影响战局。现在他的敌人只剩下高地上的保皇派了。然而,由于他重病缠身,战争的进程放缓了,莱斯利得到了喘息的空间,在福斯以北组建和训练了新的保皇党军队。

1651 年 6 月下旬，克伦威尔的身体恢复了，他可以重新开始军事行动，却面临一个难题。但是，他所采用的解决方案，就其机巧性和精妙的谋算而言，不逊于战争史上的任何战略杰作。

此时，他第一次在人数上占了优势，但他的敌人也十分狡猾。敌人在沼泽地和荒野上扎营，占据了地形优势，阻止他接近斯特灵。对克伦威尔来说，如果不能迅速击溃阻挡他的敌人，他将不得不在苏格兰度过又一个艰难的冬天，这对他的军队和国内形势都是极大的考验。而且，他也不能只是把敌人赶走，尽管这样做可以带来短暂的胜利，但一旦敌人退入高地，他们仍然可能对他构成威胁。

克伦威尔巧妙地解决了这个问题。首先，他从正面威胁莱斯利，闪击了福尔柯克附近的卡伦德庄园。然后，他的整支军队分批穿过福斯湾，继续朝珀斯前进，这让他不仅绕过了莱斯利在直接通往斯特灵的道路上所设的障碍，而且占据了通往莱斯利补给区的关键位置。此外，这一迂回行动还使他发现了回英格兰的路线。这一系列行动体现了克伦威尔的计划是多么的高超精妙。

现在，克伦威尔抵达了敌人的后方，敌人正处于饥饿之中，士兵随时可能逃亡，于是他特地留下了一个缺口。正如他的一个敌人所说："我们要么挨饿，要么解散，要么就以少量兵力进军英格兰。最后一个选项似乎是最好的，但这似乎也是条绝路。"不过，他们还是选了最后一个选项，并于 7 月底开始向南进军英格兰。

克伦威尔预见到了这一点，并已在议会的支持下准备好了迎接他们的"礼物"——民兵迅速集合；所有可能是保皇派的人都被监视起来；藏着的武器被查封。苏格兰人再次沿着西海岸行军。克伦威尔派遣兰伯特率骑兵跟随他们，同时指派哈里森从纽卡斯尔斜穿至沃林顿，弗利特伍德则与中部的民兵一起向北移动。兰伯特绕过敌人的侧翼，于 8 月 13 日与哈里森会合。接着，他们联合起来，采取弹性延迟抵抗的战术，迎击入侵者。同时，克伦威尔在 8 月酷暑中，每日行军 20 英里，沿着东海岸路线行进，然后转向西南。这样，四支军队共同对入侵者形成了包围之势。虽然查理二世从伦敦前往塞文谷时在路上耽误了几天，但并不影响他最终被克伦威尔俘获。在 9 月 3 日，邓巴战役的一周年纪念日，伍斯特战场成了克伦威尔的"加冕地"。

从三十年战争结束到西班牙王位继承战开始的这段时间里，欧洲爆发了一系列战争。在这些战争中，路易十四的军队与欧洲各国的军队轮番交战，有时甚至要面对联军，但由于战争目标有限，没有产生决定性的结果。这种缺乏决定性背后的两个深层原因是：第一，防御工事的发展超越了攻击性武器的进步，使得防守方更占优势，这种局面与 20 世纪初机枪的发明带来的影响类似；第二，军队还没有分成永久独立的几个部分，而通常是作为一个整体移动和战斗。这限制了他们将部队分散以迷惑敌人和限制敌人行动范围的能力。

在投石党战争、遗产战争、法荷战争和大同盟战争这一连串的战争中，只有一场范围受限的战役具有决定性，那就是杜伦尼在 1674—1675 年间的冬季战役，他在蒂尔凯姆大获全胜。对法国来说，这是一个至关重要的时刻。那时路易十四的盟友一个接一个地抛弃了他，而西班牙、荷兰、丹麦、奥地利和大多数德意志邦国都加入了对抗法国的联盟。在摧毁普法尔茨地区后，杜伦尼被迫退过了莱茵河，而勃兰登堡选帝侯则率军前去与布农维尔领军的神圣罗马帝国军队会合。1674 年 10 月，杜伦尼在选帝侯到达之前，在恩兹汉成功阻击了布农维尔。然而他不得不撤回到戴特威勒，德军随后进入阿尔萨斯，在斯特拉斯堡和贝尔福之间的城镇过冬。

这一切都为杜伦尼接下来的杰作创造了条件。他决定在冬季发动一次战役，打敌人个措手不及。为了欺骗敌人，他命令阿尔萨斯中部的要塞进入防御状态，然后悄悄地将整个野战部队撤回到洛林。接下来，他迅速向南进军，利用孚日山脉做掩护，在路上集结可用的增援部队。在行动的最后阶段，他甚至把他的部队分成许多支，以迷惑敌人的侦查。艰难地穿越暴风雪和丘陵后，他在贝尔福附近重新集结了军队，迅速从南方攻入阿尔萨斯——此前他是从北面离开的。

12 月 29 日，布农维尔带着他的部队，试图在米尔豪森阻止杜伦尼，但被击溃。此后，法军乘胜横扫了孚日和莱茵河之间的地区，将四散的神圣罗马帝国支持者向北驱赶到斯特拉斯堡，并消灭了所有抵抗者。在通往斯特拉斯堡的途中，在科尔马，统领德军的勃兰登堡选帝侯建造了一道防线，并派出与杜伦尼军力相当的军队把守——但是，无论在士气上还是实力上，杜伦尼的军队都更胜一筹。在间接路线的帮助下，他的军队在蒂尔凯姆战场上保持了这种势头。在蒂尔凯姆，杜伦尼寻求的不是歼灭敌军，而是使敌人放弃抵抗，自然瓦解。他的战术非常成功，几天后，他满意地报告说：没有一个士兵在阿尔萨斯战死。

此后，法国人可以自由地在斯特拉斯堡安营过冬，并从德意志一侧的莱茵河上获得补给，他们的活动范围甚至远至内卡河。而勃兰登堡选帝侯只能带着残余部队退到勃兰登堡，神圣罗马帝国军队的指挥权则在春天被交到刚刚被召回的蒙特库科利手中——他也是杜伦尼的一位老对手。在萨斯巴赫，蒙特库科利陷入不利局面，但就在战斗开始之时，杜伦尼却意外遭受炮击阵亡。他的阵亡，令战局发生了巨大变化。

为什么杜伦尼的这次冬季战役远比 17 世纪欧洲的其他战役更具有决定性呢？因为在这个时代，哪怕是眼界再怎么局限的将领，也十分擅长迂回作战。但正因为他们不相上下，许多在其他时代可能成功的侧翼袭击都被巧妙地挡住了，只有这一次战役的确破坏了敌人的部署。杜伦尼不同于一般将领，他是一位随着年龄的增长而不断进步的伟大统帅，由于他指挥的战役多于历史上的任何一位将军，在最后一次战役中，他采取了独特的策略，以决定性的方式结束了 17 世纪的战争。他的行动并没有违背那个时代的黄金法则——由于训练有素的士兵极为宝贵，因此不能轻易浪费。

杜伦尼的丰富经验告诉他，在当时的形势下，只有通过一项独创的间接战略才能取得决定性的胜利。当时，所有的迂回作战都需围绕要塞枢纽进行，这些枢纽是野战军补给的保障；杜伦尼打破了这一局限，将出其不意和机动性相结合，不仅取得了决定性的结果，而且保障了自己的安全。这不是冒险的赌博，而是精心谋划的战略。通过扰乱敌人的心理、士气和实际部署，他充分保障了自己的安全。

第七章

18 世纪的战争
——马尔博罗公爵与腓特烈大帝

1701—1713 年间的西班牙王位继承战因其双重性而引人注目。从政策角度看，这场战争的目标虽然有限，却对路易十四时期的法国的未来产生了决定性影响——要么巩固其在欧洲的主导地位，要么使其面临彻底的崩溃。从战略角度看，这场战争主要涉及一系列徒劳无功的直接战术，以及近乎无效的间接行动。然而，也有一些卓越的间接战术，特别是马尔博罗公爵的策略，对战争的走向起到了关键作用。

在这场战争中，奥地利、英国、德意志的几个邦国、荷兰、丹麦和葡萄牙组成了反法联盟，而路易十四的主要支持者则有西班牙和巴伐利亚（最初还有萨伏依）。

当其他军队仍在准备时，战争在意大利北部就已经打响。奥地利人在欧根亲王的带领下在蒂罗尔集结，大张旗鼓地准备直接进攻。卡蒂纳将军指挥的法军在里沃利山口阻截了他们。然而，欧根亲王秘密侦察到了一条险峻的道路，这条路可以让他们穿过无人防守的山区，然后迂回到东部的平原。随后，欧根亲王通过各种方式巩固了自己的优势，一再欺骗了他的敌人，诱使他们在基亚里发动进攻并一败涂地，牢牢确立了他在意大利北部的地位。

通过使用间接路线和设诱饵诱惑敌人，欧根亲王不仅在与被誉为不可战胜的"路易大帝"的军队的早期战斗中提振了反法联军的士气，而且对法国和西班牙在意大利的势力造成了重大打击。这一战绩迅速促使一贯见风使舵的萨伏伊公爵改变了阵营。

1702 年，主要的战斗开始了。法国在佛兰德斯地区集结了一支规模庞大的部队，并沿着安特卫普至默兹河上的休伊，布设了一条长达 60 英里的防线，用以保障后方的安全。荷兰人本能地倾向于坚守防御，但马尔博罗公爵的策略却与众不同。他没有用直接进攻（攻击布夫莱指挥的法军，然后进军莱茵河）来替代消极防守，而是选择从堡垒中迅速出击，直指布拉班特防线和法军的撤退路线。布夫莱立即感受到压力，仓皇撤退，法军也因连续急行军而疲惫不堪，士气低落，濒临崩溃。遗憾的是，就在马尔博罗准备彻底击溃法军之际，荷兰代表们因认为入侵威胁已经解除而满足现状，不愿继续作战。在这一年，尽管布夫莱两次陷入马尔博罗设下的陷阱，但每次都因荷兰人的犹豫不决而得以幸免。

第二年，为了夺取安特卫普并穿过布拉班特防线，马尔博罗策划了一次巧妙的迂回行军。他从马斯特里赫特直接向西走，并诱使维勒鲁瓦手下的法国主力部队来到防线的南端。接下来，科霍恩带领的一支荷兰部队将在舰队的协助下攻打奥斯坦德，而斯帕尔手下的另一支荷兰部队则从西北向安特卫普进发——这些沿海岸的动作旨在转移安特卫普的法国指挥官的注意力，分散部分在防线北端的敌军力量。四天后，奥普丹将率领第三支荷兰部队从东北向法军发起袭击，同时马尔博罗将甩开维勒鲁瓦，向北与其他部队会合，共同攻占安特卫普。

行动的第一阶段很顺利，马尔博罗的威胁诱使维勒鲁瓦的军队向南朝默兹河行进。然而，科霍姆没有按计划攻击奥斯坦德，反而与斯帕尔一起在安特卫普附近行动，未能有效地分散敌军的注意力。同时，由于面临危险，奥普丹不得不提前行动。此外，马尔博罗开始北上时，也没能成功地甩掉维勒鲁瓦。实际上，维勒鲁瓦甚至抢先一步，派遣布夫莱率领 30 个骑兵中队和 3000 名掷弹兵全速前进。这支机动部队在 24 小时内走了将近 40 英里，在 7 月 1 日同安特卫普守军夹击奥普丹。奥普丹的部队猝不及防，死伤惨重。马尔博罗引以为豪的"伟大设计"被彻底破坏了。

失利之后，马尔博罗提议直接攻击安特卫普以南的防线。但荷兰的指挥官们否决了他的提案，理由很充分：正面攻击由一支和自己兵力相当的军队所把守的防御阵地，胜算几乎为零。马尔博罗当然有着出色的谋略，但他在失望的时候，有时会变得像个莽撞的赌徒。英国历史作家们常常因为他的功绩和个人魅力而对荷兰人持有偏见；然而，荷兰人的处境要比马尔博罗更为危险——他们的国家正受到威胁，因此他们不能将战斗看作是一场迷人的游戏或伟大的冒险。就像两个世纪后的海军元帅约翰·杰利科一样，他们敏锐地意识到，如果有遭遇决定性失败的风险，则不宜轻率地进行战斗，否则他们"可能会在一下午就输掉这场战争"。

由于荷兰将领一致反对，马尔博罗放弃了进攻安特卫普区域的想法，转而向默兹河前进，围攻休伊。8 月底，他在休伊再次敦促各方共同攻击防线，这次的理由稍微合理一些——南部地区更容易被击破，但他仍未能说服荷兰人。

马尔博罗对荷兰人的态度逐渐转为强烈的厌恶，因此，当神圣罗马帝国的使节瓦提斯洛催促他将军队转移到多瑙河时，他迅速接受了这一提议。在这两个因素和马尔博罗广阔的战略眼光的共同作用下，1704 年，历史上最卓越的间接路线之一就此诞生。

那时，马尔博罗主要的敌人包括以下几支部队：维勒鲁瓦率军驻扎在佛兰德斯；塔拉尔的军队在莱茵河上游，介于曼海姆和斯特拉斯堡之间，此外还有少数联络部队；巴伐利亚选帝侯和马尔森领导的巴伐利亚—法国联军位于乌尔姆和多瑙河附近，正从巴伐利亚向维也纳方向发起猛烈进攻。马尔博罗计划将他手下的英军从默兹河转移到多瑙河，然后果断地打击法军最弱的盟友巴伐利亚人。

无论以哪种标准来看，马尔博罗远离自己的基地和北方直接利益的行为都是十分大胆的，尤其是在那个所有人很谨慎的时代里，他的行为就更显得出人意料了。但正因为他的行动变化无常——在每个阶段都威胁到不同的目标，使敌人难以捉摸他的真实意图——他才能打乱敌军的部署，保证自身的安全。

当他向南到达莱茵河时，他表现出的迹象是沿着摩泽尔河进入法国。等到他经过科布伦茨时，他又开始在菲利普斯堡大张旗鼓地假装要搭桥渡过莱茵河，让敌人越发觉得他想要袭击在阿尔萨斯的法军。但是，当他到达曼海姆附近时，他忽然下令让原本向西南行军的队伍转向东南，随即消失在内卡河谷附近林木繁茂的山丘里，并在那里穿过莱茵河—多瑙河的三角形区域，向乌尔姆前进。虽然他的行军速度十分缓慢（每天十英里，时长达到六个星期），但由于敌人也看不懂他的行军意图，他也没有遇到什么危险。在大黑彭赫，马尔博罗与欧根亲王和巴登侯爵会合，他带领巴登侯爵的部队前进，欧根亲王则返回阻止（至少是拖住）莱茵河上的法国军队继续行进——此时维勒鲁瓦正从佛兰德斯尾随马尔博罗而来，只比马尔博罗略晚一些。[1]

1　除非马尔博罗彻底离开莱茵河谷，否则他随时有能力掉头，让军队乘坐征集来的船只顺流而下快速返回佛兰德斯。这也导致法国指挥官迟迟不敢出动。

对法国来说，马尔博罗此时已经处于法国—巴伐利亚盟军的后方；但对巴伐利亚来说，马尔博罗还是在该国的前面。这种复杂的地理因素，加上其他条件，阻碍了他发挥战略优势。那个时代普遍存在的一个问题是军队组织十分僵化，这使得战略上的迂回行动难以实施。一名将军可以把敌人引到水边，但不能强迫敌人喝水——他不能强迫敌人违背自己的意愿进行战斗。此外，马尔博罗还有一个特殊的障碍：他不得不与谨慎的巴登侯爵分享指挥权。

在多瑙河上，巴伐利亚选帝侯和马尔森将军的联军占据了迪林根的堡垒。迪林根位于乌尔姆东面、多瑙沃特西面，与这两个地方的距离几乎相同。一旦塔拉尔元帅的军队从莱茵河向东行，那么想要从乌尔姆进入巴伐利亚就很危险。因此，马尔博罗决定必须在多瑙沃特渡河，他的新交通补给线到此自然终结——为了保障安全，这条交通线已经改成了经过纽伦堡的东向路线。一旦占据了多瑙沃特，他就可以安全地进入巴伐利亚，并在多瑙河的任何一侧进行行军。

不幸的是，他的侧翼在通过迪林根的敌军阵地时过于显眼且行进缓慢，巴伐利亚选帝侯得知此事后便派出一支强大的分遣队去保卫多瑙沃特。虽然马尔博罗在行军的最后阶段加快了速度，但当他7月2日到达时，敌人已经扩建了舍伦堡的防御工事，以掩护多瑙沃特的山丘。

马尔博罗没有给敌人完成防御的时间，而是在当天晚上就发动了进攻。第一次攻击以失败告终，死伤惨重，损失了超过一半的兵力。直到盟军的主力部队到达，人数达到敌军的四倍以上，形势才开始倾向他们。然而，即使在人数上占据优势，马尔博罗也并没有选择正面交锋，而是通过攻击敌军的侧翼来取得胜利，找到并突破了防线中的弱点。马尔博罗在一封信中承认，攻占多瑙沃特的代价

"有些惨重"。那些批评他战术的人普遍认为，这场决定性的行动应归功于巴登侯爵。

敌军主力现在撤到了奥格斯堡。马尔博罗乘胜追击，向南进入巴伐利亚境内，烧毁了数百个村庄和所有的庄稼，迫使巴伐利亚选帝侯在不利条件下做出讲和还是继续战斗的选择。尽管马尔博罗本人对这种残酷的手段感到羞愧，但在那个时代，统治者更关心自己的地位，而不是人民的死活，因此这一行为没能对选帝侯产生直接影响。而塔拉尔元帅也得到了宝贵的时间，8 月 5 日，他的部队沿莱茵河航行到了奥格斯堡。

幸运的是，欧根比维勒鲁瓦更早出发，沿着一条大胆的路线与马尔博罗成功会合，这在一定程度上减轻了塔拉尔元帅带来的威胁。在此前的计划中，巴登侯爵应该在马尔博罗和欧根亲王部队的掩护下向多瑙河下游前进，围攻敌人控制的英戈尔施塔特要塞。9日，马尔博罗得到消息称敌军正联合起来向北边的多瑙河前进，似乎有意切断马尔博罗的交通线。但是，马尔博罗和欧根并未因此而动摇，继续让巴登侯爵向英戈尔施塔特行军，这令他们的兵力减少到 5.6 万人——而敌人不仅有 6 万人，数量可能还会进一步增加。由于不喜欢巴登侯爵的谨慎，他们宁愿减少兵力也要让侯爵去其他地方；他们自信地认为，自己的军队质量优于敌人，只要一有机会他们就会发起战斗。从后来的战事发展来看，这样的观点实际上过于自负了。

幸好，敌人也像他们一样自负。巴伐利亚选帝侯迫切渴望进攻，尽管他自己的大部分军队还没有到达。塔拉尔劝他先修筑防御工事，等待大部队到达之后再行动，但选帝侯对这种谨慎的建议嗤之以鼻。塔拉尔讽刺道："若非我相信殿下的人品，我会以为您是故意让国王的军队去冒险，而自己保留实力，坐山观虎斗。"最后两人还是妥协了，决定让法国军队在前往多瑙沃特的途中，先在内贝尔河后面的布伦海姆附近初步扎营。

第二天，也就是 8 月 13 日早上，反法盟军乘法军不备，沿多瑙河北岸突然发起了进攻：马尔博罗直接进攻多瑙河附近的法军右翼，而欧根亲王则向内陆一方进攻法军左翼——后者位于山河之间，几乎没有迂回的空间。因此，除了士气和军队质量，反法联军就只有出其不意地发动进攻这一项优势了。

这一突袭确实破坏了法军两翼的平衡，迫使他们只能按照营地布置顺序而不是战斗顺序作战，这破坏了法军的原始布局，阵形中部明显缺少步兵。不过，这一劣势直到当天晚些时候才开始暴露，如果不是因为其他失误，这种劣势可能并不会有多大影响。

在战斗的第一阶段，反法盟军处于下风。马尔博罗的左翼对布伦海姆的进攻失败了，损失惨重，右翼对上格劳的进攻也失败了。欧根向右进攻法军也两次被击退。在马尔博罗的军队渡过内贝尔河时，他们还遭遇了法军骑兵的冲击，却无力进行有效反击——幸好，法军误解了塔拉尔的指令，出动的骑兵数目没有预计的那么多。随后，马尔森的骑兵对反法盟军暴露的侧翼发起了反击。在这关键时刻，欧根亲王迅速调动了部分骑兵前来支援马尔博罗，成功地阻断了敌军的反击行动。

尽管暂时摆脱了困境，但马尔博罗此时显然处于劣势。除非能继续前进，否则他将陷入一个糟糕的境地——他的后方是沼泽般的内贝尔河。然而，塔拉尔现在必须为他的误判付出沉重的代价，他在马尔博罗的过河行动中并未进行有效的阻击，或者更准确地说，他的策略并未得到有效的执行。由于塔拉尔骑兵的反击没有击溃马尔博罗的核心部队，于是在随后的战斗间歇，马尔博罗的其他军队得以渡河。虽然塔拉尔总共有 50 个营的步兵对付马尔博罗的 48 个

营，但他在战线中央只有 9 个营来对抗马尔博罗的 23 个营——这
是因为最初的部署错误，而他也没能抓紧时间重新调整。最终，在
马尔博罗的密集方阵和近距离炮火的攻击下，塔拉尔的步兵方阵被
击溃。马尔博罗冲破了这个缺口，击败了挤在多瑙河附近的布伦海
姆的法军步兵，使马尔森的侧翼暴露。虽然马尔森设法摆脱了欧
根，并在损失较小的情况下撤退了，但塔拉尔的大部分军队被围困
在多瑙河上，最终被迫投降。

在布伦海姆一战中，反法联军冒着巨大的风险，以沉重的代价
获得了胜利。冷静地分析一下就会发现，战局能够扭转应归功于普
通士兵的坚毅和法国统帅们的误判，而不是马尔博罗的策略。然
而，反法联盟取得最终胜利让世界忽视了这场战斗是一场多么冒险
的赌博。法国军队"不可战胜"的神话被粉碎，改变了整个欧洲的
格局。

在法军撤退后，盟军紧随其后，在菲利普斯堡渡过了莱茵河。
但是由于布伦海姆一役代价过于沉重，除马尔博罗外的其他人普遍
不愿意再作战，战事因此逐渐平息。

1705 年，马尔博罗设计了一个入侵法国的计划，旨在避开佛兰
德斯错综复杂的要塞网络。当欧根在意大利北部与法军交战时，荷
兰人防守佛兰德斯，而反法联军的主力则在马尔博罗的带领下在蒂
永维尔渡过摩泽尔河，巴登侯爵的军队也将渡过萨尔河。但是由于
一系列问题，这个计划最终失败了。预定的物资未能送达，运输工
具短缺，增援部队远少于预期，而且巴登侯爵也不愿意配合——虽
然人们普遍认为这是出于嫉妒，但实际上，他有更合理的理由：他
的伤口发炎了，这也最终导致了他的去世。

尽管这些成功的关键条件均已消失，马尔博罗仍然坚持他的计
划，只是变更为一条更直接的路线。他向摩泽尔河前行，希望通过

故意示弱引诱法军出战；但是维拉尔元帅没有上当，他只想等到马尔博罗的军队因食物短缺而更加虚弱时再动手。为了更快地消耗马尔博罗，维勒鲁瓦在佛兰德斯发动了进攻，使荷兰人紧急向马尔博罗求援。在双重压力下，马尔博罗不得不中断他的冒险计划。他很是沮丧，把巴登侯爵当成了他的替罪羊：他甚至给敌将维拉尔写了一封信，惋惜自己的撤退，并把全部责任都推到了巴登侯爵的身上。

马尔博罗迅速返回佛兰德斯，有效地稳定了那里的局势。随着他的接近，维勒鲁瓦放弃了对列日的围攻，退入了布拉班特防线。而马尔博罗则绞尽脑汁，最终构思出一个突破防线的计划。首先，他佯攻默兹河附近一个设防薄弱的地区，把法军引向南方；然后他又突然折回，攻破了蒂勒蒙附近一个防御坚固但守卫薄弱的地区。然而，他没有抓住这个机会迅速向鲁汶进发并渡过迪莱河，部分原因可能是他的盟友比他的敌人更加相信他的佯攻，因此未能及时提供支援，但更主要的原因是他的部队过于疲惫。尽管如此，著名的布拉班特防线最终不再能阻挡他的行动了。

几个星期后，马尔博罗构思了一个新策略，这显示出他的指挥能力正在提高。虽然没有获得更大的成功，但这向我们展示了一个更伟大的马尔博罗。他以前在佛兰德斯的迂回行动完全基于欺骗，因此要想成功，就必须行军足够快。然而由于兵士穿着荷兰木鞋，这难以实现。这一次，他尝试了一种新的间接路线，通过不断更换目标而迷惑敌人，从而更好地分散敌人的注意力，减少对行军速度的要求。

马尔博罗巧妙地避开了维勒鲁瓦在鲁汶附近的布防，转而向南进发，他的行军路线威胁到纳穆尔、沙勒罗瓦、蒙斯和阿特等多个要塞，使敌人难以判断他的真实目标。在途经热纳普时，他选择了一条通向布鲁塞尔的道路，途经滑铁卢。在他的压力下，维勒鲁瓦被迫匆忙决定回援布鲁塞尔。然而，就在维勒鲁瓦准备行动的同时，马尔博罗借着夜色向东转向，出现在法军建立的新阵线上。由于马尔博罗分散了法军的注意力，这个防线并不坚固，只比行军的侧翼略强。但他到得太早了，在没有明显优势的情况下，谨慎的荷兰人再次反驳了他立即进攻的想法——他们认为，尽管敌人已经陷入混乱，但敌军在依斯克后方的阵地仍比布伦海姆要坚固。

在第二年的战役中，马尔博罗想出了一个范围更广的间接路线——翻越阿尔卑斯山与欧根会合。这样他就可能把法国人赶出意大利，并通过后方进入法国，将他的陆上路线与对土伦的两栖作战行动相结合，并配合彼得伯勒在西班牙的行动。而荷兰人也一改往日的谨慎，决定支持他的冒险。但由于维拉尔击败了巴登侯爵，维勒鲁瓦也在佛兰德斯继续推进，他的计划被挫败了。法国之所以会有这些大胆的举动，是因为路易十四相信全面发动进攻会让人觉得他非常强大，从而保证他以最有利的条件获得他所需并渴望的和平。

然而，事实证明，在马尔博罗所在的战场发动进攻对法国来说，虽然是一条捷径，却不是通往和平之路，而是通往失败的大道，与他们的目标背道而驰。马尔博罗抓住了机会。在他看来，法国人原本占据上风，但由于他们不愿意安静地待在自己的阵线中，反而再次给了他扭转战局的机会。在拉米伊，他与法军交锋：法军呈凹字形布阵，马尔博罗则正好处于阵形的"弓弦"位置，于是他再次采取了间接路线战术。在攻击法军左翼后，他成功地引出了法军的预备队，然后巧妙地让自己的部队从左翼撤出，转移到另一边。此时丹麦骑兵已经在法军左翼撕开了一个缺口。在前后夹击下，法军崩溃了，马尔博罗乘胜追击，一举拿下了整个佛兰德斯地区和布拉班特防线。

同年，另一个间接路线战略终结了意大利境内的战争。起初，欧根不得不撤退至加尔达湖，然后进入了山区。他的盟友萨伏依公爵则被围困在都灵。为了前进，欧根没有与敌人作战，而是迂回绕过了敌人，远离自己的基地，穿过伦巴第进入皮埃蒙特，并在都灵打了一场决定性的胜仗——虽然他的敌人在人数上占优势，但分布并不均衡。

现在战事已经推进至法国的南北边界。然而，在1707年，反法盟军之间产生了分歧，给了法国集结军队的机会，以便在第二年集中主力对抗马尔博罗。马尔博罗在佛兰德斯的战事受到牵制，而面对的法军人数也远超他的部队，于是他决定再进行一次多瑙河行动以扭转战局，欧根亲王也从莱茵河前来会合。法军这边，指挥官是以精明强干著称的旺多姆，他们抵达得比欧根亲王更早。面对这一直接威胁，马尔博罗退回了鲁汶，此时旺多姆却突然转向西方，轻松夺回根特、布鲁日和斯海尔德以西的所有佛兰德斯地区。面临威胁的马尔博罗没有选择就地发动反击，而是大胆地向西南推进，插到了旺多姆和法国边境之间。在奥德纳尔德，他先是获得了战略优势，随后又通过战术优势巩固了自己的优势地位。

如果不被他人掣肘，马尔博罗可能会迅速向巴黎推进，从而迅速结束战争——但他没能实现这样的计划。当年冬天，路易十四在不利形势下被迫寻求和谈，并表示可以满足反法联军的要求，反法联军却拒绝了——他们认为自己完全可以彻底打败法国，羞辱路易十四。从大战略层面看，这实在是一个失败和愚蠢的行为。马尔博罗虽然清楚路易十四的提议对他们非常有利，但他也是个热衷战争的人。

1709年，战事进入了新的阶段。马尔博罗现在的计划是用间接的军事路线来实现一个关键的政治目标：他打算绕过敌人的所有部队和堡垒，直接向巴黎进发。但欧根反对这一计划——这过于大胆了。因此马尔博罗不得不修改计划，避免直接攻击杜埃和贝蒂讷之间的牢固边境防线，而是决定攻占图尔奈和蒙斯这两个侧翼堡垒，以便沿着设防区以东的路线向法国前进。

马尔博罗又一次成功地欺骗了敌人。他先是做出要直接攻击法国边境防线的样子，迫使法军调走图尔奈的大部分守军来加固防线，然后迅速围攻图尔奈。虽然图尔奈守军顽强抵抗，足足耗费了两个月的时间，但对拉巴西防线的威胁使他得以扑向蒙斯，并迅速占领该地——不过法国人的迅速行动使他没能进一步推行自己的计划。在法国人的抵抗下，马尔博罗再一次采用了直接路线，且没有考虑环境因素的影响；他的策略比前文所述的克伦威尔在邓巴战役之前的策略还不明智。

在马尔普拉凯的战役中，马尔博罗最终击败了法军，但付出了巨大的代价。输掉马尔普拉凯战役的维拉尔还在给路易十四的信中评价道："如果上帝再让我们打一次这样的败仗，陛下的敌人就将被彻底消灭。"事实证明，他的评价是正确的。反法联军虽然赢得了这一场战役的胜利，却彻底失去了赢得整场战争的希望。

1710 年，战事陷入了僵局。法国打造了一条从瓦朗谢讷一直延伸到海边的"最强防线"，将马尔博罗阻挡在外。同时，马尔博罗在国内的政治地位也受到了政敌的动摇。不珍惜幸运女神恩赐的人遭到了惩罚。1711 年，迫于政治形势，欧根亲王被调到了其他地方，马尔博罗只能孤军对抗比他强大得多的敌人。他的军力弱小，再也无力实现任何决定性的行动，但他至少可以使用拿手招数冲破"最强防线"，打破法国人的吹嘘。这次，马尔博罗再次采用了难以捉摸的间接路线——他不停地欺骗敌军，通过多次反复来分散敌人的注意力，直到自己无须作战就能穿过防线。然而，两个月后，他被召回国内，遭受羞辱并流亡国外；而已经厌倦战争的英国也于1712年退出反法联军，独自与法国讲和。

现在，只剩下欧根率领的奥地利—荷兰联军了，虽然他们还在坚持战斗，但士兵已经疲惫不堪。1712年，维拉尔采取了一种复合战略，其欺骗性、隐秘性和速度都不亚于马尔博罗的策略，结果在德南轻松击败了反法盟军，取得了决定性的胜利。这使反法联盟土崩瓦解，使路易十四得以获得比马尔普拉凯战役后更为有利的和平条件。可见，直接路线即使能够取胜，产生的代价也往往是难以承受的，会使间接路线所获得的总体优势毁于一旦。而法国之所以能夺取战争的胜利，也还是要归功于间接路线。

尽管联军没有实现他们的主要目标——阻止路易十四将法国与西班牙结成联盟，但英国在战争中得到了许多领土。这在很大程度上得益于马尔博罗的视野超出了他的战场范围。作为一种军事干扰和政治资产，他把在地中海的远程行动与他在佛兰德斯的行动结合了起来。1702年和1703年的远征使葡萄牙和萨伏依不再帮助法国，并为夺取更有价值的西班牙铺平了道路。1704年的行动占领了直布罗陀。然后，在西班牙的彼得伯勒，他出色地完成了分散敌军注意力的任务，1708年的另一次远征则夺取了梅诺卡岛。尽管后来在西班牙的行动没能带来理想的结果，但在战争结束时，英国成功占领了直布罗陀和梅诺卡岛这两个通往地中海的要地，还夺得了北大西洋上的新斯科舍和纽芬兰。

腓特烈大帝的战争

1740—1748年间的奥地利王位继承战争也没有决定性的战役。

这场战争的一个有趣的侧面是：在当时最厉害的军事强国法国，人们在骂人的时候常常会用到这样一句话："你愚蠢的程度简直与和平一样。"腓特烈大帝是这场战争中唯一的获利者。他早早地拿下了西里西亚，然后退出战争。虽然他后来重新参战，冒了巨大的风险，但除了作为胜利者的荣誉，他没有得到什么利益。当然，这场战争确实确立了普鲁士的大国地位。

1742年的《布雷斯劳和约》将西里西亚割让给普鲁士，这一事件的经过值得注意。在这年年初，普鲁士的前景似乎不容乐观。普法两国本来已经做好联合攻击奥地利主力部队的准备，但法军很快就停了下来。腓特烈大帝也没有继续向西与他的盟友会合，而是突然转向南方，直指维也纳。尽管他的先锋部队到达了敌方的首都，但他很快就撤退了——因为敌军正在切断他与后方基地的联系。

后世常常对腓特烈大帝的这一举动提出批评，认为这只能算是一次轻率的示威；但结合后来产生的影响来看，这样的批评并不合理。腓特烈的迅速撤退更像是"溃不成军"，这让奥地利人以为有机可乘，一路追到了遥远的西里西亚。在查图西茨附近，腓特烈突然反转战局，并乘胜追击扩大战果。三个星期后，奥地利就与腓特烈单独达成了和议，将西里西亚割让给普鲁士。

这次事件并不能让我们得出什么强有力的结论，但有一点是重要的：通过在战场上采用间接路线战略，腓特烈大帝实现了让对手割地求和的结果——尽管腓特烈只是去维也纳附近出现了一下，后来也只是取得了一次小小的战术胜利而已。与腓特烈大帝后来取得的辉煌成就相比，这次的战果显得不值一提。

奥地利王位继承战争没有取得决定性的战果，而18世纪中期的其他大型战争也是一样，从欧洲政治格局的角度来看，那时只有英国能够在战争中取得结果，并对欧洲历史进程产生决定性影响。

在 1756—1763 年的"七年战争"中，英国作为间接参与者，不仅做出了贡献，还获得了巨大利益。当欧洲的军队因直接行动而使自己和他们的国家筋疲力尽时，英国派出的小分遣队却成了举足轻重的势力，足以改变战争局势。此外，当普鲁士濒临战败之际，他们宁愿接受暂时的和平，也不愿屈辱投降；但在这关键时刻，法国在殖民地上的失败影响了其对普鲁士的进攻，而俄国女皇伊丽莎白的去世使俄国放弃了对普鲁士的致命一击。命运对腓特烈大帝是如此仁慈，因为到了 1762 年的时候，虽然他取得了一连串辉煌的胜利，但他已经耗尽了所有资源，再也无力抵抗。

在欧洲各国之间的一系列战役中，英国占领魁北克的战役是唯一一次在军事和政治上具有决定性意义的战役。这场战役不仅是最短暂的，而且发生在一个次要战场上。得益于在海上使用间接路线大战略，英国占领了魁北克，并推翻了法国在加拿大的统治。因此，战役的实际军事进程也是由间接路线战略决定的。这一结果具有更深远的启示性，因为英国是在直接进攻蒙特伦西遭遇重创、士气低落后，才采取了这一冒险的间接行动。

为了不让大家误解英国统帅沃尔夫，在此必须指出，沃尔夫曾尝试各种引诱敌军的行动，如轰炸魁北克以及在莱维斯角和蒙特伦西瀑布附近故意暴露孤立的分遣队，但都未能诱使法国人从他们坚固的阵地中出来，无奈之下他才放手一搏采取了直接进攻的策略。对比他的这些失败与他最后冒险在魁北克登陆袭击法国后方并取得胜利的行动，我们可以得出一个教训：只引诱敌人出兵是不够的，必须将其全部拉出阵地才行。从沃尔夫失败的佯攻中也可以得出一个教训：只是掩盖自己的行踪并不够，必须令敌人感到迷惑才行。"迷惑"意味着不仅要在思想上欺骗敌人，还要限制敌人反击的自由和阻碍敌人的兵力集结。

从表面上看，沃尔夫的最后一次行动似乎像是赌徒的最后一搏，幸运的是他赢了。在许多习惯于只从武装力量角度研究军事史的人看来，法国军队虽然慌张失措，但似乎并不至于完全崩溃，因此有很多研究论文指出法国人当初应采取何种行动以改善他们的处境。其实，魁北克战役是一次十分具有启发性的战役，它说明了令敌军统帅的心理和意志受到影响远比令敌军的物质失衡更容易造成决定性的影响。占普通军事史书十分之九篇幅的地理和数量统计都没有它们重要。

尽管"七年战争"中有许多战术上的胜利，但这些胜利都不具有决定性，这背后的原因发人深思。人们通常认为这是因为腓特烈的敌人势力庞大，但他的智谋和优势似乎足以抵消敌人的数目优势，因此这种解释并不全面。这需要深入研究。

腓特烈与马尔博罗不同，他更像是亚历山大和拿破仑，他们并不受严格的战略家责任和限制的约束，可以将战术和战略的功能结合在一起。而且，作为国王，他与他的军队有着永久的联系，可以根据他选择的目标来选择行动方式。在战场上，他的堡垒相对稀少也是一个优势。

在面对奥地利、法国、俄国、瑞典和萨克森的联军时，腓特烈只有英国一个盟友，但从第二次战役开始到中期，他的可用兵力一直都多于对手。此外，他还有两大优势：一是战术手段优于他的任何敌人，二是占据中心位置。

这些优势使他能够实行通常所说的"内线"战略，即从中心点出发，在打击一支队伍后迅速回收，然后利用距离优势在敌军能够相互支援之前，集中力量打击另一支部队。

从表面上看，似乎敌军相互之间相隔越远，腓特烈就越容易取得决定性的胜利。从时间、空间和数量上来说，这无疑是正确的，但还要考虑士气因素。当敌军很分散时，每一支都自成一体，外部的压力会使他们更牢固。而当敌军彼此距离很近时，他们往往会融合在一起，"成为彼此的一员"，在心理、士气和物质上相互依赖。指挥官们的思想相互影响，彼此的士气也相互影响，甚至每一支部队的行动都很容易阻碍或破坏其他部队的行动。因此，如果行动时间和空间更少，那么打击相互影响的敌军就更快也更容易使他们失衡。此外，当敌军距离非常近时，只要假装接近其中一支部队，然后突然转向，就可以出其不意地袭击另一支敌军。相反，当军队很分散时，他们就有更多的时间应对或回避占有中心优势的军队的第二次打击。

马尔博罗在向多瑙河进军时使用的"内线"战略实际上就是间接路线的一种。不过，虽然从敌军整体的角度看，这是一种间接路线，但对于具体的目标部队来说，并非如此。除非敌军毫不知情，否则，这一行动还需要再次使用针对目标本身的间接路线才能成功。

腓特烈一直利用他的中心位置集中力量对付一小部分敌人，同时在战术上不断采用间接路线。因此，他取得了许多胜利。但是他在战术上的间接路线是几何性的而非心理上的，不如西庇阿惯用的战术那样巧妙和出人意料。而且，尽管这些战术得到了很好的执行，但这些路线是狭隘的，敌人可能因为头脑僵化或阵形混乱而无法应对接下来的袭击，但袭击本身并不出人意料。

1756年8月底，腓特烈大帝主动发起战争，率军入侵萨克森，企图先发制人，阻挠联军的行动。由于他的行动做到了出敌不意，他获利颇丰，在进入德累斯顿时几乎没有遇到阻碍。当奥地利军队姗姗来迟时，腓特烈越过易北河，在利特梅里茨附近的罗布西茨迎战并击败了他们，从而保住了萨克森。次年4月，他翻山越岭进入波西米亚，向布拉格进军。在布拉格，他发现奥地利军队在河后高地上的一个坚固阵地扎营。起初，他采取迂回战术，留下小部队监视敌军，主力则在夜间越过河流上游，直击敌军右翼。不过，由于他在后半段将间接路线变为了直接进攻，奥军有时间调整自己的战线，普军因此变成了正面攻击，死伤惨重。直到绕道而行的普鲁士元帅齐滕率骑兵突然抵达，整个战役的局势才被扭转，奥地利人被迫撤退。

此后对布拉格的围攻也没能成功，道恩率领了一支新的奥地利军队前来支援。当道恩接近的消息传来时，腓特烈从围城的军队中抽出了尽可能多的士兵前往迎战。6 月 18 日，他在科林遇到了道恩，他发现敌人不仅有着坚固的阵地，兵力还几乎是他的两倍。他试图越过敌人右翼，但由于迂回的空间太过狭窄，他的纵队在敌人轻兵部队的火力攻击下偏离了原定路线，进行了一次脱节的正面进攻，结果惨败。腓特烈只好放弃对布拉格的围攻，撤离波西米亚。

与此同时，俄国入侵东普鲁士，一支法国军队占领了汉诺威，而希尔德堡豪森率领的联军威胁要从西面进军柏林。为了阻止两军会合，腓特烈急忙穿过莱比锡赶回来，成功地阻止了威胁。然而，接着西里西亚又面临新的危机，他不得不再次出征处理。此时一支奥地利突袭部队趁他离开进入并洗劫了柏林。等到这支部队被赶走，希尔德堡豪森又开始前进，腓特烈不得不再次调转方向去阻止他。

在随后的罗斯巴赫战役中，兵力是腓特烈的两倍的联军试图模仿腓特烈的特色迂回策略与他作战。由于迂回空间过于狭窄，腓特烈获得了充足的信息，而联军又错误地以为腓特烈将要撤退，这导致他们分散了自己的阵形，以便追击并俘获腓特烈。结果，当腓特烈发起反击时，普军正好对着联军的远侧翼，在普军的攻击下，联军大乱。可以说，正是拜敌人的拙劣所赐，腓特烈恰好可以使用一种真正间接、出其不意的方法，而不再是从前那种只有机动性的间接战术。罗斯巴赫战役堪称是腓特烈戎马生涯中所取得的最经济的胜利：他只损失了 500 人，就击败了总共 64000 人的敌军，并使敌方伤亡 7700 人。

但是，腓特烈在之前的战斗中消耗了太多力量，却没能得到多少好处。在布拉格和科林未能击溃的奥地利人还需要他去对付，虽然他在洛伊滕战役中用他标志性的斜线式战法——一种意图明显但执行效果出色的间接路线——赢得了胜利，但他也付出了巨大的代价。

1758 年，战争继续，普鲁士的局势越发严峻。腓特烈开始尝试用真正的间接路线攻击奥军，他从奥军正面经过，然后绕过他们的侧翼，到达敌人后方 20 英里的奥尔米茨。即使失去了一个重要的补给车队，他也没有后退，而是继续穿过波西米亚，绕过奥地利后方，直抵其在柯尼格雷茨的坚固基地。

不过，腓特烈还是要为布拉格和科林的失利继续付出代价。当俄军在波森重新集结后，他们再次向柏林进发。腓特烈不得不放弃波西米亚战役，返回北方去阻止俄国人。在曹恩道夫，普军虽然取胜，但那实际上是布拉格战役的重演——他又一次绕过俄军的强大阵地，从俄军东侧绕到背后，准备袭击敌人的后方；而俄军也如之前的奥军一样有时间调转阵线，以自己的正面迎击普军的进攻。这次，腓特烈又遇到了极大的困难，但他颇有智谋的骑兵指挥官塞德利茨穿过了号称无法通过的地区，对俄军的新侧翼进行了迂回攻击。他的行动出乎意料，是一种真正的间接路线。最后，虽然腓特烈的损失比俄国人要少，但在资源上，他的损失反而更重。

随着军力的不断损失，腓特烈不得不放任俄国人退回去休养生息，他需要全力与霍克齐的奥地利人作战。但在霍克齐，他不仅进一步损失了军力，还输掉了战役，因为他单方面认为他的奥地利老对手道恩永远不会主动出击。可以说，腓特烈遭受到了双重打击。若不是齐滕的骑兵借着夜色掩护为他打开一条撤退通道，他可能会全军覆没。

到 1759 年，接连不断的战争让腓特烈的力量不断变弱。

在库勒斯道夫，他遭遇了职业生涯中最严重的失败，打败他的是俄国人。在马克森他又败于道恩之手——同样是由于过分自信。从此以后，他只能被动地抵抗敌人。

但是，当普鲁士日薄西山时，加拿大的英军却阳光明媚。沃尔夫的表现令英国敢于向德意志派遣军队，并在明登战役击败法军，减轻了腓特烈的压力。

到 1760 年，腓特烈比以往任何时候都更为虚弱。他不得不用诡计去延误俄国人的行动：他故意让俄国人截获一份密件，内容是"奥地利人已经被彻底打败了，下一个是俄国人，按我们商量好的进行"。这个策略短暂地迫使俄军撤退，但随后在托尔高击败奥地利人对腓特烈来说又是一次得不偿失的胜利。他的损失过于严重，导致自己的军队瘫痪，总共只剩下六万人。他不能再冒险战斗，甚至被困在西里西亚，与普鲁士隔绝。

幸好，奥地利人还是一如既往地谨慎，而俄国的后勤也出现了严重危机。随后，"奇迹"出现了，俄国女皇驾崩，继任者不仅向往和平，甚至还想支援腓特烈。奥地利和法国虽然继续作战，但在几个月后，法国被殖民地问题搅得焦头烂额，奥地利也筋疲力尽，很快，和平就到来了。"七年战争"使所有参战国都筋疲力尽，除英国之外，所有国家都遭到了削弱。

从腓特烈的战役中我们可以得到许多教训，其中最主要的教训是他的间接路线太过直接了。换句话说，他把间接路线看作是一种单纯的机动迂回作战方式，而没有注意使机动性与出其不意相结合。因此，尽管他足智多谋，最终还是让自己实力大减。

第八章

法国大革命与拿破仑

　　30 年后，另一场"大战"拉开了帷幕，拿破仑·波拿巴的军事天才令这一战格外夺目。与一个世纪前类似，此时的法国再次成为其他欧洲国家的共同敌人，遭到他们的联合对抗。不过这一次过程有所不同。许多人支持革命中的法国，但他们并非一国领袖，也不能支配国家武装力量。

　　不过，即使法国被各国视作"瘟疫"而陷入重重阻隔，只能孤军作战，它还是成功地击退了试图扼杀革命的联军，甚至让战争的性质发生了变化，将战火烧遍欧洲，最终成为欧洲大部分地区的军事主宰。这一成就得益于多重有利条件的推动。

　　首先，法国公民军队的革命精神是这些有利条件产生的基础。军队充分发挥个人的战术意识和主动性，有效地弥补了其缺乏正规训练的劣势。他们的新战术流动性很强，简单却又极其实用——他们能够以每分钟 120 步的速度作战，而他们的敌人只有每分钟 70 步。在机械能够大幅提升军队行军速度之前，这种基本的速度差异至关重要，它使法国能够快速转移和重组其打击力量。用拿破仑的话来说，法国人可以在战略和战术上"以速度乘以数量"。

其次，法国将军队分为固定的"师"——把军队分成若干可以独立行动的部分，虽然他们独立作战，但也能合作实现目标。18世纪40年代，布尔塞首先提出这一理论，并在一定程度上将其应用于实践。1759年，德·布罗伊元帅成为法军总司令后，官方正式接受了这一理论。后来极具创新精神的法国军事思想家吉伯特对其进行了更为全面的改良，并在1787年的军队改革中加以应用，那时正值法国大革命前夕。

再其次，由于补给体系混乱及革命军自由散漫，法军不得不回归传统的方式——"就地取食"。但军队分成若干个师后，这种做法对军队效率的影响比过去要小。以前必须先集合军队才能行动，而现在各师在搜集粮食、自给自足的同时也能执行军事行动。

最后，由于辎重的负担减轻了，法军比以前更具机动性，能够在山地或森林间自由移动。而且由于没有弹药库，也没有补给车为他们运送食物与装备，当他们遇到拥有这种直接补给的敌人时，饥饿且衣衫褴褛的他们会朝敌人的后方猛扑过去。

但是，最具决定性的因素，还是拿破仑·波拿巴。

拿破仑的军事才能来源于他对军事史的研究，以及18世纪最杰出和具有创新性的军事思想家和作家布尔塞与吉伯特伯爵的影响。从布尔塞那里，他学会了先有计划地分散自己的兵力，诱使敌人也分散兵力，然后再迅速集结自己的军队。他还意识到了"多岔计划"的价值，在一条可以威胁到多个目标的路线上行军。实际上，他的第一次战役计划，就是基于半个世纪前布尔塞的策略而制定的。

从吉伯特伯爵那里，他认识到了军队的机动灵活是至关重要的，而军队按师级单位独立后将具有极大的潜力。吉伯特伯爵曾写道："在不暴露的情况下行军；在包围敌人时不要被冲散；在不暴

露自己侧翼的情况下从侧翼攻击敌人。"这句话完美概况了比他晚
了一个时代的拿破仑的战术思想。吉伯特伯爵还提出从后方进攻以
打乱敌人的平衡，这在后来成了拿破仑的常用手段。从吉伯特伯爵
这里，拿破仑还学到了集中机动炮火力量粉碎敌军前线的关键点，
形成突破口。此外，正是吉伯特伯爵在法国大革命前夕推动的军事
改革为拿破仑提供了最得心应手的工具。最重要的是，吉伯特伯爵
曾预言未来会发生革命，并会由一个成长于革命国家的人所推进，
这点燃了青年拿破仑的幻想与雄心。

虽然拿破仑在吸收了诸多思想后没有进行新的补充，但他充分
实践了这些思想。如果没有他活力十足的应用，新的机动性理论可
能仍然只是空谈。由于他所受的教育与他的天性相吻合，再加上时
代环境的助推，所以他能够充分利用"师"制的优势。在战略层
面，拿破仑的主要贡献在于他很好地结合了许多战略，并扩大了它
们的应用范围。

1792 年，法国人在瓦尔密和热马普第一次击败了试图入侵的敌
人。但是人们惊讶地发现：这场胜利反而让法国和大革命处于更大
的危险之中。路易十六被处决后，英国、荷兰、奥地利、普鲁士、
西班牙和撒丁王国组成了第一次反法同盟，迫使法国人民必须以坚
强的意志力和所有的人力物力来应对。虽然这些入侵者既缺乏目标
也缺乏技巧，但法国的处境还是越发危险，直到 1794 年，一场戏
剧性的逆转才改变了整个局势，入侵者被迫撤退。此后，法国开始
从被入侵的一方转为侵略他国的一方。入侵者之所以会撤退，是因
为法国采取了一条绝对的间接路线。虽然其目标模糊且有限，也称
不上是战略杰作，但这件事证明了间接路线的价值，正是它助法国
取得了决定性的胜利。

当时，双方主力在里尔附近血战，双方都伤亡惨重，但没能分

出胜负。远在摩泽尔河的儒尔当奉命集结一支突击部队，一路向西穿过阿登山脉向列日和纳穆尔推进。由于缺乏补给，军队忍饥挨饿，只能靠从乡下就地获取的补给生存。抵达纳穆尔后，儒尔当依靠少量情报和远处的枪炮声推断，法军主力的右翼已经在沙勒罗瓦的交战中失利；因此，他大胆地放弃了纳穆尔，转而向西南方向沙勒罗瓦和敌人后翼进发。正是因为这一改变，沙勒罗瓦要塞投降。

儒尔当并没有什么远大目标，他只是本能地向敌人的后方行军，不像拿破仑及其他伟大的统帅们那样，精心计算后才会如此行动，但最终他和他们取得了一样的结果。在儒尔当的威胁下，反法联军的总司令科堡亲王匆匆折返，并不断集结附近的所有部队去进攻儒尔当。

这场被后世称为弗勒鲁斯之战的著名战役非常激烈，法军通过战略使敌人失去了平衡，并诱使敌人只能以一小部分兵力进攻，从而获得了不可估量的优势。当这一小部分敌人被击退后，反法联军全面撤退了。

此后，法国人反过来成为入侵者，尽管他们有着人数优势，却未能在横渡莱茵河的主要战役中取得任何决定性的结果——他们甚至还因为敌人的间接路线而遭到了打击。1796 年 7 月，在面对儒尔当和莫罗两支军队的推进时，查尔斯大公决定"不直接交战，撤退自己和瓦滕斯勒本的部队，并寻机使两军会合，以在兵力上超过或至少匹敌任一敌军"。由于敌人施加了巨大的压力，他根本没有机会去实施这种"内线"战略，他甚至一度打算放弃阵地以谋求生机。但是，法军忽然改变了路线，这给了查尔斯大公一个大胆行动的机会。他的骑兵旅长瑙恩多夫在侦查后发现，法军没有正面攻击查尔斯大公的战线，而是全力进攻瓦腾斯勒本。瑙恩多夫立刻对大公说："如果殿下愿意带领 1.2 万人进攻儒尔当的后方，敌人必败无疑。"虽然查尔斯大公不像瑙恩多夫建议的那样大胆，但这已足够摧毁法军的攻势了。儒尔当很快被击败，只好渡过莱茵河撤退，而这又迫使莫罗放弃了他在巴伐利亚取得的进展。

不过，法军在莱茵河附近的两次失败并没有对整个战局产生决定性影响。真正决定性的战役发生在整个战争的次要战场意大利境内，那时拿破仑通过间接路线，将危险的防御转化为决定性的胜利。两年前，他在该地区担任参谋时，就根据 1745 年的计划构思了新策略，并在后来在巴黎根据之前的经验进一步完善了这一计划。这也说明，在成长的关键时期，拿破仑在军事研究上的启蒙导师们塑造了他的军事思想。虽然他学习的时间并不长——他在土伦围城战指挥炮兵时不过 24 岁，担任"意大利军"总司令时也不过 26 岁。年轻的拿破仑在短短几年间进行了大量的阅读和思考，但此后他几乎没有时间进行反思。他充满活力，但思想并不那么深邃，因而没能创建任何清晰的战争哲学。若试图从他的现存著作中寻找他实际应用的理论，则会发现这些理论分散在各处，所以很容易被后来几代崇拜他的士兵们错误地解读。

这种错误解读的趋势以及拿破仑早期经历所产生的影响，充分体现在下面这个例子中。拿破仑有一句最经常被引用的话："作战的原则与围攻的原则是一样的。火力必须集中在一点上，一旦出现缺口，敌人的平衡就会被打破，剩下的就不足为虑。"但后来的理论家只关注到了"集中一点"，却忽视了"打破平衡"。前者只是一个比喻，后者则是心理结果，有了这一结果才能确保"剩下的就不足为虑"。拿破仑在战役中的战略路线说明了他自己的重点在何处。

"集中一点"这个词造成了诸多困惑和争议。有一派学者认为，拿破仑的意思是必须集中打击敌人最强的地方，只有这样才能确保得到决定性的结果。一旦敌人的抵抗主力被击溃，其余部分便不足为惧。这个论点忽略了作战的成本，胜利者届时可能会因筋疲力尽而无法扩大战果。这样一来，即便敌人被削弱了，他们的抵抗能力也可能比原来更强。另一派学者虽注意到了"经济用兵"这一理念，但仅关注了初始成本，主张进攻应该瞄准敌人最薄弱的地方。但明显薄弱的地方要么是远离军队的指挥中枢，要么是故意保持薄弱以引诱进攻者掉入陷阱。

拿破仑在战争中对这一格言的实践阐明了他的意思，他真正所指的不是"点"，而是"关节"。在他军事生涯的这个阶段中，他坚持"经济用兵"，绝不浪费有限的兵力打击敌人最强的部分，而关节既至关重要又非常脆弱。

还有一句话也经常被引用："奥地利是我们最顽强的敌人……若将奥地利击溃，西班牙和意大利便会自行瓦解。我们不能分散火力，而要集中火力。"后人常用这句话为自己鲁莽地集中火力攻击敌人的主要武装力量辩护。但是依据包含这句话的备忘录全文可知，拿破仑并不支持直接进攻奥地利，而是想利用皮埃蒙特附近的边境军队采取间接路线进入奥地利。在他的构想中，意大利北部是通往奥地利的走廊。在这个次级战场里，他按照布尔塞的指导，计划先击败较弱的敌人撒丁王国，然后再对付较强的敌人。但在实际行动中，他的路线更加间接且方式巧妙，因为现实让他不得不调整目标。在刚刚取得初步胜利时，他曾告知政府："我希望在不到一个月的时间里到达蒂罗尔的山区，在那里与莱茵河的军队会合，然后将战火烧至巴伐利亚。"虽然他的计划没能实现，但他却因祸得福发现了真正的机会。通过在意大利引诱奥地利军队对他发起连续进攻，他击败了奥军，在12个月后畅通无阻地进入了奥地利。

当拿破仑在1796年3月取得"意大利军"的指挥权时，他的军队分散在热那亚里维埃拉一带，而奥地利和撒丁联军则控制着通往山后平原的隘口。拿破仑的计划是穿过山区向塞瓦要塞发起两次攻击，一旦占领这一通往皮埃蒙特的关键点，就继续推进至都灵，迫使撒丁王国单独议和。他希望奥地利军队待在他们的冬季营地里，但如果奥军没有如他所愿，他就会佯攻阿奎，逼奥军向东北方撤退。

虽然他成功实现了将两支敌军分开的目标，取得了初步优势，但那完全是偶然，而非他的计划得当。奥军发起的一次进攻为他创造了机会，当时奥军试图前进以威胁拿破仑的右翼，并阻挠法军进入热那亚。拿破仑抓住机会发起反击，猛攻奥地利先锋部队的关节处，然后又在同一个位置两次突击，迫使奥军退回阿奎。

与此同时，法国的主力部队正向塞瓦推进。4月16日，拿破仑鲁莽地发起了直接进攻，试图夺取塞瓦，结果遭遇失败。18日，他改变计划，打算进行迂回包围，并调整了补给线使其远离奥军的干扰；结果，撒丁军队在拿破仑进攻前就自行撤退了。在追击他们时，拿破仑直接进攻了撒丁防守坚固的阵地，结果再一次遭遇惨败。但当他准备采取其他行动时，撒丁的两翼又开始后撤，并匆匆退入平原。

在撒丁政府看来，法军向都灵进军的行动严重威胁了他们的生存，而奥地利也没能兑现以迂回路线支援他们的承诺。因此，惶恐不安的撒丁人选择直接求和，退出战争。

没有哪个指挥官的第一次战役比此战更能证明时间的重要性了：如果撒丁人再坚持几天，拿破仑就会因缺乏补给而不得不后撤至沿海地区。虽然我们无法证实这一点，但从拿破仑当时的感想中，便可知他充分意识到了时间的重要性——"将来我可能会失去一场战斗，但我绝不会失掉任何一分钟。"

现在敌人只剩下奥军，人数2.5万到3.5万人。拿破仑的兵力比他们多，但他仍然小心翼翼地不直接推进。在撒丁王国签订停战协定的第二天，拿破仑决定向米兰前进，走的是托尔托纳到皮亚琴察这条间接路线，以直接抵达米兰的后方。他成功地诱骗奥地利军队相信他要向东北方向推进，当奥军在瓦伦扎集结时，他转而沿着波河的南岸向东进军，一路上绕过了奥军所有可能的战线，到达了皮亚琴察。

为了获得优势地位，他毫不犹豫地入侵了中立的帕尔马公国，因为皮亚琴察位于其境内。此外，由于缺乏合适的渡河工具，他还希望能在那里找到船只和渡口。但讽刺的是，由于他对中立权的漠视，他反而为奥地利军队的逃脱提供了机会。当他转向北方攻击奥地利军队的后方时，奥地利军队立即决定穿过一片狭长的威尼斯领土撤退，从而保全了自己。威尼斯在当时是中立国，但由于拿破仑已开了先河，所以奥地利军队也踏上了中立国的领土。尽管拿破仑试图利用阿达河作为屏障阻止奥军撤退，但奥军已经逃离了他的掌控，躲进了曼托瓦及著名的四边形堡垒中。

在严峻的现实面前，拿破仑在一个月内侵入奥地利的梦想越来越不现实。法国政府担心他的行动风险太大，而且国内资源也濒临枯竭，因此命令他进军里窝那，并"清空"途中的四个中立国——用当时的话来说，就是掠夺它们的资源。在这个过程中，意大利遭受了前所未有的破坏，以至于再也未能恢复往日的繁荣。

然而，从军事角度来看，拿破仑的行动自由受限反而是"塞翁失马，焉知非福"。由于被迫推迟追求他的目标，在敌人的影响下，他调整了自己的目的和方法，直到双方的力量差距足够大，使他有可能实现原来的目的。伟大的意大利历史学家费雷罗对此评论道：

> 一个世纪以来，人们在描写拿破仑在意大利的第一次战役

时，常常过分强调他的进攻行动。他们认为拿破仑之所以轻而易举地征服了意大利，是因为他兼具好运与勇气，一次又一次地进攻。但是，如果不偏不倚地研究一下这场战役，就可以清楚地看到，交战双方曾轮流进攻，但在大多数情况下，发起攻击的一方都失败了。

与其将拿破仑的胜利归功于他的设计，不如归功于环境。曼托瓦成为一个诱饵，吸引奥地利支援部队陆续离开他们的基地，落入拿破仑的陷阱。值得注意的是，与传统将领相反，拿破仑并未选择在设防坚固的阵地中驻扎，而是保持了军队的高度机动性，使其松散、广泛地分布，以便在任何方向都能集合。

当奥地利军队第一次尝试救援曼托瓦时，由于拿破仑不愿意放弃围困，法军陷入了危险之中。直到他暂时放弃围攻，才利用他的机动性在伽斯底里奥内击溃了奥地利军队。

现在，拿破仑奉政府之命穿过蒂罗尔，与在莱茵河附近的主力部队协同作战。与此同时，奥地利军队抓住机会，大举东进，穿过瓦尔苏加纳，进入威尼斯平原，然后西进，意图解救被围的曼托瓦。但是拿破仑没有继续向北推进，也没有退到曼托瓦，而是翻山越岭紧追奥军，用自己的间接路线反击敌人的间接路线，且比他们的目标更具决定性。在巴萨诺，他追上并击溃了奥地利军队的后半部。当他到威尼斯平原追击另一半奥地利军队时，他指挥部队将奥军赶出的里雅斯特，并切断他们撤退至奥地利的路线。奥军此时只能进入曼托瓦，这样，他们就彻底成了拿破仑的囊中之物。

不想一次性损失如此多部队的奥地利不得不再次出兵救援。这次，由于战术过于直接，拿破仑反而损害到了他的战略的间接性（后来他还犯过几次类似的错误）。当阿尔文茨和达维多维奇的军队逼近他包围曼托瓦的支点维罗纳时，拿破仑猛攻实力更强的阿尔文茨军队，结果在卡尔迭罗大败。但他没有撤退，而是选择了一条大胆的路线，从阿尔文茨的南方远端绕到其后方。那时他的情绪相当低落，从他写给政府的报告中可见一斑："军队的虚弱和疲惫让我害怕最坏的情况可能会发生。我们也许即将失去意大利。"

虽然沼泽和河流的存在延缓了拿破仑的行进速度，并增加了他的行动风险，也同样打乱了敌人在维罗纳对他的包围计划。当阿尔文茨向他袭来时，达维多维奇并没有出动。在阿尔科拉，面对占有兵力优势的阿尔文茨，拿破仑在双方激战中突然采用了一种他很少使用的策略：他派遣几名号手潜至奥地利军队的后方吹响冲锋号。几分钟之内，奥地利军队就溃退了。

两个月后，也就是 1797 年 1 月，奥地利军队第四次也是最后一次试图解曼托瓦之围，但在里沃利被击败——在那里，拿破仑宽松的军队组织形式几乎完美地发挥了作用。他的部队就像一张大网，每个角上都系紧了石块，一旦有敌人落入网中，所有的"石头"就会向他们一齐砸去。

这种防卫阵形一旦受到敌人的冲击，就会立刻集中起来发动反击。这是拿破仑对新的军事组织形式的创新发展——根据这种新的形式，军队被永久地分成若干个独立移动的部分；它不像以前那样将军队作为一个单一的整体，只在需要时才临时分成小队。拿破仑在意大利战役中的军队组织形式在他后来的战争中进一步发展，形成了作战方阵，即用军团取代师。

从表面上看，里沃利之战是拿破仑的"网"粉碎了奥地利军队的侧翼迂回；实际上，拿破仑的大胆行动才是瓦解奥军抵抗的关键因素。一支两千人的部队乘船渡过加尔达湖，忽然出现在奥地利人的撤退路线上，这让曼托瓦的奥军彻底放弃了抵抗。奥地利人在保卫自己国家的第一道门户时，就已经消耗掉了几乎所有的军力，等到拿破仑迅速逼近国内时，他们已再无抵抗的力量。因此，奥地利只能求和，此时法国主力部队仍在莱茵河西边几英里外的地方徘徊不前。

1798年秋，俄国、奥地利、英国、奥斯曼帝国、葡萄牙、那不勒斯和罗马教廷组成了第二次反法同盟，以摆脱之前的和平条约的束缚。拿破仑当时还远在埃及，当他回国时，法国已经陷入低谷，野战军疲惫不堪，国库空虚，人民参军的意愿也不足。

回国后，拿破仑先是在政变中推翻了法国政府，成为法国的"第一执政官"，然后立刻下令在第戎将所有能用的本土部队全部集结，组成一支预备部队。但是，他没有让这支部队去增援莱茵河主战场，而是选择了所有间接路线中最冒险的一条——绕一个极大的弯，突袭在意大利境内的奥地利军队的后方。

当时，法国在意大利的"意大利军"不仅兵力微弱，还蜷缩在意大利西北角靠近法国国边境的区域。拿破仑本打算借道瑞士，通过卢塞恩或苏黎世抵达圣哥达山口，进而南下意大利甚至直抵蒂罗尔地区。但是，"意大利军"处境艰难的消息使他选取了一条更短的路线，即通过圣伯纳德山口前进。

1800年5月的最后一周，当拿破仑从伊夫雷亚的阿尔卑斯山中跃出时，他仍然处于奥军的右侧。不过，他没有立即向东南方去增援被困在热那亚的马塞纳，而是派他的先头部队向正南方向的凯拉斯科前进，分散敌人的注意力；他则在此掩护下率主力部队向东朝米兰前进。

拿破仑没有在他常说的面对亚历山德里亚西方的"敌人的天然位置"迎敌，而是在奥地利军队的后方获得了一个"天然位置"作为战略阻塞，这正是他采取迂回战术冒险打击敌军后方的关键目的。因为这个位置本身就是一处天然的屏障，为他提供了一个安全的支点，使他能有效阻截敌军。当敌人的撤退路线和补给被切断后，他们的本能反应往往是混乱地向拿破仑所在位置反冲，而这样的敌军更易于对付。可以说，提出战略阻塞概念是拿破仑对间接路线理论的最大贡献。

在米兰，他堵住了奥地利军队两条撤退路线中的一条。现在，他又把封锁线从波河以南延伸到斯特拉德拉隘口，切断了奥军的另一条撤退路线。不过，此时他已经没有足够的部队去实现他的想法——因为他只有3.4万人，虽然他此前要求莱茵河方面的军团穿过圣哥达山口前来支援，但莫罗不大情愿，这1.5万人的支援部队也迟迟未到。他越来越担忧封锁线太过薄弱。更不幸的是，热那亚的投降使他失去了"固定"敌军的策略优势。

此时的拿破仑不确定奥地利军队会走哪条路线。他担心敌人可能会退到热那亚，并在那里从英国海军处获得补给。他认为敌人比他掌握更大的主动权，因此他离开了斯特拉德拉的"天然位置"，选择向西推进以侦察敌情，同时还派德赛率一个师切断从亚历山德里亚到热那亚的道路。

但是，6月14日，奥军忽然从亚历山德里亚离开，并出现在马伦戈平原与他交战。那时，拿破仑只带着部分军队，陷入了不利的局势。这场战斗一直没能分出胜负，甚至当德赛的分遣队返回后，也只能让奥地利军队后撤一小段距离。但是，拿破仑的战略地位使他拥有了谈判的砝码，在精神上受到打击的奥地利指挥官同意将部队撤离伦巴第，撤退到明乔河之外。虽然在明乔河之外双方还偶有交战，但马伦戈之战影响了奥地利的士气。六个月后，法国和第二次反法同盟达成了停战协议。

在经历了几年不稳定的和平后，法国大革命进入了新的阶段——拿破仑战争。1805 年，拿破仑的 20 万大军集结在布洛涅，虽然看似威胁英国海岸，但突然改变方向，直奔莱茵河。如今，我们仍不知道拿破仑当初是真的打算入侵英国，还是只想为他迂回进入奥地利打掩护。目前看来，拿破仑很可能是按照布尔塞的原则制订出了一个"多岔计划"。当他决定走东线时，他料想奥地利会像往常一样，派一支军队进入巴伐利亚去封锁黑森林的出口。在此基础上，他计划绕过他们的北翼，渡过多瑙河，到达莱希河，在奥军的后方截断他们的退路。这是在更大的规模上重复在斯特拉德拉的迂回战略——拿破仑本人也曾向部下强调了这两次的相似之处。此外，由于拥有军力优势，拿破仑可以在拦截防线建立后，将其转化为移动的屏障。这样，当他逼近奥地利军队后方时，乌尔姆的奥军便不战而降了。

在消灭了这个弱小的敌人之后，拿破仑现在必须集中精力对付库图佐夫领导下的俄国军队。这支军队穿越了奥地利并集结了几支奥地利小分队，刚刚到达因河。此外，还有一些比较小的威胁，比如刚从意大利和蒂罗尔撤回的其他奥地利军队。

现在，拿破仑第一次（但不是最后一次）因他的军队规模过于庞大而遭遇不便。庞大的军队根本挤不进多瑙河与西南山区之间的狭窄空间，因此拿破仑根本无法采取局部的间接路线接近敌人，也没有时间在乌尔姆进行大范围的迂回行动。而俄军则要灵活得多，只要他们留在因河上，他们就处在一个"天然位置"上——像一个盾牌一样，不仅保卫着奥地利的领土，而且也可以掩护其他奥地利军队从南方通过卡伦西亚与其会合，强有力地抵抗拿破仑的军队。

面对这一问题，拿破仑使用了一系列最微妙的间接路线，并根据实际情况进行调整。他的第一个目标是将俄国军队尽可能地向东驱赶，从而将他们与正从意大利返回的奥地利军队分隔开。因此，他一边率军直接向东朝库图佐夫的部队和维也纳方向推进，一边派莫蒂埃的军队沿着多瑙河北岸推进。这一举措威胁到了库图佐夫与俄国本土间的交通和补给线，迫使库图佐夫的部队不得不斜向东北方撤退至多瑙河上的克雷姆斯。接着，拿破仑又派缪拉快速穿过库图佐夫的新战线，朝维也纳前进。在兵不血刃地占领维也纳后，缪拉又受命朝北方的霍拉布伦进发。因此，拿破仑先是威胁了俄国军队的右翼，现在又威胁了他们的左后方。

然而，由于缪拉错误地同意了临时休战，这一行动并未能彻底摧毁俄国军队。不过这至少也足够迫使俄军匆忙朝东北方向的奥尔米茨撤退——这里已经很接近俄国的边境了。现在俄军虽然与奥地利援军分开了，却离本国军队更近了，且在奥尔米茨得到了一大批援军，再逼迫俄军撤退只会加强他们的力量。此外，由于普鲁士即将参战，时间也越来越紧迫。

因此，拿破仑用了一条心理上的间接路线，通过巧妙地显示自己明显的人数劣势诱使俄国军队发动进攻。面对 8 万敌军，拿破仑故意只在布伦集中了 5 万人，还从那里又分出一支小分队向奥尔米茨推进。除了故意示弱，他还向沙皇和奥地利皇帝递出求和的意向。敌人上钩后，拿破仑当着他们的面退到了奥斯特里茨——这是一个适合他布设陷阱的天然位置。在接下来的战斗中，他采取了很少使用的战术间接方法来抵消他在战场上同样罕见的人数劣势。他引诱敌人拉长左翼攻击他的撤退线，然后派自己中部的兵力集中打击敌人脆弱的关节，从而获得了决定性的胜利。战斗结束后的 24 小时内，奥地利皇帝便请求讲和了。

几个月后，当拿破仑转而对付普鲁士时，他在人数上几乎是普鲁士的两倍，且他的军队在数量和质量上都很强大，而普鲁士军队则缺乏训练、观念陈旧。这种确定无疑的优势对拿破仑的战略产生了显著的影响，并对他后来的战役产生了越来越大的影响。在 1806 年，他仍然寻求并最终获得了出其不意、先发制人的优势。为了实现目标，他把部队驻扎在多瑙河附近，然后从那里迅速向北，利用图林根森林作为掩护。接下来，他突然走出森林，进入了远处的开阔地带，带领作战方阵径直向敌人的腹地前进。因此，拿破仑迅速地抵达了普鲁士军队的后方。在耶拿，他包围并击溃了普军，他主要依靠的是他的人数优势，而他的位置对普军士气的影响则纯属偶然。

此后，在波兰和东普鲁士与俄军遭遇时，拿破仑的目的就只剩下一个：将敌人逼上战场。他相信，只要敌人走进战场，他的军队便会压垮敌人。他仍然会迂回到敌人的后方，但更多的是为了防止他们逃脱，以便将他们吞下，而不是为了打击他们的士气，使其更容易被嚼碎。此时，他采用的间接路线虽然和以前一样都是吸引敌人的注意力，但目的只是在物质上"牵制"敌人，不再具有打击敌人士气的心理作用。

因此，在普乌图斯克的迂回行动中，拿破仑的目标是把俄国军队引向西，这样当他从波兰向北推进时，就可以切断俄军与俄国的联系。但俄国军队逃出了他的陷阱。1807 年 1 月，俄国军队主动向西移动，在但泽与剩余的普鲁士军队会合。拿破仑快速抓住机会想要切断他们与普鲁士的联系，然而，他的命令落入了哥萨克骑兵手中，俄军得到消息及时撤退。于是拿破仑直接追击他们，发现他们正在埃劳调整战线，准备正面迎击。拿破仑虽然以一个纯粹的迂回战术绕到了他们的后方，但由于暴风雪的干扰，他只是重创了对手，却没能彻底击溃对手。

四个月后，双方都恢复了元气，俄军忽然向南进攻海尔斯贝格，拿破仑则率作战方阵向东进发，打算切断俄军与他们最近的基地柯尼斯堡的联系。但这一次，他太渴望战斗了。他的骑兵沿行军路线的侧翼进行侦察后，报告说俄军在弗里德兰占据了一个设防严密的阵地，拿破仑竟直接率军攻了过去。经过战斗，他确实拿下了这片阵地，但不是靠出其不意或部队机动性，而是靠纯粹的力量——也就是他的新型炮兵战术，即用大量火炮集中攻击敌军的一个特定点位。这一战术后来逐渐成为他所有战术的主要动作。虽然在弗里德兰以及在后来的战役中，这一战术确保了胜利，却不能减少伤亡人数。

令人惊讶的是，1807—1814 年的情形与 1914—1918 年的情形非常相似，那时优势兵力都遭到了肆意挥霍——且恰好都与密集的炮火覆盖有关。也许，是奢侈滋生了浪费，这种心理与经济用兵的心理恰好完全相反。想要经济用兵，就要出其不意且机动灵活。拿破仑的战略战术造成的结果就可以证明这一假设。

拿破仑利用他在弗里德兰的胜利增强他的个人声望，试图诱使沙皇脱离第四次反法同盟。但为了达到这一目的，他过度冒险，甚至将自己的优势和帝国置于危险之中。他对普鲁士的苛刻条款使和平并不稳定，他对英国的政策将英国逼至亡国边缘，他的侵略使西班牙和葡萄牙也成为他的敌人。这些都是大战略中的基本错误。

英国的约翰·摩尔爵士快速地突袭布尔戈斯和法国军队在西班牙的交通补给线，打乱了拿破仑在西班牙的计划，给了西班牙人民时间和空间来积蓄力量反抗法军，从而使伊比利亚半岛从此成为拿破仑身上一处久久不愈的溃疡。最重要的是，这是拿破仑不可阻挡的攻势第一次受阻，其产生的士气影响具有决定性的意义。

拿破仑没有时间来弥补这些错误，因为普鲁士可能撕毁和约，奥地利也可能重新出兵，他不得不返回。很快，奥地利就开始行动了，在 1809 年的战役中，拿破仑又一次在兰茨胡特和维也纳试图迂回到敌人的后方，但是在执行的过程中出现了意外。拿破仑失去了耐心，决定发起直接进攻，结果在阿斯珀恩－埃斯灵遭受了第一次重大失败。虽然他在六周后的再次直接进攻取得了瓦格拉姆战役的胜利，但代价却很大，由此获得的和平也不稳定。

伊比利亚半岛战争

现在拿破仑有两年的时间来割除并治愈"西班牙溃疡"。由于摩尔爵士的干预，拿破仑没能在早期控制炎症，而在随后的几年里，威灵顿阻止了他采取任何补救措施，伤口化了脓，毒素不断扩散。法军虽然多次打败了西班牙正规军，并对其持续打击，但这些彻底的失败却反倒对西班牙有利：这使得西班牙人的主要精力投入到了游击战中。一个无形的游击队网络取代了一个脆弱的军事目标，指挥行动的人也由因循守旧的西班牙将军变成了勇于进取和突破传统的游击队领袖。

可以说，西班牙和英国最大的不幸便是曾短暂地成功组建新的常规军，但幸运的是他们很快就被击败了。当法军驱散他们的时候，也同时驱散了自己的好运。毒素没有汇聚，而是再次扩散。

在这场不同寻常的战争中，英国最大的作用是火上浇油，推动西班牙游击队发展壮大，以相对较小的军事代价让法国承受巨大的牵制。在战争中，英国与欧洲大陆上的盟友共同作战，也派了远征军漂洋过海打击法国的海外领土，但因为在地理上和心理上都太遥远，这些行动无法对法国产生影响。与英国在西班牙取得的成效相比，这些行动的成效几乎微乎其微，甚至还是负面的。不过，从国家政策和繁荣发展的角度来看，英国派出第二批远征军很有意义，将开普殖民地、毛里求斯、锡兰、英属圭亚那和几个西印度群岛纳入了英国版图。

但是，由于历史学家一向痴迷于战争，因此英国在西班牙的间接路线大战略的真正价值被忽视了。事实上，若只关注半岛战争中威灵顿的全部战役和围攻，那么英国所取得的成果将毫无意义。约翰·福蒂斯丘爵士为纠正这种倾向和谬误做了大量工作。尽管他主要研究的是英国军队的地方史，可随着研究的深入，他越来越重视西班牙游击队在战争中的关键影响。

虽然英国远征军是造成这种影响的重要基础，但战斗是威灵顿所有的行动中最不重要的部分。在五年的战役中，直至法军被赶出西班牙，威灵顿总共只损失了大约 4.5 万人，包括所有死亡、受伤和被俘的人，而马尔博认为法军在此期间平均每天死亡一百人。因此，我们可以得出明确的结论：正是游击队对法军的不断骚扰，才使法军损失了大量的兵力，使其力量消耗殆尽，士气也跌至谷底。此外威灵顿使法国军队无法从西班牙获得补给，迫使法军不得不撤退以避免饿死。

最重要的一点是，威灵顿在战争中根本没有过几次交战。传记作家通常认为实际的"常识"就是威灵顿的性格和观点的基础，这足以解释这一现象吗？最近有一位传记作者这样评价："直接而狭隘的现实主义，就是威灵顿的根本性格，它导致了他的局限性和失败。但在更高的层面，它又代表了天才。"威灵顿在半岛的战略证实了这句话。

虽然英国远征军取得了重要成果，但其最初只是从英国主力部队中分出的一小支军队，在斯海尔德河任务失败后被抽调出来。英国政府原本想要派其挽救葡萄牙，而不是使"西班牙溃疡"恶化，更谈不上在大战略层面上产生影响。然而，威灵顿认为：如果葡萄牙军队和民兵能得到两万英军的增援，法国就需要派遣多达十万人才能征服葡萄牙，而如果西班牙人继续抵抗，法国将无法调用如此多的兵力。换句话说，这可能意味着两万名英国士兵将足以牵制近十万名法军，减轻奥地利主战场的压力。

尽管英国远征军未能直接支援奥地利，但从葡萄牙的角度来看，它在保护葡萄牙方面的作用也是有限的。然而，在牵制拿破仑和使英国获得优势上，它的效果远比预想的要大。

1809 年 4 月，威灵顿率 2.6 万名英军到达里斯本。法军分散在伊比利亚半岛上，部分是因为西班牙起义，部分是因为摩尔突袭布尔戈斯并撤退到了科伦纳。内伊试图征服半岛西北角的加利西亚，但徒劳无功。在内伊以南，苏尔特驻扎在葡萄牙北部的波尔图，他的军队分成了若干支队，分散在各处。维克多驻扎在梅里达的周围，正对通往葡萄牙的南线。

得益于占据了中心位置、出其不意和敌人比较分散这三个有利因素，威灵顿首先向北移动对付苏尔特。尽管他未能按计划切断苏尔特最南边的支队，但他在苏尔特集结部队之前就令其自乱阵脚。威灵顿通过杜罗河上游的渡河行动，干扰了苏尔特的部署，并在战斗初期就迫使苏尔特偏离其天然的撤退路线。像 1675 年的杜伦尼一样，威灵顿在敌人会合之前就瓦解了他们的抵抗。苏尔特被迫穿过荒凉的山区向北撤退到加利西亚，一路上他的军队疲惫不堪，折损的兵力甚至超过了在战斗中死亡的人数。

然而，威灵顿的第二次行动既不怎么顺利，手段和目的的配合也不那么融洽。在苏尔特"失踪"后，留在梅里达的维克奉命撤退到塔拉韦拉，在那里可以控制直通马德里的道路。一个月后，威灵顿决定沿着这条路向西班牙的心脏马德里进军——这无异于自投罗网，因为所有在西班牙的法国军队可以通过最容易的路线会合，全力攻击他的军队。此外，法军在中心枢纽集合后，交通补给线可以形成网络，而当他们分散时，这些交通线是他们最大的弱点。

威灵顿只带着 2.3 万人前进，软弱的奎斯塔带领同等数量的西班牙军支援他，而维克多逐渐后退，接近了另外两支在马德里附近的法国部队。法军的全部兵力可能超过 10 万人，如福蒂斯丘所说，这"纯属偶然，而非刻意设计"：内伊、苏尔特和莫蒂埃的军队正从北向马德里移动。由于奎斯塔的犹豫不决及他自己的补给不足，威灵顿没有成功解决维克多的军队，而维克多很快又得到了从马德里赶来的约瑟夫·波拿巴的增援。现在，轮到威灵顿被迫撤退了，幸好他在塔拉维拉打赢了防御战。

在奎斯塔的反对下，威灵顿没有再次前进；这对他来说反倒是一件幸事，因为苏尔特此时已经准备袭击他的后方了。由于来时的路已经被切断，威灵顿不得不从塔霍河以南绕过去；一路上，兵士筋疲力尽，死伤惨重，士气也十分低落——幸好法军因为缺乏食物没有追击。

至此，1809 年的战役结束了，威灵顿得到的最大教训就是：西班牙正规军根本派不上任何用处——摩尔的经历证明了这一点。由于劳苦功高，威灵顿被封为子爵，这激励了他在第二年做出更大的贡献。

1810 年，随着奥地利实现和平，拿破仑得以把注意力集中在西班牙和葡萄牙，直到 1812 年为止。这两年是半岛战争的关键时期。法军未能实现其目标，这个事实比他们随后在 1812 年和 1813 年的失败或威灵顿的胜利更具有历史意义。英国的胜利本质上得益于威灵顿对军事经济因素（即法国有限的资源）的精准计算，以及他建造的托里什韦德拉什防线。从根本上看，威灵顿的战略是采取间接路线打击敌人的军事经济目标。

在主要战役开始前，威灵顿一如既往地得到了西班牙正规军的援助。他们在冬季发起了战役，但被法军彻底地击溃和驱散了，法军因此更广泛地分布在西班牙境内，并入侵了南部富庶的安达卢西亚省。

拿破仑现在远程指挥，到 1810 年 2 月底，他已经在西班牙集结了近 30 万人，还有更多的军队正在赶来。其中 6.5 万人由马塞纳统领，负责将英军赶出葡萄牙。虽然看起来人数很多，但这只是法军总兵力的一小部分。这也有力地体现了西班牙游击问题的严重性。威灵顿的军力则较弱小，即使把英国训练的葡萄牙军队算上也只有 5 万人。

马塞纳从北边入侵而来，但他的路线是从罗德里戈城进入葡萄牙，这给了威灵顿充足的时间和空间来实施他的战略。威灵顿先是采取预防措施阻止马塞纳从葡萄牙掠夺补给，对其行军起到"传输制动器"的作用，而他在布萨科的中途站则起到了"脚刹"的作用——"马塞纳愚蠢地让部队进行不必要的直接攻击，更增强了这一点的作用"。然后威灵顿退到了他仿建的托里什韦德拉什防线内，这条防线穿过由塔霍河和大海塑造成的多山半岛，并保卫了里斯本。在出发四个月、走了近 200 英里后，马塞纳在 10 月 14 日看到了防线，防线的坚固令他大吃一惊。在坚持了一个月后，无法攻破防线的他由于缺乏粮食不得不撤退到 30 英里外的塔霍河上的圣塔伦。

威灵顿非常精明，没有试图迫使马塞纳撤退或引发战斗，而是将马塞纳限制在尽可能小的区域内，令其缺乏食物。无论是现在还是以后，法国军队都为他们的盲目乐观付出了沉重的代价，而这种乐观是因为拿破仑曾训斥谨慎的战略家们："补给？别拿这点事情烦我。哪怕你带了两万人也可以在沙漠里活下去。"

威灵顿在执行其战略时始终坚定不移，不论是面临国内政策变化带来的间接风险，还是面临苏尔特为了分散他的兵力并减轻马赛纳的压力而经由巴达霍斯向南推进造成的直接风险。每一次马塞纳诱惑他应战，他都坚守不出。这种策略非常合理，而且也取得了成效——到了3月，马塞纳被迫撤退。当马塞纳的军队饥肠辘辘地再次越过边境时，已经有2.5万人倒下了，而战斗中的死亡人数仅是2000人。

与此同时，西班牙游击队越来越活跃，人数也越来越多。仅在阿拉贡和加泰罗尼亚，两个总数近6万人的法国军团非但没能帮助马塞纳的军队完成在葡萄牙的任务，还在几个月里被几千名游击队员袭扰得几乎陷入瘫痪。在南方，法军正在围攻加的斯，反法盟军未能利用他们在巴罗萨的胜利，但他们加强了防御工事，使围攻的法国军队一筹莫展。在这些年里，英国利用其海上优势在漫长的海岸线上频繁进行登陆行动，这也分散了法军的注意力。

从此以后，威灵顿对法军最大的影响是他的威胁而非打击。每当他对某个区域构成威胁时，法军就被迫调动兵力前往，这为游击队在更多区域的活动提供了机会。

然而，威灵顿并不满足于威胁。在马塞纳从萨拉曼卡撤退之后，他命军队封锁了北部的阿尔梅达边境要塞，同时指示贝雷斯福德在南部封锁巴达霍斯。如此一来，他削弱了自己的机动能力，并把他的部队分成了两部分。但是命运眷顾了他。马塞纳重整旗鼓，略微得到了一些增援后回来解阿尔梅达之围。在丰特斯－德奥尼奥罗，威灵顿虽陷入困境，但最终成功击退了法军的进攻，尽管他也承认"如果拿破仑在的话，我们必输无疑"。在巴达霍斯附近，贝雷斯福德与苏尔特的支援部队发生交战。由于指挥不当，他在阿尔布埃拉差点失败，但他的部下和军队与法军殊死搏斗，为他挽回了局势。

　　威灵顿现在集中力量围攻巴达霍斯，但没有任何攻城装备。马尔蒙现在接管了马塞纳的军队，他顺利地向南与苏尔特会合，令威灵顿不得不放弃围攻。马尔蒙和苏尔特计划联合进攻威灵顿，但因产生分歧迟迟未动。正在此时，安达卢西亚爆发了新的游击战，苏尔特急忙带着他的一部分军队返回了那里，留下马尔蒙统帅剩余的军队。由于马尔蒙的极度谨慎，1811 年的战役悄无声息地结束了。

　　威灵顿在战斗中冒了很大风险，但所获的优势不如他过去的战略为他带来的优势多。考虑到他的兵力有限，围攻行动并没有带来太多好处。尽管他在围攻中的人员损失少于法军，但从比例上来看，他的损失更大。幸运的是，他已经度过了最关键的时期。现在拿破仑无意间帮了他的忙，巩固了他的优势——拿破仑正准备入侵俄国，因而将注意力和兵力都从伊比利亚半岛转到了那里。这一事态发展，加上西班牙棘手的游击战形势，迫使法军改变了在西班牙的计划，其主要方向改为先彻底征服瓦伦西亚和安达卢西亚，再重新集中力量对付葡萄牙。

　　与 1810 年相比，法军减少了约 7 万人。而在剩下的 23 万人中，至少有 9 万人被分派去保护从地中海沿岸的塔拉戈纳到大西洋沿岸的奥维耶多的补给线，以防西班牙游击队的破坏。

　　威灵顿现在可以自由行动，受到的抵抗也变弱了，于是他对罗德里戈城发起猛攻，另派希尔率领一个支队保卫他的战略侧翼和后方。而马尔蒙无法阻止威灵顿，既无法夺回要塞（因为攻城装备已落入敌手），也无法穿过被搜刮殆尽的地区追击威灵顿。

　　在这道饥饿屏障的掩护下，威灵顿悄悄南下，转而猛攻巴达霍斯——尽管代价要大得多，但所耗的时间更短。在巴达霍斯，他俘获了法军的浮桥纵列。他迅速扩大战果，摧毁了法国在阿尔马拉斯的横跨塔霍河的船桥。这样他就在战略上将马尔蒙和苏尔特的两支军队分隔开了，现在两者最近的交通线须通过托莱多桥，离塔霍河口超过 300 英里。

除此之外，由于缺乏补给和遭游击队阻挠，苏尔特被牢牢地钉在安达卢西亚。而威灵顿现在能够不受干扰地安全行动，集中三分之二的兵力向驻扎在萨拉曼卡的马尔蒙推进。但是由于他采取了直接路线，马尔蒙朝增援部队回撤。

两军人数再次相等。马尔蒙迂回打击威灵顿的交通线，由于他并不太担心自己的补给线，因此在这方面占据了优势。有几次两军都以平行纵队的队形并排前进，相距仅几百码，各自寻找有利的进攻机会。法国人凭借更快的行军速度，往往比英军更具迂回的可能。但是在 7 月 22 日，马尔蒙过度自信，让自己的左翼和右翼离得太远，使他的力量暂时失去了平衡。威灵顿立刻抓住机会，迅速扑向暴露的左翼。法军还没能等到增援部队就被打败了。

然而，威灵顿并没有在萨拉曼卡战役中取得决定性的胜利。在整个伊比利亚半岛上，他的人数仍然远少于法军。有人指责他没有乘胜追击现在由克洛泽尔指挥的法军残余兵力，但威灵顿已经错过了驱散法军的最佳时机，且不太可能在他们到达布尔戈斯这一庇护所之前重获机会。在这种情况下追击法军会让他面临风险——时任西班牙国王的拿破仑长兄约瑟夫可能随时从马德里出发威胁他的后方和交通线。

于是，为了在士气和政治上造成影响，威灵顿决定对马德里采取行动。当约瑟夫逃跑后，他进入了首都马德里，这对西班牙人来说不仅是一个象征性胜利，也是极大的鼓舞。然而，这一举动的缺陷在于，马德里对法军极为重要，失去马德里会让分散在外围的法军朝中心大规模集结，一旦如此，威灵顿很快就得离开。为此威灵顿主动缩短了在马德里的停留时间，向布尔戈斯进军。但是由于法军"就地取食"，攻击他们与法国间的交通线对他们的影响并不大。威灵顿无效的围攻方法和手段消耗了太多时间，导致对法军仅有的一点有限的影响也消失了。

在这次萨拉曼卡战役中，他唯一获得的胜利果实就是诱使法军放弃了在西班牙的任务和领土，从四面八方集中力量朝他袭来。面对庞大的法军，威灵顿的处境比摩尔此前的处境更危险，但他及时撤退了。希尔与他会合后，他感觉他的兵力足够在萨拉曼卡再次向法军发起进攻。与早些时候相比，这次法军的人数优势很小（9 万人对 6.8 万人），他们不愿意在威灵顿选择的战场上作战。因此威灵顿继续向罗德里戈城撤退，他到达后，1812 年的战役落下了帷幕。

虽然威灵顿又一次回到了葡萄牙边境，从表面上看没有进展，但实际上半岛战争的结局已定。由于法军此前放弃了西班牙的大部分地区以集中力量对付威灵顿，那些地区如今已被西班牙游击队所占，法军再也无法夺回。除此之外，法军还得知了拿破仑从莫斯科撤退的消息，于是更多的法军从西班牙撤走了。因此，当下一次战役开始时，局势发生了翻天覆地的变化。

随着兵力增至 10 万人——其中仅不到一半是英国人，威灵顿成了主动出击和占优势的一方。而法军由于连续遭到游击队袭扰，士气比战败还要低落，几乎立刻被迫撤退过埃布罗河，仅想退居西班牙的北部边地。但即使在那里，形势也因为游击队在比斯开和比利牛斯山区威胁到了他们的后方而变得不利，迫使法军从他们薄弱的兵力中抽调了四个师来抵抗。威灵顿越过比利牛斯山，进入法国，虽偶发意外，但整体上保持优势——这只是半岛战争的战略尾声。

半岛战争的最终胜利在很大程度上归功于威灵顿：他在半岛上的出现给予了当地人民士气和物质支持；他的行动吸引了法军的部

分注意力，促进了游击战的发展壮大。

然而，有一个有趣的问题值得思考：威灵顿在 1812 年的胜利，是否帮助法军减少了损失和收缩了领地，从而使得威灵顿在 1813 年的推进更加困难？因为法军在西班牙越分散且待的时间越长，他们最终崩溃的可能性就越大，且越彻底。半岛战争是一个杰出的例子，其中出现了某种特定的战略，采取这种战略是因为本能的常识而非精心谋划。一个世纪后劳伦斯将这种战略发展成为一种合理的理论并应用于实践——尽管结果不尽如人意。

在研究了"西班牙溃疡"这一问题后，我们现在必须回过头来研究另一种类型的战略的发展，这种战略正在潜移默化地影响着拿破仑的思想。

从维尔纽斯到滑铁卢

拿破仑的战略变化存在一个趋势，即更多地依靠数量而不是机动性，更多地依靠战略队形而不是出其不意。在 1812 年的俄国战役中，这一趋势到了顶点，导致了他的失败，不利的地理条件只不过是雪上加霜。

拿破仑共有 45 万名士兵，如此庞大的规模使他几乎直线分布他的军队，并因此采用沿着自然期望路线直接前行的举动。就像 1914 年的德军一样，拿破仑把兵力集中在战线左端，试图在维尔纽斯对俄军发起大扫荡。但即使他的幼弟热罗姆在负责吸引俄军的任务中表现得更为积极，这种直接而笨重的方法也难以有效地分散敌人的注意力或打破敌方的平衡，除非敌军异常愚蠢。结果，俄军逃避作战，暴露了拿破仑方法的局限性。

在拿破仑向俄国推进的过程中，他的第一次出击毫无成效，于是他将战线收缩成了惯用的作战方阵，并试图在战术上袭击敌人后方。但是当俄军改用"战斗"的政策，愚蠢地把他们的头伸进拿破仑的血盆大口时，拿破仑在斯摩棱斯克咬合的意图太过明显，俄军溜走了；在博罗季诺时，他反而咬碎了自己的牙齿。与真正的间接路线相比，没有例子比这更能说明将军队集合到一起的缺点了。随后拿破仑从莫斯科撤退，这一灾难性后果与其说是因为恶劣的天气——那一年的霜冻实际上比往常来得更晚，不如说是因为法军士气低落。这是由于俄国的逃避战略挫败了拿破仑以直接战斗为目标的战略——而逃避战略在此又是一种战争政策或间接路线大战略。

此外，拿破仑在俄国失败后，法军在西班牙的惨败使法军在士气和物质上更受打击。值得注意的是，英国在这场战役中仍然遵循了"抽薪止沸"的传统战争政策，对法军造成了致命打击。

1813 年，拿破仑再次率军出征，这次他的军队比以往任何时候都更加庞大和缺乏机动性。面对普鲁士的起义和入侵的俄国军队，他试图用他的惯用方法，将作战方阵集合到一起，以其重量粉碎敌人，但吕岑战役和包岑战役都不具决定性。此后，反法盟军不断撤退，挫败了拿破仑进一步引其参战的企图。他们的闪躲避战导致拿破仑要求暂时休战六周。六周后，奥地利加入战斗，与法军对峙。

随后的秋季战役更加凸显了拿破仑的思想变化。拿破仑共有 40 万人，与敌军总数相等。他派了 10 万人对柏林进行集中攻击，但这种直接攻击使贝尔纳多特部队在该地区的抵抗进一步加强，法军被击退了。与此同时，拿破仑和他的主力部队已经占据了萨克森州德累斯顿这一中心位置；但他失去了耐心，突然开始直接向东朝布吕歇尔的 9.5 万人袭去。布吕歇尔撤退，引诱他进入西里西亚，而施瓦岑贝格带着 18.5 万人开始从波希米亚沿易北河向北移动，越过波希米亚山脉进入萨克森，到达拿破仑在德累斯顿的后方。

拿破仑留下一支小部队，匆匆向后方赶去，打算用一种更致命的间接路线对付敌人的间接路线。拿破仑的计划是向西南方向移动，穿过波希米亚山脉，阻断施瓦岑贝格的后路，防止其通过山区撤退。他选定的位置是布置战略阻塞的理想位置，但敌人逼近的消息使他退缩了。在最后一刻，他决定直接前往德累斯顿攻击施瓦岑贝格。虽然他再次赢了战斗，但这只在战术上有决定性作用，施瓦岑贝格还是安全地穿过了群山向南撤退。

一个月后，三支反法联军开始逼近拿破仑，而拿破仑在战斗中元气大伤，从德累斯顿撤退到了莱比锡附近的杜本。施瓦岑贝格在南面，布吕歇尔在北面，而贝尔纳多特在拿破仑不知道的情况下几乎包围了他的北翼，并延伸到了后方。拿破仑决定先直接攻击，然后采取间接路线——首先粉碎布吕歇尔，然后切断施瓦岑贝格与波希米亚的联系。根据前文所述的历史经验，这一顺序似乎是错误的：拿破仑对布吕歇尔的直接进攻并没能使布吕歇尔迎战。然而重要的是，这一无计划的行动意外地产生了有趣的结果。拿破仑对布吕歇尔的直接攻击完全没有成功，可是他间接到了贝尔纳多特的后方。贝尔纳多特感到不安，匆忙向北撤退，使得拿破仑的撤退路线不再受阻。虽然拿破仑对布吕歇尔的攻击落了空，但他却正因此而在几天后免遭灭顶之灾。当布吕歇尔和施瓦岑贝格在莱比锡包围他时，拿破仑在战斗中战败了；但是，在他被逼入绝境后，他通过一条路摆脱了困境，安全地撤回了法国。

1814年，反法盟军以绝对的数量优势联合入侵法国。拿破仑由于消耗了过多兵力，只好重新使用他此前的武器——奇袭和机动。然而，尽管他出色地使用了这两种武器，但他太缺乏耐心，且过于沉迷战斗，不像汉尼拔、西庇阿、克伦威尔或马尔伯勒那样机智灵活。

　　不过，通过运用这些武器，拿破仑坚持了更长时间。另外，他根据人数明智地调整了自己的目标——意识到自己兵力太少，无法取得决定性胜利，他转而致力于破坏反法盟军之间的合作。为此，他比以往更加惊人地利用了流动性。他成功地阻止了敌军前进，但他本有可能取得更有效和更持久的胜利，可惜他为了追求战术胜利而放弃了这一战略。通过不断集中攻击分散的敌军——其中有五次通过迂回行动打击敌后，他使敌军遭遇了一系列的失败。但他后来鲁莽地直接进攻位于拉昂的布吕歇尔，遭受了他无法承受的失败。

　　最终拿破仑只剩三万人，他决定做最后一搏，向东朝圣迪济耶前进，集结他能找到的所有驻军，并鼓励乡村人民抵抗敌军。但在这一行动中，他要穿过施瓦岑贝格的交通线。他不仅需要到敌人的后方去，而且要在敌人采取行动之前筹得一支军队。问题变得复杂了，他不仅缺乏时间和兵力，而且如果这么做就会让原先的基地无人把守，极大地影响士气——巴黎毕竟不是一个普通的补给基地！极为不幸的是，他的命令落入了敌手，无法再出其不意，时间也所剩无几了。即便如此，他的行动仍有很强的吸引力，反法联军在激烈的辩论后才决定进军巴黎，而不是调头朝他进攻。他们的行动严重打击了拿破仑的士气。据说，反法联军最终决定进攻巴黎，是因为担心威灵顿从西班牙边境向北移动，比他们更早到达巴黎。如果此事属实，那么便讽刺地为间接路线战略及其决定性"引力"的胜利奏响了凯歌。

　　1815年，从厄尔巴岛秘密潜回后，拿破仑似乎又因兵力充足而头脑发热。尽管如此，他仍然出其不意和机动用兵，几乎取得了决定性的结果。虽然他在地理上直接接近布吕歇尔和威灵顿的军队，但其时机出乎意料，并在方向上瞄准了敌人的"关节"处。然而，在利尼，内伊没能完成交派给他的迂回任务——战术上的间接路线，因此普鲁士军队逃过了致命一击。当拿破仑在滑铁卢攻击威灵顿时，他的路线非常直接，因此损失了一些时间和兵力，加上格鲁希未能使布吕歇尔远离战场，拿破仑的处境非常危险。因此，尽管最终布吕歇尔仅出现在拿破仑的侧翼，却在心理上形成了一种间接路线。拿破仑措手不及，彻底失败。

第九章

1854—1914 年间的战争

1851 年，随着伟大的"和平"博览会 [1] 的落幕，一个新的战争时代开始了。这一连串新战争中的第一场战争，在军事和政治上都不具决定性。然而，从这场愚蠢的克里米亚战争中，我们至少可以得到一些教训，其中最主要的一条就是直接路线是毫无意义的。当将军们都蒙着眼横冲直撞时，副官命令轻骑兵直接冲向俄军的火炮也就不足为奇了。英国军队的直接性使其一切行动都极其精确并有严格的形式规范。法国指挥官康罗贝尔对此一直困惑不解，直到几年后在参加一次宫廷舞会时，他才恍然大悟道："英国人打仗如同维多利亚女王在跳舞。"对俄国人来说，直接攻击是一种本能——因此，即使试图进行大规模迂回行动，一个俄国军团在行军一整天后仍然会在拂晓时回到原点，正对塞瓦斯托波尔。

在研究克里米亚战争时，我们不能忽视也不应夸大的一点是，在滑铁卢战争后的 40 年里，欧洲的军队已经更加职业化。这一事实的意义在于，虽然它不能作为反对军队职业化的理由，但证明了

1　指 1851 年的万国工业博览会。——译者

职业环境存在潜在危险。军职越高且服役时间越长的人，若无法与外部世界的事务和思想接触，面临的危险就越大。而在另一方面，美国内战的早期阶段充分暴露了非职业化军队的弱点。训练对于军队来说至关重要，决定了将军的作战工具是否得心应手。长期的战争或短暂的和平都是打造这样一种工具的最有利的条件，但若是工具非常精良，而使用者没有能力驾驭，那么这种体系就会出现问题。

在这一点上以及在其他方面，1861—1865 年的美国内战提供了一个鲜明的对比，具有启示意义。内战中的军事领袖，特别是南方的领袖，大部分都曾是职业军人，但他们的职业追求不同，有人担任文职，有的则在闲暇时进行私人研究。因此，他们的战略思想并不来源于阅兵场，自然也不受其限制。不过，尽管他们的战略可能在来源和广度上差异极大，但决定主要作战行动的仍旧是传统的目标。

随着铁路的发展，这种趋势也在加剧。铁路使军队的移动速度达到了新高度，但战略却没有因此变得更灵活，而灵活性是真正机动性的基本要素。铁路运输在战争中首次发挥主要作用便是在美国内战中。由于铁路路线固定，双方的战略自然也与其相关并变得直接。

此外，在这次和随后的战争中，陆军开始依赖铁路，但并未意识到他们对铁路的依赖有多严重。由于运送补给变得更方便，指挥官扩大了军队的规模，却不曾想过如此多的兵力会对他们的行动能力造成怎样的影响。矛盾的是，这种新的移动方式非但没有增强流动性，反而还减弱了流动性。由于铁路可以运送更多的人及足够的补给，军队人数增多，但未能更有效地战斗。军队的物质需求增长了，并被束缚在铁路旁。此外，他们的补给都系在一条长长的铁路线上，极易被敌人破坏。

这些影响在美国内战早期就已显现，到 1864 年变得格外明显。北方的合众国军队（简称北军）习惯了有充足的食物补给，因而比他们的敌人南方的邦联军队（简称南军）更易瘫痪。特别是在西部战场，杰出的南军骑兵领袖福雷斯特和摩根等人发动的机动突袭凸显了大规模军队依靠铁路维持补给的危险性。这为未来埋下了伏笔：在后来，大规模军队的交通线可以通过空中轰炸和坦克部队破坏。北军中的战略家谢尔曼深谙此道，他比同时代及后来的许多人更早地认识到了这一点，并成为机械化机动战的先驱。面对敌人对铁路线的攻击，谢尔曼在确保自己的铁路线安全后进行了反击。为了重新获得足够的战略迂回能力并防止军队瘫痪，谢尔曼意识到他必须摆脱固定补给线的束缚，这意味着他在行军时必须自给自足，还要把物质需求降到最低。换句话说，若不想被敌人揪住尾巴，每次执行长距离行动时，他都需要保持高度的自给自足。因此，在把辎重减到最轻后，谢尔曼离开了自己的铁路交通线，从"邦联的后门"穿过，切断了为南军主力提供补给的铁路线，从源头上破坏了其补给体系。这一行动所产生的影响极具决定性。

美国内战

在第一次战役中，双方直接朝对方推进，结果在弗吉尼亚和密苏里都未取得决定性战果。后来，被任命为北军总司令的麦克莱伦在 1862 年构思了一个计划，打算利用海上力量将他的军队转移到南军的战略侧翼。这比直接从陆上推进更有获胜的可能，但似乎被认为是一种更短的直接路线，目标是到达敌人的首都里士满，而不是真正意义上的间接路线。但林肯总统了解到此计划的风险后，选择不冒险，留下麦克道尔的部队保卫华盛顿，从而让这个看似有利的计划流产。这不仅削弱了麦克莱伦的军力，还使他无法有效分散敌军的注意力，失去了成功实施计划的关键条件。

因此，登陆后，麦克莱伦在约克镇前浪费了一个月的时间，这让他不得不更改计划，采用半直接的路线，以配合麦克道尔的行动——林肯命令麦克道尔采用直接路线，由陆路从华盛顿到里士满。与此同时，南军将领"石墙"杰克逊在雪伦多亚河谷的间接行动在心理上对北方的华盛顿政府造成了影响，导致麦克道尔被叫停，未能参与主要行动。即便如此，麦克莱伦的先头部队现在离里士满不到 4 英里，准备在罗伯特·李集结足够兵力进行干预之前发动突袭。即使在七天战役中遭受了战术失败，麦克莱伦仍然在战略上拥有优势——也许还比前一阶段的优势更大。其侧翼进军虽被迫停止，但他仍能把基地向南转移到詹姆斯河上，这样他不仅保证了自己的交通补给，而且接近从里士满通向南方的南军交通线，对南军产生了威胁。

可惜，由于战略的变化，他丧失了优势。出于政治原因，哈勒克被任命为总司令，成了麦克莱伦的上司。哈勒克一到任就命令麦克莱伦率军重新登船，向北撤退后再与波普的军队一起从陆上直接推进。历史告诉我们：这种直接的推进方式很容易被敌人预测到，即使兵力增加一倍，实际效果可能也达不到预想结果的一半。而且，哈勒克的这种战略还展示了实现传统军事目标过程中可能出现的所有陷阱——虽然这种战略确实符合集中力量的原则。12 月 13 日，在弗雷德里克斯堡战役中，北军惨败而归。这充分反映了哈勒克在这半年间的直接战略有多么低效。这一战略一直延续到了 1863 年，在此期间北军不仅没能向里士满更进一步，反而还被南军侵入了更多的领土。

起初，南军的这次入侵在战略、物质和心理上都是间接的，但后来罗伯特·李非常直接地攻击米德在葛底斯堡的阵地，失去了这种间接效果。罗伯特·李一直坚持进攻，结果三天之后他已经损失了近半兵力。到了年底，两军都回到了原来的位置上，双方都死伤惨重、筋疲力尽，除了在拉皮丹河和拉帕汉诺克河上虚张声势，什么也做不了。

值得注意的是，在双方均采取直接进攻方式的战役中，守方通常占有优势，能有效阻挠攻方的前进。在这样的战略条件下，防守方可以保持实力，避免无谓的消耗，相比两种直接战略显得相对间接一点。

虽然北军在葛底斯堡成功击退罗伯特·李的入侵常被视为战争的转折点，但这种说法实际上略显夸张。历史学家在冷静分析后更倾向于强调，真正决定性的战役是在西线战场上发生的。

第一次决定性战役发生在1862年4月，法拉格特的中队冲过了守卫密西西比河口的要塞，令新奥尔良不战而降。这好似一个战略性楔子的尖端，使南部邦联沿着这条大河裂成了两半。

1863年7月4日则发生了两件大事：一是罗伯特·李开始从葛底斯堡战场撤退；二是格兰特占领了密西西比河上游的维克斯堡，使北军完全控制了这条重要的大动脉。这样，南军就再也无法从密西西比河沿岸各州获取增援和补给。在这里，集中打击敌人较弱的部分所产生的大战略影响固然值得关注，但我们也不应忽视实现这一目的所用的战略手段。

在此前的1862年12月，格兰特沿铁路第一次向维克斯堡进军，同时谢尔曼率领部分军队沿密西西比河水路南下。南军骑兵突袭了格兰特的交通线，阻碍了他前进，使得南军能集中力量对抗谢尔曼——由于谢尔曼基本上走了直接路线，当他试图在维克斯堡附近登陆时，邦联军队轻而易举地击退了他。

到了 1863 年 2—3 月间，格兰特四次尝试通过狭窄的侧翼迂回行动进攻维克斯堡，但均未成功。然后，在 4 月，格兰特采取了一种真正的间接路线，其在大胆程度和其他方面与沃尔夫最终夺取魁北克所用的路线颇为相似。部分北军舰队和运输船在夜间悄然穿过维克斯堡炮台下方，到达要塞南边 30 英里处。随后，大部队从此上岸沿密西西比河西岸行进，而谢尔曼负责向维克斯堡东北部行动以转移南军注意力。在他的掩护下，大部队成功转移到了东岸。当谢尔曼与格兰特会合后，格兰特有计划地冒险离开了他新的临时基地，向东北方向移动，进入敌人的领地，到达了维克斯堡的后方，切断了维克斯堡与南方邦联东部主要州的联系。在这个迂回行动中，格兰特巧妙地绕了一个大圈。尽管看似他把自己置于敌方两大部队——位于维克斯堡和杰克逊（位于维克斯堡东部 40 英里处，是一条东西干线与南北方向铁路的交汇点）——的夹击之中，但实际上，他的这一战略使得敌人的防线出现了脱节。

值得注意的是，当格兰特到达这条铁路时，他意识到首先需要向东移动军队，迫使敌人撤出杰克逊。这说明了铁路的发展改变了战略形势：过去，拿破仑利用一条河流或一系列山丘作为他的战略阻塞，而格兰特的战略阻塞则是一个点——一个铁路枢纽。占领了杰克逊后，他转身向维克斯堡前进。经过长时间的孤立，维克斯堡在七周后投降。这一事件的战略后果是北军打开了通往佐治亚的大门——查塔努加。在那时，佐治亚是南方邦联的粮仓，从那里可以通往整个东部地区。

然而，尽管南方看似必败，北方却几乎错失了胜利。因为在 1864 年，北军在压力下越发疲惫，士气因素变得非常重要。厌倦了战争的人民要求和平，而总统选举定于 11 月举行，除非北军早日得胜，否则林肯可能会被主和的总统候选人所取代。为此，格兰特被从西方召回，担任最高指挥官。他用了何种方式以早日取胜呢？他采用了优秀的正统军人常用的战略——利用巨大的人数优势压垮敌人的军队，或者至少通过连续打击敌人使敌人消耗殆尽。我们已经看到，在维克斯堡战役中，在使用了多条直接路线都失败后，格兰特才采用了真正的间接路线。虽然格兰特以高超的技巧实施了他的战略，但他却未能吸取前面几次直接行动带给他的教训。

现在格兰特掌握了最高指挥权，而他决定重蹈覆辙——他决定沿一条旧的陆路沿拉帕汉诺克河向南直接进军里士满。然而，他的主要目标并非敌方首都里士满，而是直接消灭敌军。他对他的下属米德说："李到哪里，你也要跟到哪里。"为了公平起见，应该指出虽然格兰特的路线在广义上是直接的，但绝不只是正面推进那么简单。事实上，他不断尝试迂回到敌人的侧翼，尽管迂回的半径较小。此外，他严格遵循军事箴言，保持军队高度集中并坚持自己的目标，不受其他干扰。他的"必胜意志"甚至超过了福煦元帅。那些在1914—1918年间使用类似方法的人可能会嫉妒格兰特，因为他获得了慷慨支持和政治领袖的绝对信任。对于所有采取正统的直接路线战略的人来说，格兰特所拥有的条件再理想不过。

然而，到1864年夏末，格兰特仍未能摘取已经成熟的胜利果实。北军的忍耐力几乎已经到了极限，林肯丧失了连任的希望，他给军官们的空头支票无望兑现。讽刺的是，格兰特原本抱着必胜的信念利用人数优势作战，却未能在激烈的威尔德内斯和冷港战役后彻底打败敌军，而主要的成果——逼近里士满的后方，占据地理优势——则是通过不流血的迂回行动获得的。在遭受了惨重的损失后，他又回到了麦克莱伦在1862年所占据的阵地中。

但是在前景最为暗淡的时候，亮光却突然出现了。在11月的大选中，林肯成功连任。是什么挽救了林肯的命运呢？为何主张和平的民主党总统候选人麦克莱伦未能取代林肯呢？这当然不是因为格兰特的战役。从7月到12月格兰特几乎没有取得任何进展，而且在10月中旬两度战败，损失惨重。根据历史学家的判断，最有可能的原因是谢尔曼在9月攻占了亚特兰大。

格兰特担任最高统帅后，谢尔曼因为在维克斯堡之战中做出了不小贡献，便接替他成为西线总司令。谢尔曼和格兰特的观点截然不同。格兰特将打击敌军作为主要目标，而谢尔曼的方法是威胁战略要点，使敌军为了保护这些要点而暴露自己的弱点，或者放弃这些要点以保持自身平衡。换句话说，谢尔曼总是同时设定两个目标，且通常会实现第二个目标——并使整个行动影响更加深远。亚特兰大是南军的基地，它不仅是四条重要铁路的枢纽，而且是南军必要补给的来源。正如谢尔曼所说，亚特兰大不仅是一种精神象征，"还拥有众多铸造厂、兵工厂和机械工厂"，他认为"攻占该城即为南部邦联敲响了丧钟"。

尽管在格兰特和谢尔曼的目标孰优孰劣这一问题上存在诸多分歧，但很明显后者更适合民主国家的心理。也许只有牢牢掌权的统治者才有资格坚持"武力压制敌军"这一军事理想，但即便如此他也应该明智地根据现实情况进行调整，并权衡实现这一目标的可能性。而一位为民主政府服务的战略家没有那么大的权力，他依赖政府的支持和信任，因此可以耗费的时间和成本必须比"绝对"的战略家更少，需要速战速决。无论获胜的希望再怎么渺茫，他也不能一直按兵不动。因此，有时他有必要暂时偏离目标，或者至少改变自己的行动路线，掩盖真实的目的。面对这些不可避免的障碍时，军事理论应与现实相协调，因为战争的成败取决于人民是否支持——兵力和弹药都来源于人民，甚至是否继续战斗也取决于人民的意见。正如付钱听音乐会的人决定了演奏者应奏的曲目一样,战略家们也应尽可能让自己的战略得到人民的支持,如此会得到更好的结果。

谢尔曼通过迂回行动经济用兵这一点非常难得。尽管与在弗吉尼亚的格兰特相比,谢尔曼的补给严重依赖一条铁路线;然而,他却没有让他的部队直接进攻,而是暂时离开了这条铁路。在这几周的迂回行动中,他只在凯内索山发起过一次正面进攻——更重要的是,他这样做是为了让军队免于在雨水淹没的道路上行军,而且只是略微交手后他就主动撤兵了,没有造成多少损失。事实上,谢尔曼穿过山地和河流纵横交错的地带共行进了 130 英里,而这是他唯一一次主动进攻。他巧妙地迂回行动,一次又一次地诱使南军对他发起袭击,并通过主动进攻、快速挖掘壕沟和修建土墙击败了南军。每次敌人没能突破他的机动防御,他就多获得一分战略优势。他迫使采用防御战略的对手在战术上发动了一连串代价高昂的进攻,战略艺术之高可谓史上罕见。考虑到谢尔曼的补给全系于一条铁路线上,这一点便更加了不起。即使以最狭隘的军事标准来评判,忽略其巨大的士气和经济影响,谢尔曼的行动也堪称是伟大的壮举,因为他远比敌军损伤的兵力更少,与在弗吉尼亚的格兰特形成了鲜明对比。

占领亚特兰大后,谢尔曼比以往更加冒险,因此受到了军事评论家的诸多批评。然而他确信,如果他能先摧毁南方邦联的粮仓佐治亚的铁路系统,然后再进攻其心脏南、北卡罗莱纳州,那么邦联的士气会遭到严重打击,在北部的里士满和罗伯特·李的军队都无法获得补给,很快邦联就将放弃抵抗。

因此,谢尔曼无视已被迫撤离亚特兰大的胡德,开始了著名的"向海进军"行动,穿过佐治亚州,摧毁铁路,就地取食。1864 年

11 月 15 日，他离开了亚特兰大，12 月 10 日，他到达了萨凡纳的郊区，在那里重新通过海路建立了交通补给线。南方邦联的将军、历史学家亚历山大曾评价道："毫无疑问，这次行动严重打击了邦联的士气，其影响甚至超过了最具决定性的战斗胜利。"之后，谢尔曼向北穿过南卡罗莱纳州，向罗伯特·李的后方移动，夺走了南军剩余的主要港口。

谢尔曼的行动方法值得加以更仔细的研究。在向佐治亚州进军的过程中，谢尔曼不仅远离了交通补给线，而且放弃了许多辎重，轻装行军，让 6 万人的部队变成一支庞大的"飞行纵队"。他的四个军团都能自给自足，食物搜寻队活动在军队的前方和两侧，组成一道巨大的屏障。

此外，在本次行军中，谢尔曼进行了一种新的战略实践。他意识到，在亚特兰大战役中，之所以受阻，是因为他只有一个地理目标，敌人很容易就能避开他的攻击。现在谢尔曼巧妙地制订了计划，将敌军反复置于进退两难的境地。他选择了一条可以威胁到多个目标的行进路线，使南军猜不到他的目标是梅肯还是奥古斯塔，然后又疑惑于奥古斯塔和萨凡纳之间。虽然谢尔曼自己早已选好了目标，但如果其他目标更易拿下，他也随时准备更换目标。由于他的行进方向已经迷惑了敌军，他始终无须更改目标。

在穿过佐治亚州的行动中，谢尔曼的军队本来就已经放弃了大部分辎重，这一次他再次挑战极限。在通过南、北卡罗莱纳州向北出发之前，他已试图将他的军队变成"一部移动的机器，愿意并能够在接到命令后立即出发，并依靠最少的食物生存"。虽然现在是冬天，但他的军队没有带任何帐篷和野营器具，连军官们也要两人共用一块帆布，用树枝将其撑起来勉强栖身。

这一次谢尔曼再一次选择了一条可以迷惑敌军的路线，这样敌军就会在保卫奥古斯塔还是查尔斯顿之间犹豫不决并分散兵力。然后，谢尔曼从这两个目标之间快速穿过以攻占哥伦比亚——那里是南卡罗来纳州的首府，也是南军的重要补给来源地。现在，南军又无法确定谢尔曼的目标是夏洛特还是费耶特维尔。而当谢尔曼攻击费耶特维尔时，南军又在猜测他的下一个目标——同时也是最终的目标——是罗利还是戈尔兹伯勒，而谢尔曼自己则在犹豫是选择戈尔兹伯勒还是威尔明顿！

　　正因为谢尔曼的行进神出鬼没，对敌人造成了物质和精神上的巨大影响，他才能顺利完成425英里的行军。尽管行军路线上布满了河流、小溪和沼泽等自然障碍，且敌军人数众多，可以进行有效阻击，但因为他行军灵活、方向多变，这一路他通行无阻。他率军在宽阔而不规则的战线上移动，将军队分为四支、五支或六支纵队，并安排食物搜寻队掩护每支纵队；即使一支纵队受阻，其他纵队也可以照常推进。从方法上看，1940年横扫法国的德军装甲部队就是借鉴了谢尔曼的方法。他的战术令南军变得非常"神经质"，他们一再屈服于谢尔曼造成的心理压力，在未受到任何严重的实际威胁前便会撤退——谢尔曼的迂回行动令他们胆战心惊，以至于每当他们到达一地进行抵抗时，他们首先要想的就是如何撤退。据记录，北军有时还会进行口头威胁："我们是谢尔曼的突袭部队，你们快逃吧！"如果有信心就等于打赢了半场战役，那么削弱敌人的信心就意味着打赢了大半场——这样可以不战而屈人之兵。就像拿破仑在奥地利一样，谢尔曼也可以自豪地说："我仅通过行军就打垮了敌人。"

　　3月22日，谢尔曼到达戈尔兹伯勒，在那里他获得了补给并和斯科菲尔德的部队会合，为包围坚守在里士满的罗伯特·李的军队做好了最后准备。

直到 4 月初，格兰特才继续前进。这次他取得了巨大的成功，首先是里士满投降了，然后在一周之内罗伯特·李的军队也投降了。从表面上看，这似乎证明了格兰特的直接战略和追求"战斗"的目标的正确性。但是，在做评判时不应忽视时间因素。南军突然放弃抵抗是因为补给短缺和"家乡"传来的消息严重打击了他们的士气。谢尔曼还没到戈尔兹伯勒时，格兰特就写道："罗伯特·李的军队现在士气低落，逃跑得很快。"

人有两种至高无上的忠诚：对国家忠诚和对家庭忠诚。对大多数人来说，后者更为强烈。只要家人安然无恙，人们就会誓死保卫自己的国家，并认为哪怕牺牲自己也是在间接保护家人。但是，当家庭本身受到威胁时，爱国之心、纪律和同志情谊似乎都不再那么重要。谢尔曼的后方攻击极为致命，原因便是他针对的是一个国家的后方，而不仅是一支军队的后方；他的行动令这两种忠诚对立起来，瓦解了敌军的抵抗意志。

事实证明，在战争的最后阶段，这种在经济和精神上打击敌人后方的间接路线发挥了决定性的作用。任何对这场战争进行全面仔细研究的人都会得出这一结论。30 年前，英国的埃德蒙兹将军——他同时也是研究第一次世界大战的官方历史学家——在研究美国内战史时曾得出以下结论：

> 伟大的邦联领导人罗伯特·李和杰克逊都具有杰出的军事天才，北弗吉尼亚军队也拥有无与伦比的战斗力，双方的首都又离得那样近，导致南方邦联将过多的注意力放在了东部战场。但实际上决定性的打击发生在西部战场。1863 年 7 月，北军对维克斯堡和哈德逊港的占领是这场战争的真正转折点。由于谢尔曼的西部军的行动，罗伯特·李在东方的阿波马托克

斯法院大楼投降，邦联最终崩溃。

是什么导致西部战场未能获得应有的关注呢？一部分原因可能是战争的魅力使大多数研究军事史的学生头脑发热，另一部分原因可能是亨德森所著的《石墙杰克逊传》以史诗般的笔触夸大了杰克逊的功绩。这本书更多地反映了亨德森自己的战争理念，而不是杰克逊的军事行动，但其独特的军事价值不减反增。它引起了人们对美国内战的兴趣，使得英国军事研究者的注意力集中在弗吉尼亚战役上，而忽略了西线战场，但决定性行动实际发生在西方。现代历史学家如果能够正确全面地分析这种"不成比例的关注"对1914年前英国军事思想和一战期间英国战略的影响，后世便会因此受益。

小毛奇与德国统一

当研究者的目光从美国内战转到紧随其后的欧洲战争时，他一定会对二者如此鲜明的对比产生深刻印象。

第一，在1866年和1870年，双方至少在名义上都为冲突爆发做好了准备。第二，参战的都是职业军队。第三，双方的最高统帅部所犯的错误和所做的误判比美国内战中任何一方的错误都要多。第四，德军在两场战争中采取的战略缺乏艺术性和微妙性。第五，尽管有诸多缺陷，战争还是很快就取得了决定性结果。

小毛奇的战略在设计上并不狡诈也不具欺骗性，是一种纯粹的直接路线，完全凭借集中兵力后以人数优势击垮敌人。是否仅凭这两场战争就可证明战争规则存在例外呢？的确，它们固然是例外，但也并不违背我们从此前的一长串战争案例中总结的战争规律。因为在这两次战争中，战胜方在人数和智谋上都优于战败方，战争从一开始就胜负已定。

1866 年，奥地利军队处于劣势主要是因为其武器落后，战场上的结果充分证明了他们的前膛枪比不过普鲁士军队的后膛枪，然而后代的学术派军事思想家刻意忽视了这一点。而 1870 年的法国之所以会处于劣势，一部分原因是他们的人数较少，另一部分原因是他们和 1866 年的奥地利军队一样，在训练上不如敌军。

这些条件足以解释奥地利在 1866 年及法国在 1870 年为何会遭遇决定性的失败。在为战争做准备时，任何战略家都不会轻率地假设敌人会在智力和武力上像 1866 年的奥军和 1870 年的法军一样弱，并把他的计划建立在此种假设之上。

此外还有一点值得注意：在这两场战争中，德军在实施其战略时并没有理论上那么直接，具有非常显著的灵活性。

1866 年，为了利用所有可用的铁路以节省时间，小毛奇将普鲁士军队部署在一条超过 250 英里的广阔战线上。他的打算是快速穿过边境山区然后向敌境中心行军，并与在波希米亚北部的军队会合。但由于普鲁士国王不愿背负侵略者恶名，小毛奇的整个计划都被耽误了——从而也使小毛奇的战略意外地具有了间接效果。由于奥地利军队在此期间已经会合并向前推进，小毛奇失去了理想的会合点。由于突出的西里西亚省受到了威胁，普鲁士王储迫使小毛奇在不情愿的情况下批准他率军队向东南行进以保卫西里西亚。结果，王储虽然将自己的军队和其他军队分离开来，却也因此威胁到了奥地利军队的侧翼和后方。迂腐之人们花了很多笔墨谴责小毛奇，认为他不应将兵力分散得如此之广，但事实上，正是这一行动为普鲁士夺取决定性胜利埋下了种子——虽然并非刻意为之。

这些部署打破了奥地利统帅们的心理平衡。尽管普鲁士军队犯了一系列的错误，但他们还是分两路穿过了山脉，在克尼格雷茨收获了胜利的果实——因为他们犯的大多数错误恰巧使他们的路线更具间接性和决定性。事实上，奥地利指挥官在战斗开始前就被打败了——他在那时便给皇帝发了电报，敦促立即和谈。

值得注意的是，小毛奇在集合军队时，将军队分布在广泛的区域，而奥地利军队则在40英里的战线上集合。尽管看起来奥军具有"内线"作战的优势，但小毛奇拥有更大的灵活性。此外，虽然小毛奇想要在遭遇敌军之前就集中兵力，但他并不是为了发动直接进攻。他最初的计划就设想了两种情况：他猜想奥军会在易北河上的约瑟夫城[1]建立阵地，如果侦察显示其阵地防守并不稳固，那么王储的军队就向东迂回，从侧翼包抄，同时另外两支军队在前方牵制奥军。如果进攻难度太大，则三支军队都向西迂回，在帕尔杜比采渡过易北河，然后向东行军，威胁奥军与南方的交通联系。可实际上，奥军确实在易北河上，但位置比小毛奇预计的更靠前——所以当王储自动向奥军的侧翼前进时，普军立刻就包围了奥军。

1870年，小毛奇曾打算在萨尔河发动一场决定性的战役，计划集中他的全部军队一举击溃法军。但后来这个计划也被打乱了，不是因为法军有所行动，而是因为法军瘫痪了——原因仅仅是法军得知在最左翼的普军第三军团已经在最东边越过了边境，在魏森堡战胜了一支法国分遣队，取得了小小的战术胜利。第三军团继续向前推进，在沃尔斯的一场混战中，在其余部队达到之前包围并击溃了法军右翼的侧卫军。结果，这种局部的分遣队交战所产生的间接影响比大规模会战产生的影响更具决定性。第三军团没有与普军主力部队会合，而是沿着远离法军主力的开阔道路前进，因此，第三军团没有参加在费尔维尔和格拉维洛特的愚蠢战斗——以当时法军的

1　在今捷克亚罗梅日。——译者

位置来看，即使第三军团参与了，也几乎不能发挥什么作用。于是，第三军团成了下一个决定性阶段的关键因素。

在格拉维洛特战役后，法军主力部队受到了刺激但没有丧失斗志，退入了位于侧翼的梅斯。他们本可以轻松地从疲惫不堪的普军第一军团和第二军团的手中溜走，但是由于担心第三军团的截击，巴赞决定坐守梅斯。因此，普军得到了时间重新集结，而法军放弃了开阔的区域，坚守不出，延误了时机。结果，麦克马洪在诱惑之下——或者更确切地说是迫于政治压力——采取了错误的方法来解救梅斯。

此时正在朝巴黎进军的第三军团突然获得了一个意想不到的机会，可以迂回接近麦克马洪。他们完全改变了方向，从向西变成向北，从麦克马洪的侧翼绕过后到达他的后方。麦克马洪的军队被包围，被迫在色当投降。

这一决定性阶段所具有的间接性实则比表面所见的还要多。但是，1870年后的大部分军事理论都是从这种表浅的观察而非深入分析中得出的。这一现象对下一场大规模战争——1904—1905年间的日俄战争——具有重要影响。

日俄战争

日本在制定战略时以德军为师，其战略在本质上属于直接路线。日军原本拥有极为有利的条件——俄军完全依赖西伯利亚大铁路这一条铁路，但日军却不知道加以利用。历史上从来没有一支军队像本次战役中的俄军这样，通过如此狭长的气管呼吸，而其庞大的身躯更加剧了呼吸困难；但是日本的战略家们却计划直接打击俄军的牙齿。与1870年的小毛奇相比，日军的组织更加紧密。他们在辽阳会战前曾试图进行一定程度的会合，且在遭遇俄军后就不断地尝试迂回打击俄军。可是这些迂回运动只是在地图上看起来相对较宽广，若考虑到日军的规模，它们其实是极其狭窄的。尽管日军不如幸运的小毛奇那样有一支"自由"运动的军队，也没有像梅斯这样的意外诱饵，敌人也不像麦克马洪那样来咬钩（事实上，上钩的反而是日军，他们试图占领旅顺港），他们还是希望像色当一样获取胜利。在这次战斗中，日军伤亡惨重，却没有获得决定性战果。因此，在最后一场非决定性的战役，即奉天战役后，日军筋疲力尽。由于俄军没有作战意愿，投入的兵力还不足其可用兵力的十分之一，因此日军很高兴也很幸运地与俄军媾和。

上述对历史的研究分析均基于事实而非推测，关注的是实际发生的事情及其结果，而不是交战方本可以做什么。根据历史经验，直接路线往往难以产生决定性的结果。基于这一经验所产生的史实，我们得出了间接路线理论。在特定情况下采用间接路线的确存在困难，无论是赞成还是反对间接路线都各有其道理，但这不影响我们的结论。从基本论点的角度看，即便一位将军当初如果采取不同的路线就有可能取得更好的结果，这对我们的分析也毫无意义，因为这仅仅是个假设。

然而，从一般的军事研究角度来看，假设总是很有趣，而且通常具有价值。因此，如果暂时偏离本书的研究路线，我们会发现旅顺港和曼托瓦之间的潜在相似之处，同时意识到日军在朝鲜和中国满洲所遭遇的地理和交通困难。日军与拿破仑所率的法军相比，在某些方面处境更艰难，但在其他方面则更有利——比如，工具更好。因此，我们不禁思考，在战争的早期，日军是否想像拿破仑利用曼托瓦一样利用旅顺港做诱饵呢？可惜日军没有借此取得任何优势。而且在战争后期，日军本可以派一部分军队袭击哈尔滨至沈阳段的西伯利亚大铁路，切断俄军细长的气管。

第十章

从 25 个世纪中得出的结论

　　截至本章，我们一共分析了 30 场战争：12 场在古代对欧洲历史产生决定性影响的战争以及 1914 年前的 18 场现代历史上的主要战争。其中各国联合对抗拿破仑的战争——在一地平息，又在另一地再次爆发，时断时续——只算作一场战争。这 30 场战争包含了超过 280 场战役。在这些战役中，只有 6 场战役通过采用直接路线战略逼近敌军主力取得了决定性的结果，即伊苏斯战役、高加米拉战役、弗里德兰战役、瓦格拉姆战役、萨多瓦战役和色当战役。

　　在伊苏斯战役和高加米拉战役中，亚历山大在大战略层面采取间接路线，严重动摇了波斯帝国及其追随者的信心，为向前推进做好了准备。此外，他能在战役中取胜主要得益于优越的作战工具和他在战术上的间接路线。

　　在弗里德兰战役和瓦格拉姆战役中，拿破仑每次都先尝试间接路线，随后转为直接进攻，这一方面是因为他缺乏耐心，另一方面是因为他对自己的作战工具的优越性充满信心。这种优越性的基础即是他运用新的战术方法，集中火炮攻击敌军的一个关键点，因此这两次战役才能够取得决定性胜利。虽然获胜，但拿破仑的直接攻击使他付出了高昂的代价，并对其自身命运产生了重大影响。因此，即使有着类似的战术优势，也不应像拿破仑这样直接。

至于 1866 年和 1870 年的两场战役，我们已经看到，尽管普遍认为这两场战役是使用直接路线的典型范例，但它们都具有一种出乎意料的间接性——德军在 1866 年的后膛枪和 1870 年的高级火炮确保了其具有战术优势，而战术优势进一步加强了这种间接性。

这六场战役证明在战略上使用直接路线并不合理。然而，纵观历史，直接路线非常常见，而目的明确的间接路线反倒是例外。我们还可以发现，将军们通常并不会将间接路线作为首选，而是将其作为最后的选择。他们在采用直接路线失败后才改用间接路线，而在使用间接路线时，他们通常处于弱势。尽管如此，在这种不利的条件下，间接路线依旧可以助其取得决定性的胜利，因此意义更加非凡。

从研究中我们可以发现，许多战役使用间接路线取得了决定性的结果，其中包括：公元前 405 年吕山德在爱琴海的战役；公元前 362 年伊巴密浓达在伯罗奔尼撒的战役；公元前 338 年腓力二世在维奥蒂亚的战役；亚历山大在海达斯佩斯河上的战役；公元前 302 年卡桑德和利西马科斯在近东的战役；汉尼拔在伊特鲁里亚的特拉西梅诺湖战役；西庇阿在非洲的乌提卡和扎马的战役；恺撒在西班牙的莱里达战役；在现代史上，克伦威尔的普雷斯顿、邓巴和伍斯特战役；1674—1675 年间杜伦尼的阿尔萨斯战役；欧根在 1701 年的意大利战役；马尔博罗于 1708 年在佛兰德斯的战役和于 1712 年在维拉尔的战役；沃尔夫的魁北克战役；1794 年儒尔当的摩泽尔河—默兹河战役；1796 年查尔斯大公的莱茵河—多瑙河战役；拿破仑于 1796 年、1797 年和 1800 年的意大利战役及 1805 年他在乌尔姆和奥斯特里茨的战役；格兰特的维克斯堡战役和谢尔曼的亚特兰大战役。此外，我们还讨论了许多间接性和决定性不太显著的例子。

历史上那些具有决定性意义的战役，通常采用间接路线获胜而很少采用直接路线，因而更加证实了一个结论：间接路线是迄今为止获胜希望最大且最经济的战略形式。

那么我们可以从历史中得出其他更明确的推论吗？当然可以。除了亚历山大这个例外，最常胜的统帅在面对具有地形或武力优势的敌人时，几乎从未采取过直接路线。受环境所迫时，他们会冒险发动直接攻击，但通常以失败告终，在他们的纪录上留下污点。

此外，历史表明，一个伟大的统帅宁愿走最危险的间接路线，也不会选择直接路线。如果有必要的话，他可以只率一小部分军队越过山脉、沙漠或沼泽，甚至远离自己的交通补给线，即使需要经历诸多困难，他也会选择间接路线，而不愿冒着极大的战败风险选择直接路线。

自然障碍，无论多么难以克服，在本质上都没有战斗那么危险和不确定。与敌人的抵抗相比，自然障碍更加可知且可以克服。通过合理的计算和准备，军队便可以按计划的时间克服自然障碍。拿破仑在1800年能够"按计划"翻越阿尔卑斯山，但一座小小的巴德堡垒便能严重阻碍他的行动，从而危及他的整个计划。

现在颠倒一下我们的研究顺序，并依次分析历史上的决定性战役，我们会发现几乎所有的战胜者在交战前都曾在心理上使敌人处于劣势地位，此类例子有：马拉松、萨拉米斯、阿哥斯波塔米、曼提尼亚、喀罗尼亚、高加米拉（尽管是在大战略层面）、海达斯佩斯河、伊普苏斯、特拉西梅诺湖、坎尼、梅陶罗河、扎马、特里卡梅隆、塔吉那、黑斯廷斯、普雷斯顿、邓巴、伍斯特、布伦海姆、奥德纳尔德、德南、魁北克、弗勒律斯、里沃利、奥斯特里茨、耶拿、维克斯堡、柯尼格雷茨、色当。

从战略和战术两个层面分析，我们发现大多数例子都属于下述两种情况之一：要么采用弹性防御战略，先有计划地撤退，然后以战术进攻收尾；要么采用进攻战略，让自己处于令对手"不安"的位置，以战术防御收尾——而且这个"尾"是带刺的。这两种方式都是间接路线，两者的心理基础即是"引诱"和"陷阱"。

其实，正如克劳塞维茨所暗示的那样，防御是更强的战略形式，也更经济，不过这里的实际意义还要更深更广。因为上述的第二种情况，虽然在表面上是一个进攻的举动，但其潜在的动机是诱使敌人进行"不平衡"的推进。最有效的间接路线是引诱敌人或使敌人在受到惊吓后做出错误的举动——这样，就如同柔术一样，让敌人用自己使出的力掀翻自己。

在进攻战略中，间接路线通常包括在物质上打击敌人的经济目标，即敌军或敌国的补给来源。然而，有时这一举动纯粹是为了实现心理目的，贝利撒留的一些行动即是如此。无论是哪种形式，最终的目的都是使敌人的心理和物质失衡，这样的效果才是间接路线的真正衡量标准。

从我们的研究中还可得出另一个推论，也许这个推论不那么确定，但至少具有启发性：在与两个或两个以上的国家或军队作战时，更有效的方法是首先集中力量打击较弱的敌人，而不是因为觉得击败强者便会使弱者自动瓦解就去攻击较强的敌人。

古代的两次杰出的战役，亚历山大征服波斯和西庇阿征服迦太基，都采用了抽薪止沸的方法。这种大战略层面的间接路线不仅缔造了马其顿帝国和罗马帝国，也缔造了其最伟大的继承者——大英帝国。此外，拿破仑的命运和皇权也建立在此基础上。再后来，在这一基础上又出现了伟大而坚固的美国。

唯有对整个战争史进行研究和反思，才能掌握这种间接路线的艺术，并理解其全部内容。不过我们至少可以将这些经验教训总结成两条简单的格言——一条消极的，一条积极的。第一，无数史实表明，如果敌人坚守阵地，任何将军都不应派部队直接攻击敌人。第二，不要试图通过进攻来打破敌人的平衡，而是必须在真正的攻击开始之前打破敌人的平衡。

对于这一真理，列宁颇有心得，他曾说过："战争中最稳妥的战略是暂缓行动，直到敌人人心涣散，届时便有可能轻松给予敌人致命一击。"不过有时这并不可行，而且列宁主张的宣传方法也不总是有效。但是我们可以对他的话稍加修改，使其更有可行性——"在任何战役中，最稳妥的战略是推迟战斗，最稳妥的战术是延迟进攻，直到敌人的士气大减，届时便有可能给予敌人致命一击。"

第二部分

第一次世界大战中的战略

第十一章

1914 年的西线战场

　　研究第一次世界大战西线战役的第一步，便是研究交战双方的战前计划。法德边境很窄，只有约 150 英里长，因此征兵制所产生的大规模军队没有多少迂回空间。边境线的东南端与瑞士接壤，在贝尔福附近有一小段平坦的地带，随后的 70 英里就都是沿着孚日山脉蜿蜒行进。此后，这条国境线上坐落着一连串要塞，其中埃皮纳勒、图勒和凡尔登最为重要。过了凡尔登之后便是卢森堡和比利时的边界。法国于 1870 年惨败之后进入复兴和重建阶段，他们的战略计划是最初先以边境要塞为基础进行防御，然后进行决定性的反击。为此，法国在阿尔萨斯—洛林边境沿线建立了大型的要塞体系，也故意留下了一些缺口，如埃皮纳勒和图勒之间的沙尔姆裂口，以便将入侵的德军堵在其中，更有效地实施反击。

　　这个计划在某种程度上具有间接性。由于边境较窄且法国不想侵犯中立国，所以他们的计划也只能到这种程度。

　　但在 1905—1914 这十年间，一个由格朗梅松上校创立的新思想流派兴起了，他们指责这一计划违背了法国的精神，"几乎完全缺乏攻势"。霞飞也是这一派的拥护者，他在 1912 年被任命为总参谋长，于是鼓吹"不断进攻"的人得到了实践他们想法的机会。他们控制了法国的军事机器，推翻了旧计划，制订了臭名昭著的"第十七号计划"。这是一条纯粹的直接路线，法国将集中所有军队，向德国的心脏发起进攻。法军的人数虽勉强与德军相当，但他们要从正面和全线发起进攻，而德军可以驻守在本国设防良好的边境要塞中，法军则彻底放弃了自己的优势。这个计划中唯一遵循历史经验和常识的部分便是决定绕过梅斯要塞，而不对其进行直接攻击，从梅斯的南北两面进入洛林。如果德军侵犯中立领土，那么法军的左翼将把攻势延伸到比利时和卢森堡。矛盾的是，法国制订计划时，从德国人克劳塞维茨那里获得了灵感；而德国的计划从根本上看则很像拿破仑的计划——也更像汉尼拔的。

此时的英国甘愿在法国的计划中只扮演一个小角色，这不是经过精心考量后决定的，而是因为在过去十年中英国的军事组织和思想逐渐"欧陆化"。欧洲大陆的影响使英国接受了法国左翼附属的角色，忘记了历史教训，没有发挥海权所赋予的机动性。在战争爆发后的紧急会议上，即将指挥英国远征军的约翰·弗伦奇爵士对"原定的计划"提出了质疑，他建议修改计划，将英军派往安特卫普，这样可以增强比利时军队的抵抗能力，并在德军穿过比利时进入法国时以其地理位置威胁德军的后方侧翼。但是当时的军事行动处长陆军少将亨利·威尔逊已经保证总参谋部将直接与法国联合行动。在1905—1914年间，英法之间非正式的参谋协商使英国放弃了几个世纪以来的战争政策。

这一既成事实不仅使弗伦奇的战略构想化为泡影，也使黑格的愿望落空了，他原本希望等到形势更加明朗再行动并扩增军队。此外，基奇纳主张在靠近边境的地方集结远征军，这一较为有限的反对意见也未被采纳。

　　法国最终的计划使德国最初的计划——由施里芬设计于 1905 年——成为一种真正的间接路线。面对法国设防严密的边境，合乎逻辑的军事路线是穿过比利时，绕道而行。施里芬也决定走这条路，并尽可能绕得更远。奇怪的是，在德军入侵比利时后，法国指挥部依然认为他们仅会推进到默兹河以东，将自己局限在一条狭窄的正面战线上。

　　施里芬的计划是将大部分德军放在右翼。右翼将横扫比利时和法国北部，然后绕一个巨大的弯，逐渐转向在东边的左翼。最右翼将经过巴黎南部，在鲁昂附近渡过塞纳河，使法军被迫朝摩泽尔河撤退，然后右翼将成为一把铁锤，在洛林要塞和瑞士边境所形成的铁砧上从后方敲碎法军。

　　这个计划的真正微妙和间接之处，不在于地理上的迂回，而在于兵力的分配及其根本思想：在大规模进攻开始时，将预备军和现役部队编在一起，达到出其不意的效果。在可以调配的 72 个师中，53 个被分配到突击兵团，10 个面向凡尔登形成支点，左翼则只有 9 个，沿法国边境分布。把左翼尽可能缩小的做法是经过精心计算的，目的是加强右翼突击兵团的力量。如果法军进攻洛林，迫使德军左翼退回莱茵河，法军将会很难抵挡住德军穿过比利时发起的进攻，而且法军走得越远，处境就越艰难。就像旋转门一样，如果法军对一面施力，另一面就会转过来，从背后打击他们——他们压得越重，所受的打击就越狠。

　　从地理上看，施里芬绕道比利时的行动在战略上的间接性非常有限，因为空间相对狭小，但其兵力却如此之多，部队很难施展开。从心理上看，对左翼的设计和力量分配使他的计划成为一种绝对间接的路线，法国的计划更是为他的计划锦上添花。如果施里芬地下有知，那么当他得知法军甚至不用被引诱就跳进了他的陷阱时，他一定会开怀大笑；但很快他就会懊恼，因为他的继任者小毛奇——在年龄上固然小，论谨慎小心却是"老气横秋"——在战前的准备工作中修改和破坏了他的计划，并在执行中彻底放弃了他的计划。

1905—1914 年间，小毛奇可用的军队增加了，但他大幅向左翼增派兵力，使得左右翼的比例偏离了计划。左翼固然更加安全，但整个计划变得更危险，计划的基础被不断削弱，以致最终崩溃。

1914 年 8 月，法军发起进攻。小毛奇头脑发热，想直接接受挑战，希望在洛林取得决定性结果，并放弃了右翼的扫荡。但他的冲动只是暂时的，在这短暂的失误中，他把新组建的 6 个后备师转移到了洛林，而这些师本该用来增强右翼的力量。在洛林的德国指挥官得到这 6 个师后，更加不愿压制对战斗的渴望。巴伐利亚王储鲁普雷希特没有继续后退以引诱法国人上钩，而是停止行军，准备接受战斗。当他发现法军还要很久才会发起进攻后，就与附近的友军商量发起先发制人的攻击。此时两支德军共有 25 个师，对战法军的 19 个师，但他们的优势不够大，也没有战略据点，因而他们的反击不具决定性。结果，法军只是被赶回了自己的防御屏障中，这样不仅有助于法军恢复和增强抵抗能力，而且使法军得以派遣军队向西行进以参加马恩河战役。

德军在洛林的行动破坏了施里芬的计划，尽管效果不太明显，但影响比逐渐减少右翼的兵力和弱化右翼所发挥的作用还要严重。由于右翼已经在各方面被严重削弱，整个计划开始崩溃。

除了转移到洛林的 6 个增援师，右翼还有 7 个师被派去围困或看守安特卫普、日韦和毛布基，4 个师被小毛奇抽调增援东普鲁士前线。由于友军的要求，经过小毛奇批准，最右翼的克鲁克军团过早地开始了推进，从而给巴黎的法国守军提供了一个从侧翼攻击的机会。在这个决定性的右翼，德军只有 13 个师，而英法联军共有 27 个师——这一事实揭示了施里芬"决定性的一翼"被直接和间接地削弱到了何种程度。德军因为右翼力量的不断减少而处于劣势，而左翼的错误行动更使法军占了上风。

如果当初德军放任法军的左翼向洛林纵深推进，那么法军就不可能迅速地将左翼的兵力转移到右翼。不过即使德国右翼的兵力没有被转移和削弱，也很难说他们是否仍能保持优势。因为由于比利时军队摧毁了默兹河上的桥梁，德军直到 8 月 24 日才能搭乘火车通过，而且还做不到畅通无阻。这一阻碍使他无法按原计划增援右翼。此外，要想为他们在右翼的三个军队提供补给，也必须经过这条半断的大动脉。法军和英军在撤退时进行的破坏也妨碍了德军的补给运输。当德军到达马恩河时，他们看起来反而像是已经战败的军队：打败他们的是饥饿。如果小毛奇没有削减右翼，反而增加右翼的兵力，那么他们的状态可能会更糟糕。人们一直忽视了美国内战的教训——铁路线既固定又非常脆弱，铁路的发展和军队对铁路的依赖导致军队人数过多，超过了远距离行动所能维持的数量，因而很容易被击垮。

虽然在马恩河战役中，我们会跨越战略和战术之间的模糊界线，但这场战役扭转了战争形势，在"路线"问题上也值得研究。为了分析这些问题，我们需要先了解事件的背景。

首先，当霞飞的右翼在洛林被击退后，他的中央主力又在阿登地区遭遇迎头痛击，左翼也只是侥幸从桑布尔河和默兹河之间的地带逃出了德军的死亡包围圈。至此，第十七号计划被彻底粉碎了，霞飞不得不在其基础上制订新计划。他决定，以凡尔登为支点，让左翼和中央向后迂回，同时从他现在已经站稳脚跟的右翼抽调兵力，在左翼组建一个新的第六军团。

此时，由于德军前线战斗的指挥官们在报告中夸大了事实，最高统帅部产生了德军已取得决定性胜利的错觉。但后来小毛奇发现俘虏总数很少，因而产生了怀疑，对形势有了更清醒的判断。小毛奇的新悲观主义加上军队指挥官的新乐观主义，使计划产生了新的变化，种下了悲剧的种子。

8月26日，英军左翼遭受重创，从勒卡托向南撤退，而德国第一军团在克鲁克的指挥下，再次转向西南方向。克鲁克选择这一方向一方面是因为误判了英军的撤退路线，另一方面他仍希望完成最初的大范围迂回扫荡任务。他进入了亚眠—佩罗讷地区，恰好新成立的法国第六军团的第一批军队刚刚从洛林抵达那里。法军被迫立即撤退，导致霞飞早日恢复进攻的计划也被打乱。

但是克鲁克刚转向西南，就被迫再次转向。为了减轻英军的压力，霞飞命令邻近的朗热扎克军团停止前进，并对正在追击的比洛率领的德国第二军团进行反击。受到威胁的比洛连忙向克鲁克求援。虽然在8月29日，在克鲁克的援军到达前，朗热扎克的进攻就停止了，但为了切断朗热扎克的退路，比洛还是要求克鲁克向内推进。在与比洛会合之前，克鲁克请求小毛奇批准这次行动，小毛奇却感到很不安：他担心法国人会从包围中逃走，又担心第二军团和第三军团离得太远。因此，他同意克鲁克改变方向，放弃原先从巴黎远处绕一个大圈的计划。现在，德军迂回包抄军队的侧翼不仅要经过巴黎的近郊，还要从防守巴黎的法军的正面经过。为了安全起见，小毛奇收缩了战线，路线也更加直接，牺牲了施利芬计划中远距离迂回所能带来的获胜可能。事实证明，他非但没有降低风险，反而招致了致命的反击。

9月4日，小毛奇放弃了原计划，转而决定对法军中右翼进行更狭窄的包围。他自己的中央部队（第四军团和第五军团）向东南方向推进，而他的左翼（第六军团和第七军团）向西南方向推进，试图冲破图勒和埃皮纳勒之间的坚固屏障，也就是说，"上下颚"从两侧向凡尔登咬合。与此同时，他的右翼（第一军团和第二军团）将向外转，面向西方，挡住法军从巴黎附近发起的任何反击。

但是，在这一新计划生效之前，法国就已经进行了反击。

霞飞当时并没有迅速意识到德军为他们创造了机会，他还是下令继续撤退，但巴黎的守将加利埃尼向他指出了这一点。9月3日，加利埃尼意识到了克鲁克转向内的意图，并指示莫努里的第六军团做好向德军暴露的右翼发起攻击的准备。第二天，在霞飞的总部爆发了一场激烈争论，他的军事秘书甘末林少校极力主张立即反攻，但总参谋部最有影响力的人物贝特洛将军坚决反对。那天晚上，加利埃尼和霞飞通电，指出机会就在眼前，霞飞做出了决断，问题终于迎刃而解。他立刻采取行动，命令整个左翼调转方向，并在9月6日发起全面进攻。

9月5号，莫努里迅速出击。他对德军脆弱的侧翼施加压力，逼克鲁克一再抽出军队来支援。因此，德国的第一军团和第二军团之间形成了一个30英里的缺口，且这个缺口只有一队骑兵掩护。由于面对这一缺口的英军已经撤退，所以克鲁克有勇气冒这个险。甚至在9月5号，即使其他部队都已调转方向，英军还是继续向南行进了一天。但是，恰好正是英军的这次"失踪"，无意之间为他们间接取得胜利埋下了伏笔。当英军折返时，比洛在9月9日收到情报称英军正朝他们的缺口进发，他立刻命令他的第二军团撤退。这样一来，第一军团立刻变得孤立无援，其面对莫努里的军队也不再具有优势，于是当天就撤退了。

到9月11日，全体德军都自发地或在小毛奇的命令下撤退了。以凡尔登为中心的局部包围已经彻底失败——由第六军团和第七军团组成的血盆大口在法国东部边境的防御线上被敲碎了牙齿。在战争开始前的冷静计算中，德军指挥部认为直接进攻无望获胜，所以才只好借道中立的比利时行军，可是后来战争中他们却认为作为权宜之计的正面进攻可助他们取得胜利——真是何等荒谬。

总而言之，马恩河战役取得决定性结果的主要条件有二：猛击和裂缝。莫努里对德军右翼的猛攻导致德军战线上脆弱的关节处裂了一条缝，这条裂缝又进一步使德军指挥部的士气出现了裂痕。

在这一背景下，克鲁克的间接行动既有价值又导致了灾难性的后果。其价值在于他在勒卡托之后转向外侧，打乱了霞飞的第二个计划（也就是早日恢复进攻），并加速了英法联军的撤退。但他随后转向内侧，直接朝着敌人前进，对德军的计划产生了致命影响。此处我们也可以注意到，小毛奇的战略路线变得越来越直接，他命令德军的左翼正面进攻，不仅使自己遭遇了惨重失败，而且在战略上没有任何收获。

若说霞飞的撤退是一种间接路线，实在有些牵强。马恩河战役的机会不是刻意创造出来的，而是偶然呈现的。加利埃尼的进攻发动得正是时候，赶在了德国第一军团和第二军团完成新的侧翼防御部署之前。但是由于过于直接，因此没有产生决定性的结果。但如果他按照霞飞最初的指示在马恩河以南发动进攻的话，那就更直接了。最后，可以看到，法军能迫使德军撤退并取得决定性战果，应归功于一条间接路线——有趣的是，英军是在无意中使用这条路线的，使这一经过好似一段历史喜剧。英国远征军先"失踪"了，随后姗姗来迟，再度正对虚弱的德军右翼缺口。法国批评家指责英军的迟缓，却不知英军来得刚好。这从一个不同的角度全新诠释了龟兔赛跑的故事：如果英国远征军早一点折返，德军的缺口就不会如此薄弱而不堪一击。莫努里的攻击不可能产生决定性的影响——因为当德军从右翼连接处抽调出的两个军仍在前进时，莫努里的进攻就被迫停止了。

然而，在分析德军撤退的原因时，我们必须考虑到一个通常被忽视的因素，即德军最高统帅部收到报告称英军已在比利时海岸登陆，可能威胁到他们的后方和交通补给。这使得德军甚至在马恩河战役开始前就考虑撤军。9 月 3 日，最高统帅部的代表亨奇中校带着最新的命令来到第一军团——"我们收到了坏消息：第六军团和第七军团在南锡 – 埃皮纳勒前受阻。第四军团和第五军团遇到了顽强抵抗。法军正在从他们的右翼抽调兵力向巴黎前进，英军正朝比利时的海岸源源不断地运送新的军队，还有传言说一支俄国远征军也在比利时登陆。撤军不可避免。"

当时在奥斯坦德登陆的是三个营的英国海军陆战队，但由于德军统帅部过于敏感，因此在 48 小时内这三个营的兵力就被夸大成了四万人。而俄国远征军的谣言来自一个英国铁路搬运工的狂热想象——英国政府应在白厅大道上为这位不知名的搬运工塑一座雕像。历史学家或许可以得出这样的结论：在奥斯坦德登陆的英军，加上俄军的神话传说，造就了马恩河战役的胜利。

这些"幽灵部队"对德军的士气产生了重大影响。由于担心英俄军队会在 9 月 9 日从比利时向安特卫普发动突袭，德军在比利时停滞了一段时间。这样看来，若是能在一开始就采用约翰·弗伦奇爵士的战略，那么效果可能会更好。那样，英国远征军可能会在这场战斗中产生积极的决定性影响。

现在法金汉取代了小毛奇，他充分意识到比利时海岸对德军后方的潜在威胁。他的新计划的第一步是攻下安特卫普，再由此使用一条间接路线。但在实际执行时，德军未能充分按照他的构想进军，路线变得更直接，不过仍将协约国逼到了惨败的边缘。

9月17日，霞飞看到莫努里未能有效打击德军侧翼，于是决定组建一支新军队，由卡斯特瑙率领，进行迂回行动。而在此之前，协约国军队的正面追击就在埃纳河上被阻止了。这时德军已经恢复了凝聚力，德军统帅部也已经准备好了应对这种有限的迂回行动——协约国军队走这条路线早在德军的意料之中。

接下来的一个月里，双方都向对方的西部侧翼发动了一系列失败的迂回进攻。这一阶段有一个不太准确的名称——"竞奔向海"。法金汉在霞飞之前就厌倦了这种游戏，并在10月14日布下了战略陷阱，料想协约国军队在下一步行动中一定会掉入陷阱。他安排最近组建的侧翼军负责抵挡进攻，而另一支军队——由攻下安特卫普后空出的兵力和四个新组建的军组成——负责横扫比利时海岸，突破协约国军队的侧翼并从后方猛攻。他甚至暂时叫停了从安特卫普追击比利时野战军的行动，以免过早地惊动协约国军队的司令部。

对协约国来说，幸运的是，出于谨慎或现实的考虑，比利时国王阿尔贝拒绝了福煦的邀请，没有加入这次侧翼迂回行动，并拒绝离开沿海地区。因此，比利时军队能够据守阵地顽强抵抗，最终通过放水淹没低洼的沿海地带，挫败了德军从北方横扫的企图。这迫使法金汉更直接地接近协约国军队的侧翼——由于黑格的兵团从埃纳河抵达了此地，这一侧翼已经延伸至伊普尔。

尽管先行到达的英军右翼和中部军队受到阻击，未能顺利前进，但是约翰·弗伦奇爵士仍命令他的左翼在黑格的指挥下尝试实现霞飞的包抄计划。幸运女神再次眷顾了他们，在他们尝试行动时，德军也过早地发动了进攻，整个计划就此胎死腹中——尽管有一两天，在福煦的影响下，弗伦奇坚信英军正在进攻，但实际上黑格的部队甚至连守住阵地都很费力。由于法军和英军的将领们对现实情况产生了错误认识，在某种程度上导致伊普尔战役和因克尔芒战役一样，本质上都是"士兵的战斗"。法金汉在横扫海岸的希望破灭后，试图通过直接进攻取得决定性的结果，结果白白浪费了一个月的时间。然而像往常一样，防守方尽管力量薄弱，却还是能战胜直接进攻的一方，巩固了从瑞士边境到海边的战壕屏障，随后双方陷入僵局。

🗡 1915—1917 年间的西线战场

在接下来的四年中，英法联军不断尝试打破僵局——要么强行攻击战壕，要么走一条费力不讨好的迂回路线。

在西线，两条平行战壕使战略成了战术的奴仆，而战术本身则成了跛子。因此在 1915—1917 年间，战略方面乏善可陈。协约国军队的战略纯粹是直接路线，无法有效打破僵局。无论我们如何看待消耗战，也不论是否应将整个时期视作一场连续的战斗，这种需要耗费四年时间才能产生决定性结果的方法绝不值得模仿。

1915 年，在新沙佩勒进行的第一次进攻尝试，虽然采用了直接路线，但至少在战术上实现了出其不意的效果。此后，由于采取了长时间的"警告式"炮轰方法，所有的行动都变成了纯粹的正面攻击。以下的几场战斗都具有这种性质：1915 年 5 月法军在阿拉斯附近的进攻；1915 年 9 月英法联军在香槟和阿拉斯北部的进攻；1916 年 7—11 月在索姆河的进攻；1917 年 4 月在埃纳河和阿拉斯的进攻；最后，1917 年 7—10 月英军在伊普尔的进攻在巴雪戴尔沼泽中进行了很长时间。1917 年 11 月 20 日，在康布雷，大量坦克攻击取代了长时间的轰炸，再次达到了战术突袭的目的。但从战略上来说，这种小规模的攻击——开头很愉快，结局却很不愉快——很难算作间接路线。

德军除了在 1916 年的凡尔登战役中采取了攻势，其余时候均严格坚持防御战略。在进攻时德军采用的也是一种直接路线，不过用一连串"水蛭吸血"令敌人失血而亡的方法，可勉强算是间接的。但这一方法杀敌一千而自损八百，损耗太大，最终也会导致自己破产。

鲁登道夫后来拟定的在 1917 年春将部分德军撤到兴登堡防线的巧妙计划虽与间接路线性质相近，但纯粹是防御性的。为了应对英法联军在索姆河的新一轮攻势，德军在朗斯—诺扬—兰斯弧线的弦线上构筑了一条牢固的新人工防线。然后，在摧毁了弧线内的整个区域后，德军有条不紊地分批撤退到了这个新的更短的防线上。在这一迂回行动中，德军放弃了既得的土地，在精神上可谓非常勇敢，全盘打乱了协约国军队的春季进攻计划。因此，它帮助德军赢得了一年的喘息时间，使其避开了极为危险的情况和协约国军队的任何联合进攻。也就是在这一年，俄国完全崩溃，这使得鲁登道夫在 1918 年能够率领在人数上占优势的德军进行最后一搏。

第十二章

东线战场

与西线相比，东线的作战计划制订得较为粗略，但更加灵活。在制订计划时，可知的条件是地理环境，而最大的不可知因素是俄军集结兵力的速度。

俄属波兰像是一条从俄国本土伸出的大舌头，三面被德国或奥地利领土所围：北临东普鲁士，再往北是波罗的海；南临奥地利的加利西亚省，再往南是喀尔巴阡山脉，它守卫着通往匈牙利平原的道路；西边则是西里西亚。

德国的边境各省中遍布着具有战略意义的铁路网，而波兰和俄国本土则只有稀疏的交通线。因此，以德国为首的同盟国拥有至关重要的防守优势，可以更好地集结兵力阻挡俄军进攻。但是，如果他们离开德国，主动进攻波兰或俄国本土，那么他们推进得越深，就越会失去这种优势。因此，历史经验表明，对他们来说最有利的战略是引诱俄军进攻，在最佳的反击地点予以痛击，而不是主动发起进攻。但这种布匿战略存在一个缺点：它给了俄军集结兵力的时间，使他们得以发动笨重生锈的战争机器。

在这个问题上，德军和奥地利军队之间首次产生分歧。双方都同意应先牵制住俄军，等到德军在六周之内击溃法军后，再向东与奥地利军队会合，然后共同对俄军发起致命一击。然而，双方想使用的方法不同。德军一心想要击垮法国，所以只愿在东线留下最少的兵力。他们没有撤离东普鲁士，而是坚守维斯瓦河防线，只是因为不愿让本国领土遭到敌人践踏。但是奥地利军队在其总参谋长康拉德·冯·赫岑多夫的影响下，急于发动直接进攻，摧毁俄国的军事机器。这样可以完全牵制俄军，使其不干预德军在法国的决定性战役，因而小毛奇同意了这一战略。康拉德的计划是派两支军队向东北方向进攻波兰，另外两支军队在右侧更靠东的地方掩护他们。

在协约国方面，也出现了这种一国想法极大地影响了另一国的战略的问题。出于军事和种族这两个原因，俄军指挥部希望趁着奥地利孤立无援，首先集中力量对付奥地利，等到俄军的全部力量都动员起来之后再对付德军。而法军则急于减轻德军对法国施加的压力，他们敦促俄军和他们同步进攻德国。最终，俄军同意在进攻奥地利的同时，配合法军进攻德国，但他们在兵力和组织上都没有准备好。在西南线，两支俄国军团将发起向心攻击，共同攻击在加利西亚的奥地利军队；在西北线，两支俄军也将以向心的方式共同打击在东普鲁士的德军。俄军一向行动缓慢，组织也不严密，因此必须采取谨慎的战略；但这次却打破了传统，仓促地在西南和西北两面发动直接进攻。

战争爆发后，俄军总司令尼古拉大公加速入侵东普鲁士，以减轻法军在西线的压力。8月17日，伦宁坎普率军越过了东普鲁士的东部边境。8月19—20日，他们在贡宾嫩与普里特维茨的德国第八军团相遇，并击退了德军。8月21日，普里特维茨听说萨姆索诺夫的军队已经从他的后方越过了东普鲁士的南部边境，在那里防守的德军只有三个师，而俄军却有十个师的兵力；普里特维茨惊慌失措，下令退到维斯瓦河后面，而小毛奇则立刻派退休的兴登堡将军接替了他，并命鲁登道夫任参谋长。

第八军团的参谋霍夫曼上校此前已拟定了一个计划，鲁登道夫在此基础上又进一步完善了，并采取了必要的行动，集中了大约六个师来对付萨姆索诺夫的左翼。这六个师在兵力上弱于俄军，本不可能产生决定性的结果，但是鲁登道夫发现伦宁坎普仍在贡宾嫩附近，于是他冒险撤回了除骑兵掩护队之外的其余德军，派他们快速袭击萨姆索诺夫的右翼。由于两位俄军指挥官之间缺乏沟通，而且德军轻易地破译了俄军的无线电指令，所以鲁登道夫就可以毫无压力地实施这一大胆的计划。在集中打击下，萨姆索诺夫的侧翼被粉碎，中央军队被包围，几乎全军覆没。尽管这一机会是偶然得来而非刻意创造的，这次短暂的坦能堡战役也称得上是"内线"形式间接路线的极佳例证。

随后，德军指挥官从法国前线调回两个军团的生力军，进攻行动缓慢的伦宁坎普，并把他赶出了东普鲁士。伦宁坎普的军队缺乏活力的原因有二：一是他在贡宾嫩一战中损失惨重，二是他的消息不灵通。这些战斗导致俄军伤亡了 25 万人，并损失了大量战争物资——这一点对俄国的打击尤为严重。不过，由于俄军入侵东普鲁士促使德军从西线调走了两个军团，至少帮助法军在马恩河上得到了喘息的机会。

但是，由于在加利西亚前线，奥地利军队接连败退，德军在坦能堡战役中取得的优势被削弱了。奥地利第一军团和第四军团对波兰的进攻在初期取得了一定进展，但随后，俄国第三军团和第八军团猛攻防守奥地利军队右翼的较弱的奥地利第二军团和第三军团，使这一进展化为乌有。8 月 26—30 日，奥军的第二和第三军团惨败，被赶回莱姆堡。虽然奥地利军队的左翼获得了一定胜利，但俄军左翼的推进威胁到了他们的后方。为此，康拉德派左翼的部分兵力迂回打击俄军侧翼，但被俄军抵挡住了。随后，俄军右翼再次推进，康拉德的军队溃败，在 9 月 11 日被迫大幅撤退以自保，在 9 月底几乎撤退到了克拉科夫。

奥地利的惨败迫使德军前去支援。在东普鲁士的大部分德军改组为新的第九军团，向南转移到波兰的西南角，并从那里向华沙推进，配合奥地利军队新发动的攻势。但是此时俄军动员的力量几乎到达了顶点，他们重新集结兵力进行反击，击退了德奥的进攻，紧接着大举入侵西里西亚。

尼古拉大公用七个军团组成了一个庞大的方阵——三个军团在前方，两翼各有两个军团。此外还有一个第十军团，该军团已经侵入东普鲁士的东部一隅，在那里与处于弱势的德军交战。

为了应对这一危险，东线的德军现在交给兴登堡、鲁登道夫和霍夫曼指挥，他们根据德国边境内的横向铁路体系设计了另一个绝妙的反击方案。根据这一计划，德军第九军团在俄军推进前便撤退，一路上有系统地破坏波兰境内稀少的交通路线，以减缓俄军的推进速度。在到达西里西亚边境时，该军团已摆脱俄军的压迫，于是首先向北朝波森 – 托姆地区前进，然后在 11 月 11 日沿维斯瓦河西岸向东南推进，袭击保卫俄军右翼的两支军团的相接处。这一行动将两支俄军军团劈成了两半，第一军团被迫朝华沙撤退，第二军团在罗兹差点被包围，若非前方的第五军团回援，坦能堡战役的结局会再次上演。虽然德军的一部分兵力几乎被俄军反包围，但他们还是设法突围了出去，与德军主力会合。这次德军虽未能取得决定性的战术胜利，但他们的这次迂回行动是一个典型的例证，充分说明了一支相对较弱的部队若利用机动性，采用间接路线打击敌军的要害，则可以阻止兵力比其多数倍的敌军前进。从此，俄国的"压路机"失灵，再也没能威胁德国的领土。

一周之内，德军又从西线调回了四个军的生力军，此时西线的伊普尔进攻已经失败。尽管这四个军来得太迟，错失了获取决定性胜利的时机，但鲁登道夫至少用这批兵力把俄军赶回了华沙前面的布楚拉—拉夫卡河防线。之后，东线也变得和西线一样，各方纷纷修筑战壕，战事陷入僵局。但是，东线的防御不如西线坚固，且俄军已经耗尽了弹药储备，而俄国的工业化程度太低，无法为他们及时补充弹药。

1915 年，东线的故事就是鲁登道夫和法金汉之间的战略争执：鲁登道夫希望使用间接路线战略（至少在地理上是间接的）以取得决定性结果，而法金汉则认为自己可以在节约武力消耗的同时，采用直接路线战略消灭俄军的进攻力量。由于法金汉的军职更高，德军采用了他的战略，但最终两个目标一个也没能实现。

鲁登道夫认为，俄军在秋季向西里西亚和克拉科夫发动的进攻，已经使他们的主体深入波兰的突出地带，陷入了罗网中。在西南角，俄军甚至从"网眼"里探出头来，探进了奥地利的领土，直到鲁登道夫在洛兹攻击他们，才暂时瘫痪了他们的主体。当他们恢复后，损毁的"网"已经被德军修好并加固了。从 1 月到 4 月，俄军主力在喀尔巴阡山附近努力寻找突破口，但没有效果。他们的挣扎反而使他们笨重的身躯被"网"缠得更紧。

鲁登道夫希望抓住机会，绕过俄军在波罗的海附近的北翼，穿过维尔纽斯，迂回打击俄军后方，切断他们与波兰突出地带之间稀疏的铁路交通线。然而，法金汉认为这一行动太过冒险，而且会用到预备队，于是表示反对——其实，他制定的战略消耗的兵力更多。法金汉不愿放弃在西线再次强攻敌军战壕的行动，同时又必须派预备队支援他的盟友奥地利军队，于是他决定在战略上使用有限的兵力打败俄军，这样他就可以不受干扰地返回西线再度进攻，但事实是他在战术上毫无节制。

这一东线计划由康拉德提出，得到了法金汉的批准，目标是打击位于杜纳耶茨地区的俄军中央部队，该部队在喀尔巴阡山脉和维斯瓦河之间。5月2日，德军发动了进攻。这是一次彻底的奇袭，德军扩大战果的速度也很快，到5月14日，原本沿着喀尔巴阡山脉分布的俄军已退到了80英里外的桑河上。

这一事件很具启发性，说明了间接路线和所谓奇袭之间的区别。虽然德军在时间、地点和力量上都做到了出其不意，但俄军也只是向后逐层卷了起来，像滚雪球一样。尽管俄军损失惨重，但他们撤得越远，离他们的储备、补给和铁路也就越近。因此，德军的行动使雪球变得更坚固——俄军不断壮大。此外，尽管这种直接进攻所产生的压力使俄军指挥部感到紧张害怕，却没能打破俄军的平衡。

法金汉现在意识到了他在加利西亚推进得太远，以至于难以回撤。他的局部进攻没有安全的收脚点，只有从法国调来更多的军队，他才有望保住这里的军队，最终再将其一起调回法国支援西线。这次他再次选择了一条直接路线，把进攻的方向从向东改为向东北，同时命令鲁登道夫向东南进攻，配合他的行动。此时的鲁登道夫早已在东普鲁士等得不耐烦了，他认为若按照这个计划行动，他们仅能迫使俄军后退，毫无收获。于是他再次提出要通过维尔纽斯迂回，而法金汉再度拒绝了他。

结果证明鲁登道夫的看法是正确的。法金汉的大剪刀在朝俄军逼近时，俄军迅速后退，远离了刀刃。到9月底，俄军撤到了波罗的海沿岸的里加和罗马尼亚边境上的切尔诺维茨之间，将战线拉成了一条长直线。虽然俄军不再对德国构成直接威胁，但他们牵制了大批德军，给德国造成了无法缓解的压力，并使奥地利军队在精神上和物质上都处于痛苦之中。

法金汉放弃这次的大规模行动后，勉强批准了鲁登道夫的计划，但只让鲁登道夫使用手头的那点兵力从维尔纽斯迂回。而鲁登道夫立刻就切断了维尔纽斯—德文斯克铁路，几乎触碰到了明斯克铁路——俄国的交通中心线。俄军虽然有能力集中所有的预备队来阻击鲁登道夫，却没有拦住他。鲁登道夫取得的战果强有力地证明，若是能早一点行动，在俄军仍深陷波兰的网中时就按他的计划执行，并使用更多的兵力，那么最终能够取得的战果将大得多。

此后，德军在东线的进攻虽然暂时中止，在西线的防御却仍然很牢固，未被动摇。因此，同盟国决定在秋季在塞尔维亚发动一场战役。从整场战争的角度来看，这场战役采用的间接路线，目标有限，但就其本身的范围而言，其目标具有决定性。它之所以能取得重要成果，一方面是因为在地理和政治形势上得到了助力，另一方面也得益于这场战役的路线设计。该计划的基础是保加利亚加入了同盟国一方。当保加利亚军队向西攻入塞尔维亚时，德奥军队的直接进攻正遭到塞军的阻挡。由于有山地地形的帮助，塞军的抵抗非常顽强，直到保加利亚军队的左翼从他们的后方绕进塞尔维亚南部，切断了他们与从萨洛尼卡出发的英法援军之间的路线。塞尔维亚军队迅速崩溃，只有一个残部在深冬时节向西穿过阿尔巴尼亚，逃到了亚得里亚海海岸边。通过集中兵力打击较弱的敌人塞尔维亚，奥地利不再有后顾之忧，德国也控制了中欧，并可以自由使用中欧的交通路线。

1916 年和 1917 年，在俄国前线上的行动没有什么可值得评述。德奥军队坚持防御，而俄军一味采用直接路线。俄军的行动清楚地揭示了一个教训：纯粹依赖武力的直接路线毫无战略价值，而且还会打击自身的士气。1917 年，当俄国革命爆发，俄国的军事努力即将彻底失败时，俄军的装备实际上比以往任何时候都更精良。但是，由于经受了巨大的损失仍未能取得明显成效，这支欧洲最具耐心、最具自我牺牲精神的军队丧失了战斗意志。1917 年春季的进攻开始后，法军之中也多次发生哗变，当厌倦了屠戮的士兵被命令返回战壕时，他们再也忍不住了。

俄军仅有一次行动比较间接，就是 1916 年 6 月布鲁西洛夫在鲁克附近发动的攻势。这次攻势之所以具有这种性质，是因为俄军并未猛烈进攻。这次行动仅是为了转移敌军的注意力，并且由于意大利的紧急求援而提前进行。俄军方面既没有准备，也没有集中兵力，但此次进攻太出人意料，导致毫无准备的奥军彻底崩溃，三天之内就有 20 万奥军被俘。

很少有奇袭能取得如此重大的战略成果：它阻止了奥地利军队对意大利的进攻；迫使法金汉从西线抽调兵力，放弃了他在凡尔登周围的消耗战；促使罗马尼亚加入协约国一方作战；导致法金汉垮台，兴登堡和鲁登道夫取而代之，霍夫曼被留在了东线。虽然从表面上看，法金汉被撤职是因为罗马尼亚加入了协约国，但真正的原因是他在 1915 年的直接战略在目的和方向上都太狭窄，使俄军得以恢复元气，彻底摧毁了德军在 1916 年的战略。

然而，布鲁西洛夫攻势的间接性和良好效果只是短暂的，该攻势导致俄军司令部将大量兵力派到了鲁克附近，但为时已晚。此外，根据战争的自然法则，俄军沿着敌军抵抗力越来越强的路线前进，结果不仅耗尽了自己的预备队，还没能取得任何成果。布鲁西洛夫最终损失了 100 万将士。兵力损失了还可以弥补，可是俄军指挥部在心理上的"破产"却导致俄军彻底崩溃了。

俄军在鲁克附近大量集结，使兴登堡和鲁登道夫得以实施另一

种多变的间接路线——与 1915 年进攻塞尔维亚的路线相似。环境
助了兴登堡和鲁登道夫一臂之力，使他们的战略成了真正的间接
路线战略。他们的目标是罗马尼亚。一开始，罗马尼亚有 23 个师，
装备一般，与其交战的敌军只有 7 个师。罗马尼亚希望布鲁西洛
夫、索姆河的英军以及现在位于萨洛尼卡的盟军可以牵制敌军，阻
止敌军获得增援。但由于布鲁西洛夫等人的攻势都是直接的，因此
未能阻止大量敌军被调回去攻击罗马尼亚。

罗马尼亚夹在特兰西瓦尼亚和保加利亚之间，坐拥喀尔巴阡山
脉和多瑙河两道天然屏障——但也正因此，敌军采取了间接路线战
略。此外，罗马尼亚在黑海附近的"后院"多布罗加成为一个诱
饵，精明的敌人用此引罗马尼亚军队上钩。

罗马尼亚向西进攻特兰西瓦尼亚的计划给了敌军机会，使敌军
的反击比原定的更加微妙和间接。

1916 年 8 月 27 日，罗马尼亚发动了进攻。罗马尼亚军队主要
分为三列纵队，每个纵队大约四个师。他们向西北方向移动，穿过
喀尔巴阡山脉的隘道，直朝匈牙利平原进攻。三个师留下守卫多瑙
河，另外三个师驻扎在多布罗加——俄军已经答应增派援军到此。
由于罗马尼亚纵队向特兰西瓦尼亚的推进缓慢而谨慎，且敌军虽未
阻击，但破坏了沿途的桥梁，因此他们未能对守卫边境的五个虚弱
的奥地利师形成严重威胁。随后，这五个奥地利师得到了五个德国
师和两个奥地利师的增援。为了完成法金汉倒台前制订的另一半计
划，马肯森安排四个保加利亚师和一支德国增援部队携带一个奥地
利架桥纵列入侵多布罗加。

当罗马尼亚纵队向西推进到特兰西瓦尼亚时，马肯森于 9 月 5
日袭击了图尔图卡亚的桥头堡，摧毁了守卫多瑙河前线的三个罗马
尼亚师。在确保多瑙河侧翼安全后，他向东移动，深入多布罗加，

远离布加勒斯特，避开了敌军预计的路线。这一行动非常高明，在心理上影响了罗马尼亚军队，自然而然地吸引了罗马尼亚预备队，使其无法支援进攻特兰西瓦尼亚的军队——那里的攻势已经停滞。

这一战场现在由法金汉指挥，他发起了反攻，但也许过于急切和直接。尽管他巧妙地集中力量依次对抗敌军南部和中部的纵队，使用较少的（甚至是最少的）兵力来阻击其他几乎无须阻击的敌军，但他也只是使罗马尼亚军队退回了山地间，而没能把他们的退路切断。这一失误危及了德军的整个计划，因为罗马尼亚军队仍然把控着所有的山口，坚定地击退了德军的追击，挫败了法金汉穿越山口向西推进的第一次尝试。但是在大雪来临之前，法金汉再一次行动，终于达到了目的。他走了一条直接路线，穿过了一系列河流，向西从正面进入罗马尼亚。幸运的是，当他在阿尔特河沿线被敌军阻击时，马肯森前来支援，拯救了他。

马肯森已经把他的大部分兵力从多布罗加撤回，经过图尔图卡亚，到达西斯托弗，并于 11 月 23 日强渡多瑙河。他放弃了在罗马尼亚后方的有利位置，集中主力部队向布加勒斯特推进，配合法金汉发动向心攻势，但这不见得是最有利的战略。这样一来，虽然法金汉渡过了阿尔特河，但罗马尼亚军队利用他们的中心位置反击马肯森的侧翼，几乎完全包围了马肯森。化险为夷后，法金汉和马肯森的联军迫使罗马尼亚军队经由布加勒斯特撤到了锡雷特河—黑海一线。

德军占领了罗马尼亚的大部分领土，获得了罗马尼亚的小麦和石油，但是他们没能切断或消灭罗马尼亚军队。在德军推进的最后阶段，罗马尼亚军队的士气和意志力变得更强。第二年夏天，他们顽强抵抗，挫败了德军将其赶到普鲁特河后面从而彻底占领罗马尼亚的企图。直到 1917 年 12 月，布尔什维克领导下的俄国与德国签署停战协定，罗马尼亚才因孤立无援，被迫与德国媾和。

第十三章

地中海战场

意大利战场

1917 年，意大利成了德军统帅部秋季战役的主要目标。这一次，边境的布局再一次为德军提供了便利，使他们能够在地理或物质上采取间接路线。他们的敌人则没有这种优势，也从未想过在心理上使用间接路线。

意大利边境的威尼斯省形成了一块突出地带，该省与奥地利接壤，北临奥地利治下的蒂罗尔和特伦蒂诺，南临亚得里亚海。海边的伊松佐前线地带海拔相对较低；意奥两国边境则沿着朱利安和卡尔尼克阿尔卑斯山脉绕一个大弯向西北延伸，接着向西南延伸至加尔达湖。由于北方有宽阔的阿尔卑斯山做屏障，又没有任何重要的目标，意大利军队不想从北方发动攻势。想要进攻，他们只能朝东直接向奥地利推进，这样一来就不可避免地会遭受来自特伦蒂诺的奥地利军队的威胁。但是由于选择非常有限，他们只好走这条路。

在两年半的时间里，意大利一直坚持走这条直接路线。结果，打了 11 次"伊松佐战役"，他们还是一无所获，只从他们的起点前进了几步。他们的伤亡总数约为 110 万，而奥地利军队约是 65 万。在此期间，奥地利只发动过一次主动进攻。1916 年，康拉德计划从特伦蒂诺向南推进，从后方攻击当时正在伊松佐附近作战的意大利军队，从而彻底占领意大利。他向法金汉提出请求，希望最少能得到九个师的兵力，接替东线的奥地利军队。但法金汉不信任他的计划，也不认为这会是一次"决定性"的打击——此时法金汉还一心想着自己在凡尔登的消耗战，于是拒绝了康拉德的要求。康拉德决定孤军作战，从东线抽调走了最好的几个师，导致东线未能阻挡布鲁西洛夫随后的进攻，而他的意大利计划也因为兵力不足未能完成。

事实上，康拉德的这次进攻差一点就成功了。尽管他沿着敌军期待的路线行军，但仍出乎意军的意料，因为意军司令部不相信康拉德的兵力和装备能够支撑他再发动一次大规模进攻。这次进攻的规模固然算得上大，但还不够大。发起进攻后，康拉德在最初几天很快就取得了进展。尽管卡多尔纳迅速地从伊松佐地区撤出了他的预备队，而且也成功撤走了辎重和重炮，但两军此时还是机会相等。直到奥地利军队眼看就要冲进平原，却由于缺少预备队而失去了动力——布鲁西洛夫在东线的推进阻碍了预备队赶到，导致这次进攻彻底停止。

17 个月后，鲁登道夫想联合奥军进攻意大利，但由于奥地利国内形势严峻，攻击前景不太乐观。奥军在精神和物质上都疲惫不堪，而鲁登道夫自己也只能从薄弱的预备队中抽出六个师的兵力。由于兵力不足，鲁登道夫的计划最后变得更为狭窄和直接——朝伊松佐地区的东北角推进，意军的防线刚好在那里朝着阿尔卑斯山脉弯曲。选择这片区域的真正理由是：这是一条战术阻力最小的路线，而此前这一原则从未在这条战线上被运用过。

最初的计划是在卡波雷托突破，席卷伊松佐防线。随后，这一计划变得更有野心，但兵力却没有增加。这个秋天，在卡波雷托的鲁登道夫和在坎布雷的英军犯了同样的战略错误——未能"根据布匹的长短裁制衣服"。鲁登道夫和法金汉是两个极端，法金汉买的布总是太少，低估了衣服所需的用料，随后又不得不再添补，以至于最后的衣服变得像百家衣一样。

10月24日，鲁登道夫在做了精心的准备和伪装后突然发起进攻，将意大利军队冲成了两半，并在一周后到达了塔利亚门托。意大利军队虽然损失惨重，但还是将残部撤了出来。随后，德军向西的推进就变成了纯粹的直接路线，逼迫着意大利军队朝皮亚韦河后退。皮亚韦河是一道坚固的天然屏障，意大利军队可以躲在后面。到这时，鲁登道夫才想到要把预备队运到特伦蒂诺，但由于铁路交通不畅而未能成功。在特伦蒂诺的军队只能以微弱的兵力进攻意军后方，但这一击为时已晚、毫无成效——因为意大利军队的整条防线和预备队都在后撤，其后方和前线几乎无异。

奇袭的阶段过去后，德奥现在只能联合发起纯粹的直接攻击，迫使意军向他们的预备队、补给、家园和盟军增援部队退去，结果自然对德奥不利。但是，鲁登道夫用如此微薄的兵力便能取得这样的成就，对法金汉真是一个巨大的讽刺——若他能在1916年初支持康拉德更有前景的计划，结果必然大不相同。

巴尔干战场

在开始分析鲁登道夫1918年的计划之前，我们有必要研究一下在前三年中，他的敌人在法国和俄国阵线以外所采取的行动。

虽然在法国的英法两国领袖们对直接路线的威力深信不疑，希望通过直接进攻冲破敌军战壕并取得决定性的胜利，但从 1914 年 10 月起，面对僵局，很多人对直接路线的效力产生了强烈的怀疑。其中不光有政治领袖，也包括法国的战争部长加利埃尼和英国的战争大臣基奇纳。1915 年 1 月 7 日，基奇纳给英军司令约翰·弗伦奇爵士写信道："我们应把德军在法国的防线看作一座堡垒，不能正面突破，也不能完全围攻，似乎只能留下一支部队包围他们，而在其他地方继续作战。"

丘吉尔也认为，同盟国的所有军队应该被视为一个整体。由于近代的发展极大地改变了距离和机动性的概念，因此在其他战场上对敌军的打击，都相当于以前对敌军的战略侧翼所做的攻击。不少人引用拿破仑的例子，宣称应在西线血战到底，但实际上这种例证的含义恰好相反。进一步说，这种行动正符合英国传统的两栖战略，使英国能够利用其海上力量——这一军事优势迄今为止一直被忽视。1915 年 1 月，基奇纳提出了一个计划，打算在亚历山大勒塔湾登陆，以切断土耳其向东的交通路线。根据兴登堡和恩维尔帕夏在战后所发表的意见，这一计划可以使土耳其陷入瘫痪，但不能产生更广泛的影响，并且，若将同盟国看作一个整体，这一行动也算不得间接路线。

英国的劳合·乔治主张将英军主力调往巴尔干半岛，从那里可以通向敌军的"后门"。但是，法军和英军的指挥官们坚信法国境内的战争很快就会取得决定性胜利，因此强烈反对其他任何战略，并强调乔治的计划在运输和补给上存在困难，以及德国能够很快调动军队来应对威胁。尽管这些说法的确有一定道理，但也不免有些夸张，在反对加利埃尼的巴尔干计划时更是根本就不成立。加利埃尼提议在萨洛尼卡登陆，从那里开始向君士坦丁堡进军；军队的规模应足够庞大，直到能吸引希腊和保加利亚加入，共同作战。一旦占领君士坦丁堡，就沿着多瑙河向奥匈帝国推进，与罗马尼亚军队会合。这一计划与战争结束前几个月实际采用的路线在根本上非常相似。1918 年 9 月，德军领袖普遍认为这一计划具有"决定性的"威胁效果。在 11 月初，在巴尔干的这一威胁虽然还不太严重，却成了加速德国投降的一个重要因素。

然而，在 1915 年 1 月，英法的军事领袖一边倒地支持集中兵力在西线作战，反对任何其他计划。但是异议并没有消失。也就是在这时，新情况出现了，于是所谓"近东计划"重启，不过形式有所不同，且规模也缩小了。

1915 年 1 月 2 日，基奇纳收到了尼古拉大公的请求。大公要求其转移敌军的注意力，以减轻土耳其军队在高加索地区对俄军的压迫，但基奇纳可用的陆军兵力不足，于是提议派英国海军在达达尼尔海峡示威。丘吉尔敏锐地意识到这一行动在战略上有更广泛的可能，于是提议在没有陆军支援的情况下，派海军强行通过达达尼尔海峡。海军顾问虽然并不十分支持，但也没有反对这个提议，海军上将卡登还当场起草了一份计划。于是，在法军的援助下，这支海军驾驶旧式军舰来到了海峡入口处，并在初步轰炸后于 3 月 18 日进入海峡。然而，他们遇到了一排新埋设的水雷，其埋设地点出人意料，导致数艘军舰被炸毁，他们被迫放弃了这一计划。

有人或许会问：此时土耳其的弹药已经耗尽，海峡中可能也不再有水雷，如果英国海军能迅速继续前进，他们是否会取得成功？事实上，这一问题没有意义，因为新的海军司令德·罗贝克上将不同意在没有援军的情况下继续推进。一个月前，战争委员会已经决定联合进攻，并派出了一支军队，由伊恩·汉密尔顿爵士指挥。但是，英法政府迟迟没有接受新计划，也迟迟没有派出计划所需的兵力。最终，他们派出的军队数量不足，还在亚历山大港耽误了几周，因为他们要重新安排运输，以适应战术行动的需要。最糟糕的是，他们延误了时机，使这一行动丧失了奇袭的效果。当他们在 2 月进行初步轰炸时，守卫海峡的土耳其师只有两个；到了海军发动攻击之日，这一数字增加到了四个；而当汉密尔顿终于能够准备登陆时，这一数字变成了六个，而汉密尔顿只有四个英国师和一个法国师。防守的土耳其军队本身就占优势，他们的数量还超过了英法军队的数量，地形障碍又进一步增加了英法军队进攻的困难，这让土耳其军队有着十足的胜算。由于汉密尔顿在人数上处于弱势，以及他的任务仅是帮助舰队通过海峡，他只好选择在加利波利半岛登陆，而不是在欧洲或亚洲海岸登陆。

4 月 25 日，他在半岛南端靠近海丽丝岬和距离伽巴帖培大约 15 英里的爱琴海海岸发动了突袭。法军为了牵制敌军，在亚洲海岸的库姆卡莱临时登陆。但战术突袭的效果很快就消失了，土耳其军队立刻调遣他们的预备队阻击，使英法军队无法再扩大这两个不稳定的立足点。

最终，在 7 月，英国政府决定再派遣五个师去增援半岛上的七个师。但是当他们到达时，土耳其在该地区的兵力也已经升至 15 个师。汉密尔顿决定发起双重进攻——一方面继续向伽巴帖培增兵，再度发动进攻；另一方面派军在几英里以北的苏夫拉湾登陆——将半岛从中间一分为二，并占领海峡的制高点。虽然这次进攻看起来比在布莱或亚洲海岸登陆更直接，但具有奇袭的效果：这里只有 1.5 个营的土耳其军防守，他们的预备队都在其他地点，花了 36 个小时才到达此处。然而，由于登陆部队缺乏经验，加上现场指挥官的保守，英法军队浪费了大好时机。半岛上形成了僵局，结果令人失望，一直不喜欢这个计划的人趁机提高了反对的声调。英法军队很快就从半岛上撤走了。

法金汉对达达尼尔海峡的计划评价道："如果我们未能守住这条地中海和黑海之间的海峡，一旦海峡被协约国打开，我们获胜的希望将大大减少。俄国将会摆脱严重的孤立状态……而确保俄国孤立比在战斗中取胜更加重要，因为如此一来，这个巨人迟早会自己倒下。"

其实计划本身并没有错，但可惜他们在执行中犯了很多错误。如果英军在一开始就能集中足够多的兵力，而不是随后一点点增补，那么根据敌方指挥官的说法，英军很有可能顺利完成计划，取得巨大的胜利。虽然达达尼尔海峡行动对土耳其来说是一条直接路线，但对于当时在高加索作战的土耳其主力军队来说，却是一条间接路线，而在更高的层面上，则是对整个同盟国的间接打击。此时西线的形势非常不乐观，虽然那里的兵力密度已经相当之大，但仍然无法产生决定性的结果。因此，达达尼尔海峡计划的构想完全遵照了"调整目的以适应手段"的原则，不过在执行过程中却彻底违反了这一原则。

巴勒斯坦和美索不达米亚战场

中东远征行动原本不应纳入我们的讨论范围。在战略上，这些远征行动距离主战场太遥远，因而起不到任何决定性作用。此外，该行动也不能算作在战略上牵制敌人的手段，因为每次远征派出的英军都远多于其所牵制的敌军。

然而，从政治上考虑，这些行动有一定价值，值得一谈。在过去，英国常常夺取敌人的海外领地，以弥补盟国在欧洲大陆上的损失。当在主要的战役中处于不利地位，或尚未产生决定性结果时，占领海外领地通常可以在和谈中争取到有利的条件。在战争中，这也可算作一种"补品"。[1]

巴勒斯坦远征行动的局部战略值得研究。该行动在一开始就兼具直接路线和间接路线的缺点：远征军沿敌人期望的路线前进，无论想要打击土耳其的哪个关键目标，这一路线都是最漫长也是最困难的。加沙守卫着从埃及到巴勒斯坦的直接海岸路线，1917 年 3 月和 4 月，远征军在加沙两度失败，在秋季得到更多兵力后尝试了更为间接的路线。

这一路线的设计者是切特伍德，艾伦比在接替默里担任总司令后采纳了这个计划。在淡水补给和海洋与沙漠之间狭窄地带的双重限制下，这一路线在地理上尽可能间接。土耳其的防御工事从加沙向内陆延伸了大约 20 英里，在贝尔谢巴还要再深入内陆 10 英里，并将该地作为一个外围哨所，守卫着可能被入侵地区的最东边。而英军用秘密和诡计引诱土耳其军队将注意力放在加沙，然后从无人防守的一侧迂回突袭贝尔谢巴，迅速夺取了这座哨所及其水源。

在原定计划的下一步里，英军需要先佯攻加沙，分散敌人注意力，然后让在贝尔谢巴的骑兵横扫土耳其军队的后方，同时对土耳其主要阵地的侧翼发动攻击。但由于供水困难和土耳其军队在贝尔谢巴北部的反击，这一行动以失败告终。虽然英军突破了土耳其的防线，但没有取得决定性的结果。土耳其军队确实被迫后退了，甚

---

1 第一次世界大战结束后，一些人反对将没收的德国殖民地还给德国，担心如若归还，这些殖民地可能会构成潜在的危险。但他们没有考虑到，在战争中，这些殖民地对英国具有间接价值，可以帮助英国更快获得胜利，弥补英国在欧洲主战场上的损失和因战败而丧失的威望。尤其是对一个海上强国来说，敌人的海外殖民地在心理上的重要性不容忽视。而如果一个陆上强国拥有海外领土，这些领土很容易被他国夺占，因此其往往会抑制自己的侵略意图。正是这个原因才让意大利在 1939 年第二次世界大战爆发时一直犹豫不决，不知是否应参战，直到看到德国似乎必胜无疑才加入战斗。占据敌人的海外基地，虽然无法防止敌人发动战争，但至少可以遏制敌人的侵略意图。

至退过了耶路撒冷，但并没有像计划的那样被切断。

一年过后，1918 年 9 月，英军才再次行动，这次取得了决定性胜利。此时，在东部和南部的沙漠中，一场奇怪的战役不仅削弱了土耳其军队的战斗力，还在战略上带来了一些新的希望，特别是在间接路线方面。这场战役就是阿拉伯起义，由劳伦斯指挥发动。虽然起义本质上是游击战，自然具有间接性，但其战略是基于科学计算所制订的，对一般的常规战争也具有参考价值。诚然，这是一种极端形式的间接路线，但由于条件所限，这种形式也是最经济有效的。与正规军队相比，阿拉伯人的机动性更强，但承受伤亡损失的能力更弱。土耳其军队几乎不会受到人员损失的影响，但他们的物资非常匮乏，因而无法负担物资损失。他们擅长待在战壕里，向迎面而来的敌军开火，但他们不能适应流动作战，也负担不起相应的损耗。他们试图把守一片广阔的区域，但他们的兵力却不够多，无法在这个地区形成哨所网络。此外，他们还依赖一条长且脆弱的交通补给线。

这些前提条件使得阿拉伯人采用了一种与正统学说完全相反的战略。正常的军队渴望作战，而阿拉伯人则努力避免作战。正常的军队希望消灭敌军，而阿拉伯人则纯粹以摧毁敌军物资为目标，并尽量在没有敌军防守的地点下手。劳伦斯的战略还要更胜一筹，他没有切断敌军的补给以逼迫他们离开，而是允许他们获得少量的口粮，将他们固定在那里，这样一来，他们待的时间越长就越虚弱，也越沮丧。攻击可能会促使他们集中兵力，倘若那样，他们的补给和安全问题就简化了，而小规模突袭则会使他们分散开来。的确，这种战略与传统战略截然相反，但它的根本原则就是选取阻力最小的路线，因而能够得出合乎逻辑的结论。这一战略的制定者劳伦斯曾说过："阿拉伯人从不试图在一地保持或加大优势，而是转移到其他地方再次发动攻击。用最少的兵力和最短的时间，在最远的地方发动攻击。他们持续行动，直到敌人调动兵力对付他们，才立刻转移到其他地区，打击新的目标。"

这一战略与 1918 年西线的新战略有何关系呢？二者基本相同，但西线的战略在实施时更进一步。

当应用于常规战争时，这一战略要受到时间、空间和兵力等因素的制约。若论封锁敌军，这种形式速度更快且更积极，但若论见效的速度，其不如打破敌人平衡的战略起效快。因此，如果一国迫切需要取得胜利，那么打破敌人平衡的战略似乎更好。但是，除非采用间接路线，否则这种"捷径"很可能比劳伦斯的战略起效更慢，代价更大，也更危险。空间不足和部队密度过大也会造成障碍，但通常可以克服。所以我们可以得出一个合理的结论：在常规战争中，如果成功的可能性很大，就应选择这样一种间接路线——通过"诱捕"对手来取得决定性胜利。若是希望渺茫，或者尝试已经失败，则应换一种间接路线，通过削弱敌人的力量和意志来取得决定性胜利。此二者均远胜于直接路线。

但在阿拉伯起义中，这一战略没能实施到底。在 1918 年 9 月，汉志铁路上的土耳其军队已陷入瘫痪，同时土耳其在巴勒斯坦的主力军队又遭到致命一击，彻底崩溃。不过在艾伦比的这次袭击中，阿拉伯军队也发挥了重要作用。

很难说在巴勒斯坦的这次最终行动应该被归为一场战役还是一场追击战斗。两军在行动开始时交战，但当他们仍在交战之中时，一方就取得了决定性的胜利，因此这些行动似乎应归为战斗，但胜利又主要是通过战略手段取得的，战斗的贡献微不足道。

这使得很多人贬低了这一胜利的价值，特别是那些克劳塞维茨的拥趸，信奉"取胜势必要流血牺牲"。虽然艾伦比在人数上是土耳其军队的两倍甚至三倍，但当初英军向巴勒斯坦推进时优势比这还要大，却没能取得成功。与此类似，在过去以及这次世界大战中也有许多人数占据优势的进攻最终都以失败告终。

许多人严重忽视了劳伦斯的战略对土耳其军队的士气打击。暂且不论 1918 年 9 月的条件是如何有利，如果我们只关注行动的眼界和处理方式，那么这一战应当算是战争史上的杰作。它就像一幅画，虽然主题浅显易懂，但画家构思完美且技艺高超（至少完美地勾勒出了大致线条），使这幅画成为绝无仅有的名作。

该计划充分符合维利森对战略的定义，即战略就是"对交通线的研究"，也符合拿破仑的格言，即"战争艺术的秘密就是使自己牢牢掌控交通线"——这一行动的目的正是让英军把控土耳其军队的所有交通线。切断敌军的交通线可以令其陷入瘫痪状态；阻塞退路可以重创敌军士气；摧毁内部交通线，敌军之间就不能传递命令和报告，这就好像使敌人的感觉器官瘫痪，切断了他们的大脑和身体之间的联系。其中，最后的这种效果是通过动用空军力量实现的。英国空军全面压制敌机，戳瞎了敌军司令的眼睛，随后轰炸了阿富拉的主要电报和电话中转站，使敌军司令又聋又哑。在行动的第二阶段，阿拉伯军队切断了德拉的主要铁路，土耳其军队暂时无法获得补给。尽管这只是暂时的，却在心理上诱使土耳其军队司令部从其稀少的预备队中抽出一部分前去支援，不久土耳其就一败涂地。

这三支土耳其军队完全依赖一条以大马士革为起点的铁路干线。这条干线在德拉分叉，一条向南到达汉志，另一条向西跨过约旦河到了阿富拉，在那里再次分成两条：一条通往海法的海边，另一条向南通往土耳其第七军团和第八军团的铁路要地。约旦河以东的第四军依靠的是通往汉志的这一条。一旦控制了阿富拉和贝桑附近的约旦河渡口，就切断了土耳其第七军团和第八军团的交通，届时，除了一条通向约旦河以东荒凉地区的艰难小路，他们别无退路。若能控制德拉，则三支土耳其军队的交通都会被切断，第四军也会失去最佳撤退路线。

英军距离德拉太远，无法在很短的时间内攻占德拉。但幸运的是，阿拉伯人可以像幽灵一样从沙漠中突然冒出，切断三支土耳其军队的铁路线。但是，阿拉伯人的战术的本质，以及这一地区的自然条件限制，决定了其无法在土耳其军队后方形成战略阻塞。艾伦比希望快速取得彻底的胜利，因此他必须寻找一个更近的地点布置战略阻塞——一个可以利用约旦河及其西面山脉来阻挡敌军撤退的地方。阿富拉的铁路枢纽和贝桑附近的约旦桥距离英军战线都小于60英里，在装甲车和骑兵的战略"包围"范围内，只要英军能够畅通无阻地到达这两个重要地点，就可以夺取胜利。但问题是要找到一条合适的路线，既要使土耳其军队很难及时阻击，又要确保他们无法在后方拦截。

这一问题是怎么解决的呢？沿海的沙龙平原是一条通向埃斯德赖隆平原和伊茨雷埃勒谷地的走廊，阿富拉和贝桑就在这一谷地中。这条走廊只有一个关口，由于在土军后方很远的位置，所以无人把守。这一关口由狭窄的山脉形成，将沿海的沙龙平原和内陆的埃斯德赖隆平原分隔开来。然而，走廊的入口被土耳其军队的战壕堵住了。

通过在心理上长期持续地影响土军，使用诡计替代炮弹，艾伦比将土军的注意力从海岸转移到了约旦河的侧翼。他在春季曾两次试图向约旦河东部推进，虽然都失败了，但成功分散了土军的注意力。

9月，当土耳其军队的注意力仍在东部时，艾伦比的部队正在秘密向西转移。在到达沿海地区时，艾伦比二比一的人数优势已经变成了五比一。9月19日，经过一刻钟的密集轰炸后，步兵发起进攻，冲破了两道较浅的土耳其战壕，然后向内陆推进。骑兵们冲过敞开的缺口，驾驶装甲车穿过走廊，获得了进入埃斯德赖隆平原的通行许可。这次行动之所以能够成功，在很大程度上要归功于空军，他们使得敌军的司令部变得又瞎又聋又哑。

第二天，英军在土耳其军队后方建立了战略阻塞，土军仅剩的退路就是越过约旦河向东撤退。由于土军后卫顽强抵抗，英国步兵的直接推进非常缓慢，若没有英国空军，土军可能早已从这条退路逃走。9月21日清晨，英国空军发现一支庞大的纵队——实际上是两支土耳其军队的全部残军——沿着从纳布卢斯绵延至约旦河的陡峭峡谷前进。他们发动了四个小时的空袭，使这支残军所剩无几。从这一刻起，土耳其第七军团和第八军团不复存在。

在约旦河东部，由于无法布置战略阻塞，英军没有大规模进攻，而是不断地进行小规模突击，快速消耗土军的第四军团。随后，英军占领了大马士革，继续向阿勒颇推进。阿勒颇距离大马士革200英里，距离他们38天前开始行动时的起点350英里。在这次推进中，英军死伤人数少于5000人，却俘虏了7.5万名土军。

10月31日，英军刚到达阿勒颇，土耳其就投降了。其投降的原因有二：一是保加利亚彻底崩溃，二是米尔恩从萨洛尼卡逼近君士坦丁堡及其后方，造成了严重威胁。

在分析巴勒斯坦战场上的决定性胜利时，值得注意的是，土耳其军队当时仍然有能力挡住英国步兵的推进，直到他们得知后方存在战略阻塞，在精神上大受打击，放弃抵抗。此外，作战初期土耳其军队建有壕沟，英军必须派出步兵突破这些障碍，但是战争条件恢复正常后，为英国夺取胜利的还是只占总兵力一小部分的机动部队。这一特殊的间接路线仅在设计准备阶段较为巧妙，在执行时则完全依赖军队的机动性，通过奇袭打乱敌人的部署，并打击他们的士气。

另外，在东南战场上，萨洛尼卡的战役也值得一提。1915 年秋天，协约国向塞尔维亚派军支援，但为时已晚、徒劳无功；然而它为三年后的另一场攻势提供了跳板，助这场攻势取得了至关重要的战果。尽管出于政策需要，有必要在巴尔干半岛保有一个立足点，但从战略角度看，将 50 万兵力都集中在萨洛尼卡似乎并无必要，绝非明智之选，难怪德军讽刺地称之为"最大的集中营"。

第十四章

1918 年的战略

在研究最后一年的战事之前，我们必须充分了解前几年的海军情况。由于迟迟未能取得决定性战果，海上封锁对战争局势的影响越来越大。

事实上，如果问历史学家哪一天对第一次世界大战的结果最具决定性意义，他很可能会选择 1914 年 8 月 2 日。那时英国还没有参战，丘吉尔作为英国第一海军大臣，在凌晨 1 时 25 分下达命令调动英国海军。在第一次世界大战之中，英国海军虽然没有再次取得特拉法尔加海战式的胜利，但他们为协约国赢得最终胜利所做的贡献远大于其他任何因素。海军的作用是进行海上封锁，待到战争烟消云散后，海上封锁的重要性才越发凸显，人们越来越清楚地意识到海上封锁是一战中的决定性力量。就像美国监狱里对付那些不听话的囚犯所用的"夹克"一样，随着它逐步收紧，囚犯首先活动受限，然后逐渐难以呼吸。"夹克"收得越紧，持续的时间越长，囚犯的反抗力度就越小，反抗的意志也越弱。

孤立无援让人绝望。历史证明，决定战争胜负的因素，并非伤亡的人数，而是是否丧失了希望。没有一个历史学家会低估饥饿对德国的直接影响——由于德国人民缺少食物，德国的"国内战线"最终彻底崩溃。现在我们暂且不论革命在多大程度上导致了战争失败，而要注意在研究战争局势时，需时刻考虑到封锁这一牵涉颇广的因素。

正是协约国的海上封锁及其潜在的威胁，促使德国在1915年2月发动了第一次潜艇战。英国以此为借口，打破了《伦敦宣言》，声称有权拦截和搜查所有涉嫌向德国运送货物的船只，加强了海上封锁。此外，德国用鱼雷击沉卢西塔尼亚号的事件，强有力地推动了迟迟未参战的美国加入战争，还缓和了英美两国之间因封锁加剧而产生的矛盾。

两年后，封锁造成的经济压力导致德军统帅们批准重启"无限制"潜艇战。英国依赖海上补给来维持人民的生活和军队的运转，这是其暴露在外的弱点，而潜艇战的效果显著，作为大战略层面的间接路线，潜艇封锁可以对英国造成致命打击。尽管最终结果证明德国的这一谋算是错误的，但事实上英国的情况与其估计的非常接近，德国差一点就可能成功。英国的航运损失从2月的50万吨上升到4月的87.5万吨，等到对德反制措施生效及德国潜艇资源不足使得英国的航运损失减少时，英国的国内存粮只够其国民再维持六个星期。

德国领袖们担心本国的经济会崩溃，迫切想在经济上取得决定性胜利，因而发动了无限制潜艇战。他们充分意识到了如此一来美国会卷入战争，但还是冒险一搏。1917年4月6日，这一危险成为现实，美国宣布参战。尽管正如德国所计算的那样，美国花了很长时间才组织起军事力量，但一旦加入，就立竿见影地加强了海上封锁的效果。现在作为参战国，美国疯狂地运用这一经济武器，不顾剩下的中立国的利益，其对中立权利的破坏远远超过英国在过去几年中最大胆的行动。中立国的反对再也无法妨碍海上封锁。美国将对德封锁变成了一条铁链，紧紧勒住德国，使其逐渐脱力。一国的经济承压能力决定了其军事力量——可惜人们常常忽视这一真理。

封锁可以算作一种大战略层面的间接路线，除了见效慢，不会带来任何风险，也没有什么方法可以有效地对抗它。封锁的效力符合动量定律，封锁持续的时间越长，速度就越快。到 1917 年底，各同盟国都清楚地感受到了封锁造成的影响。这种经济压力诱使德国在 1918 年发动攻势，但同时也限制了此次行动，一旦失败，就相当于自杀。由于没有及时媾和，德国将只有两个选择：要么发动进攻，放手一搏；要么眼睁睁看着自己逐渐衰弱，最终土崩瓦解。

如果在 1914 年马恩河战役之后（或者甚至更晚一些），德国在西线采用防御政策，在东线采用进攻政策，那么第一次世界大战的结局可能会截然不同。因为如此一来，一方面，德国毫无疑问地可以完成其征服中欧的梦想，另一方面，只要美国不参战，封锁就仍然很松散，几乎不可能有效地收紧。整个中欧地区会处在德国的控制下，俄国将被迫退出战争，甚至在经济上从属于德国。英国、法国和意大利将无法迫使德国放弃比利时和法国北部地区以保住德国在东线的既得利益。德国占领更多领土之后，实力变强，资源也会增加，完全可以放弃在战争中打败协约国的渴望。若能放弃没有价值的目标，那便是明智的大战略，而若是固执地追求没有价值的目标，便是愚不可及。

但是到了 1918 年，这种时机已不复存在。德国的经济承受能力已经被严重削弱，尽管可以从罗马尼亚和乌克兰获取一些资源，但为时已晚，无法起死回生。

在这样的背景下，德国发动了最后一次进攻，试图夺取决定性胜利，挽救自己的命运。由于俄国前线的战事已停，德国将那里的军队调回，虽然人数上占据优势，但不如协约国军队在主动进攻时所享有的人数优势大：1917年3月，法国、英国和比利时集结了178个师对抗129个德国师，而在1918年3月，德国共有192个师对抗协约国的173个师——美国派了4.5个师参战，但因其规模是欧洲师的两倍，所以按9个师计算。虽然德军从东线调回了更多的师，但面对德军的人数压迫，美国派出的兵力也从最初的涓涓细流逐渐变成滔滔洪流。在德军的所有师中，有85个师号称"突击师"，做预备队之用。协约国方面有62个后备师，但由各国分散指挥。原本协约国计划集中30个后备师，由凡尔赛军事执行委员会统一调度，但黑格声称他无法将他的7个师交给委员会，这一计划便失败了。当真正的考验来临时，法国和英国的指挥官们没能按之前约定的那样相互支援。面对灾难，在黑格的提议下，福煦接受任命，担负起协调及指挥协约国军队的责任。

比起德军在战争早期的任何一次行动，这次德军的计划有一个突出的特点，即想要在更广阔的范围内更充分地发挥战术奇袭的作用。值得称赞的是，德军司令部和参谋人员意识到，尽管他们拥有人数优势，但发动直接进攻极有可能让他们陷入劣势。此外，若想使奇袭有效，必须组合使用各种欺骗手段，只有这样才能打破两军在前线长期僵持对垒的局面，打开敌军的大门。

德军的主要手段是向敌军投放毒气弹，进行一次短暂而猛烈的炮弹袭击——这里鲁登道夫没能意识到坦克的重要性，也没能及时加以利用。不过，步兵接受了新的渗透战术训练，其指导思想是，先头部队应该找到并突破敌军防线的薄弱之处，而预备队的作用是确保获得更大的胜利，不是挽救败局。突击师应在夜间行军到达战场，大部分炮兵隐蔽在前线附近，在毫无征兆的情况下突然开火。同时，炮兵在战线的其他地点也发动连续攻击，一方面是为了迷惑防守的敌军，另一方面也可以为接下来的战斗做好准备。

　　此外，从协约国军队徒劳无功的进攻中，鲁登道夫还得出了如下结论："在考虑纯粹的战略目标之前，必须首先考虑战术。除非有可能在战术上取得成功，否则追求纯粹的战略目标只会徒劳无功。"由于无法在战略层面使用间接路线，鲁登道夫的总结无疑是正确的。因此，在德军的设计中，若采用一种新战术，就必然会使用相应的新战略。二者息息相关，都基于一个新的或者说被重新利用的原则——选择敌军抵抗能力最弱的路线。1918 年，法国的情况限制了德军的路线选择，使他们无法走一条出乎协约国意料的路线，而鲁登道夫甚至没有去尝试找这样一条路线。但是，随着双方军队沿着长长的壕沟交战，德军有望实现目标——沿着敌军抵抗兵力最弱的路线快速突破敌军防线，然后趁势迅速推进，其效果和沿一条最出乎敌军意料的路线推进相差无几。

　　德军很快突破了协约国军队的防线，也迅速利用这个机会扩大了战果，然而这个计划还是失败了。问题究竟出在哪里呢？在此战发生及第一次世界大战结束后的一段时间内，批评家们普遍认为，鲁登道夫在战术上出现偏差，导致他改变了方向，分散了他的兵力——他执着于获取战术胜利，牺牲了战略目标。他们声称鲁登道夫的原则是错误的。但若仔细研究德军的文件以及鲁登道夫自己的命令和指示，对这个问题也许会有不同的看法。真正的问题在于鲁登道夫仅在理论上接受了新原则，而未能付诸实践，原因可能是他没有充分理解这一新原则，不敢完全按照这一原则行事。战场上的实际情况是，为了挽回战术上的失败，他消耗了太多的预备队，并在该充分利用战术上的成功扩大战果时，又过分犹豫，失去了最佳时机。

　　在鲁登道夫最初选择攻击点时，麻烦就出现了。他计划派第

十七军团、第二军团和第十八军团突破阿拉斯和拉费尔之间 60 英
里长的战线，此外还有两个备选方案：一是进攻凡尔登突出部分的
侧翼，这一方案由于以下原因而遭到否决——地形条件不利；即使
突破敌军阵线也很难取得决定性结果；法国军队在一年间未受干
扰，恢复得非常好。二是在伊普尔和朗斯之间发起进攻。这一方案
虽然得到了鲁登道夫的战略顾问魏采尔和在圣昆廷至大海段前线指
挥的鲁普雷希特王子的支持，但还是遭到了否决，理由是会遇到英
军的主力，而且低洼地很难通行。

最终德军还是选择在阿拉斯—拉费尔段发起攻击，原因是除了
地形条件有利，这一段上敌军的防御工事、守卫兵力和预备队都最
弱。此外，这一段靠近法军和英军的相接处，鲁登道夫希望将两者
分开，然后粉碎英军，因为他估计英军由于在伊普尔长期作战，已
经被严重削弱。但是，尽管从总体上看，阿拉斯—拉费尔这一段的
确相对较弱，但就细节而言，鲁登道夫的判断却存在严重失误。这
一段最北端的三分之一筑有坚固的防御工事，且由英国第三军团严
防死守，该军团共有 14 个师，其中 4 个是后备师。此外，大部分
英国预备队也分布在侧翼，该军团可以更快地从更北的其他英国军
队那里获得支援。这一段的其余三分之二由英国第五军团把守，德
军正是进攻了这里。其中中段有 5 个师防守，与德国第二军团作
战；更长的南段由 7 个师防守，其中 1 个是后备师，对抗德军第
十八军团。

鲁登道夫命令在阿拉斯附近的第十七军团用 19 个师的兵力在
14 英里长的战线上率先发起进攻，且只由左翼发动攻势。德军没
有直接攻击英军朝坎布雷的突出部分，而是切断了他们，因此德国
第二军团只用两个师就占领了这 5 英里的战线。第二军团集中了 18
个师在 14 英里长的战线上对抗英国第五军团左翼的 5 个师。德国

第十八军团则从两侧夹击最南端的圣昆廷，鲁登道夫命他们用 24 个师去进攻 27 英里长的战线。尽管鲁登道夫明白"应选择阻力最小的路线"这一原则，但他仍然根据敌军的力量分配他的兵力，而不是集中力量对付敌军最弱的地方。

他在命令中规定的方向更加突出了他的这种倾向——他要求将主力放在索姆河以北。突破敌军的防线后，德国第十七军团和第二军团需要向西北方向推进，逼迫英军朝海岸撤退，其侧翼由河流和第十八军团掩护——第十八军团的作用仅是为第十七军团和第二军团提供侧翼保护。而事实与鲁登道夫的计划恰恰相反，鲁登道夫在他最不抱希望的地方迅速取得了胜利，而在他最希望获胜的地方惨遭失败。

德军于 3 月 21 日发动进攻，在清晨薄雾的遮蔽下，奇袭达到了很好的效果。由于英军在索姆河以南的防御力量很薄弱，所以尽管进攻该地区的德军兵力也很弱，但德军依旧突破了英军在此段的防线。然而在阿拉斯附近的德军却没有进展，影响了德军在索姆河以北的所有进攻。

这一结果本来是可以提前预料到的。然而鲁登道夫仍然没有吸取教训，依旧违背他的新原则。在接下来的几天里，他重新进攻防守牢固的阿拉斯堡垒，并将此作为主要的进攻方向。与此同时，尽管第十八军团在向南推进的过程中未受到敌军的严重阻击，但他却严格约束着第十八军团。3 月 26 日，他下令禁止第十八军团渡过阿夫尔河，并命其与邻近第二军团的行动速度保持一致，然而第二军团因为受到在阿拉斯附近的第十七军团的牵制，进展非常缓慢。因此，我们可以看到，鲁登道夫执着于通过直接进攻突破英军抵抗能力最强的一段防线。由于这种执着，他没有将预备队派去攻击英军在索姆河以南抵抗最弱的一段战线，等到后来他想弥补错误时，已经太迟了。

如果当时鲁登道夫能够派兵绕过英军的侧翼，绕到阿拉斯堡垒的后方发动袭击，那么就很有可能完成这次向西北方向的推进。3月26日，由于伤亡惨重，德军第十七军团的左翼和第二军团的右翼在索姆河以北发起的进攻明显减弱。在索姆河以南，第二军团的左翼到达了索姆河旧战场——但那里已是一片沙漠，很难行军或获取补给，他们陷入了尴尬的境地。只有第十八军团仍向前推进，势头不减。

面对这一情况，鲁登道夫采用了新的计划，但也没有放弃他的旧计划。他命令第十七军团的右翼在3月28日向阿拉斯附近的高地发起新一轮直接进攻，随后由第六军团向北面发起进攻，冲击维米岭和拉巴西之间的防线。这一次，他考虑到了索姆河以南的有利局势，于是命令第二军团以亚眠为主要目标。尽管如此，他依旧制止第十八军团向前推进，不允许他们迂回从侧翼攻击在亚眠抵抗的英军。这样一来，要想夺取亚眠这一重要目标，就只能在地形不利的情况下直接进攻。

3月28日，德军向阿拉斯发动进攻，这一次没有薄雾的掩护，也没能产生奇袭的效果。英国第三军团在宾的指挥下，早已做好了充分的抵抗准备，德军彻底失败了。直到这时，鲁登道夫才放弃了他最初的想法，将主要兵力和他剩余的一些预备队全部调派去进攻亚眠。与此同时，他命令第十八军团在原地待命两天。3月30日，德军再次发起进攻，但力量很弱，最终也几乎未能取得进展，原因是敌军的此段防线得到了法国预备队的支援，原先德军打开的缺口已被修补完好，其抵抗力量大幅增强。这一天，法国的炮兵跟在步兵之后到达战场，第一次大规模参加战斗。4月4日，德军又派出了15个师，其中只有4个师是生力军，成效自然更少。

　　鲁登道夫不愿被拖进消耗战之中，因此暂停了对亚眠的进攻。他始终没有想过集中力量攻击英法两军相接的地方。然而，在3月24日，贝当警示黑格，如果德军继续沿着他的防线推进，他将不得不命令法国预备队向西南撤退以保卫巴黎。事实上，德军只要对该防线再施加一点压力，就能够将已有的小裂缝撕成一个大缺口。

　　这证实了两个历史教训：一是相接处是最脆弱和最有利的攻击点；二是两个军队并列排布、紧密相邻时，比他们相距很远并各自为战时更加脆弱。若能从他们的相接处突破，他们很容易溃败。

　　鲁登道夫的大部分预备队都在阿拉斯南部守卫他们已取得的胜利，因而当他后来转而向北发起新的进攻时，他自己也没有多少信心。3月25日，他命令军队准备在拉巴西和阿尔芒蒂耶尔之间发动一次小规模进攻，以扩大突破口。3月28日，进攻阿拉斯失败后，他扩大了这一计划，决定先在阿尔芒蒂耶尔的南部发动攻击，24小时后再在北部发动袭击，两面夹击。

　　由于命令下达得较迟，德军直到4月9日才发动进攻，目的也仅仅是为了转移敌军注意力。但是，德军再次得益于清晨的大雾掩护——这一行动取得了惊人的胜利。于是鲁登道夫抓住机会，逐渐将其转化为一个主力进攻。在阿尔芒蒂耶尔南部11英里的战线上，第一批的9个德国师，加上第二批的5个德国师，进攻1个葡萄牙师和2个英国师（英军后面不远处还有2个预备队）。第二天，德军又在阿尔芒蒂耶尔北部的7英里战线上发动进攻，第一批有4个师，第二批2个师，这次他们仍旧得到了浓雾的帮助。随着协约国的抵抗开始加强，德军方面一点点投入生力军，直到5月的第一周结束，德军已经投入了40个师。鲁登道夫就这样陷入了消耗战之中。

　　英军已经快退到了他们的基地和海边，但他们顽强抵抗，在重要的阿兹布鲁克铁路枢纽附近，终于阻止了已经推进了 10 英里的德军。4 月 17 日，鲁登道夫试图集中兵力两面夹击伊普尔，由于黑格在之前的两天内使用间接路线将军队撤离了此地，他扑了个空，毫无收效。这个计划失败后，鲁登道夫转而在伊普尔以南发起纯粹的直接进攻，而法国预备队已经到达了那里，接管了一部分防线。4 月 25 日，德军向法军的接合处发起攻击，在凯默尔山撕开了法军的防线，但鲁登道夫却因害怕遭到反击而没有乘胜扩大战果。整次战役，自始至终，他都谨慎小心地派遣预备队，耽误了最佳战机，而且派出的预备队数量太少，无法夺取真正的胜利。在第一次进攻失败后，鲁登道夫似乎对之后的进攻也失去了信心。他在 29 日最后进行了一次尝试，随后就停止了进攻。但是他只是打算暂时停止行动，诱使法军预备队回到他们原来的防线上，然后在佛兰德斯对英军发起致命一击。

鲁登道夫已经命令德军准备进攻苏瓦松和兰斯之间的贵妇小径。他原计划在 4 月 17 日发动进攻，但直到 5 月 27 日才准备好——主要是他延长了佛兰德斯的攻势，导致预备队遭到了严重消耗。美国在欧洲的情报部门早已推测出了德军此次攻击的地点和大概日期，但直到 5 月 26 日一名战俘证实了他们的推测，协约国方面才开始行动。可惜此时一切都为时过晚，除了让军队进入战斗状态，他们已经无法加强防御；不过这一预警还是使预备队得以提前行动。第二天早上，在 24 英里长的战线上，德军的 15 个师先发起进攻，还有 7 个师紧随其后，而防守的英法军队一共只有 5 个师，后面还有 4 个后备师。得益于大雾和烟尘的掩护，德军迅速在贵妇小径上击溃了英法守军，越过了埃纳河，在 5 月 30 日到达马恩河。这次，鲁登道夫获得的成功仍然在他的意料之外，他既没有为此特别准备，也不抱多大希望。尽管他是发动突袭的人，但就连他自己也感到惊讶。但开场的胜利占用了过多的德国预备队，而且他们也没能充分发挥作用——因为他们的数量远不如协约国的预备队多。

德军在开场的胜利值得分析。他们获胜的原因似乎有三：一是协约国军队的注意力和预备队分散到了别处；二是德军吸取了以前的教训，攻击敌军防线上抵抗力较弱的部分；三是该区域的法军指挥官愚蠢至极，坚持把步兵放在前，在德军火炮的轰击下，法国步兵都成了炮灰。法国的炮兵、地方预备队和防御指挥所离前线都很近，因此，德军突破他们的防线后，法军迅速崩溃。这样一来，进攻又在战术上具有了奇袭的效果，而这种效果在发动进攻的前一天本来已经部分丧失。因为奇袭的目标就是使敌人失衡，现在德军已然做到了这一点，因此无论法军是由于受骗而措手不及，还是只能无可奈何地眼看自己被围困，效果都是一样的。

鲁登道夫现在已经在协约国的防线上敲入了两个大楔子和一个小楔子。下一步，他打算从两面夹击位于索姆河和马恩河的楔子之间的贡比涅，但这一次没有形成奇袭的效果。6月9日，德军的西侧突击来得太迟，没能配合东侧的攻击。

随后，行动暂停一个月。鲁登道夫一直想对比利时境内的英军发起决定性的打击，但他意识到那里的英国预备队太过强大，于是决定再次转移他们的注意力，计划在南部发动大规模佯攻，将英国的预备队吸引过去。他之前没能攻占在马恩河的楔子西边的贡比涅，现在打算在马恩河的楔子东面进行同样的行动——从两面夹击兰斯。他需要一段时间来休整和准备，可这次延误却造成了致命危险，英军和法军得以恢复元气，美军也积蓄了更多力量。

正是鲁登道夫在战术上的成功导致了他最终的失败——每次取得一定的胜利后，他就沉溺其中，于是每一次都推进得过远，耗时过长，耗尽了自己的预备队，以至于不得不在两次进攻之间休整很长时间，耽误最佳时机。他走的不是阻力最小的路线，而是阻力逐渐变大的路线。突破了敌人的防线后，在战略上，他每一次都是纯粹的直接进攻。他在敌军的防线上敲入了三个大楔子，但没有一个楔子深到足以切断敌军的重要动脉。这一战略失误使德军的防线变成了锯齿形，为协约国军队从侧翼攻击提供了有利条件。

7月15日，鲁登道夫发起了新的进攻，但协约国方面早已为此做好了准备。在兰斯以东，德军的进攻被协约国的弹性防御挫败；在兰斯以西，德军虽然越过了马恩河，但这使他们陷得更深，失败得更为惨烈——7月18日，福煦从另一侧向越过马恩河的德军发起了蓄谋已久的进攻。这次行动的指挥官贝当基于坎布雷战役的经验，使用大量的轻型战车发动突袭——这一点非常关键，正是鲁登道夫所缺乏的。德军本来想尽可能地守住他们撤退的关口，以使深入作战的部队撤回到安全地带，并将他们的防线拉直，然而他们的预备队已经耗尽。鲁登道夫被迫先推迟了在佛兰德斯的进攻，随后完全放弃，导致主动权最终转移到了协约国手中。

协约国军队在马恩河上反突击的特点，值得我们进行研究。在行动之前，贝当已经要求福煦分别在博韦和埃佩尔奈集结两个军团的预备队，以便在德军发动任何新的进攻后，从侧翼反突击德军。第一个军团由曼金指挥，在6月9日阻止了德军的进攻，然后转移到了德军在马恩河的楔子的西面。福煦本来计划派其直接攻击苏瓦松铁路中心，但在准备过程中，情报部门获得了确切消息，称德国即将在兰斯附近发动进攻。于是福煦决定先发制人，在7月12日发起突袭，而不是等到德军进攻后再被动反击。然而，贝当的想法与他恰恰相反，贝当计划让德军先进攻，等他们越陷越深时，再从后方向他们发起反击。奇怪的是，法军在12日仍没有准备好，所以这场战斗更多是按照贝当而不是福煦的设想进行的。然而，法军也并没有完全按照贝当的计划执行。贝当的计划原本分成三步：首先，只派少量兵力把守前方阵地，诱使进攻的德军深入，然后将他们阻挡在兵力强盛的后方阵地之前；随后，法军发动局部反击，这样德军可能会派其预备队前来作战——正好掉进由兰斯两侧的法军所织成的袋中；最后，让曼金率预备队向东，沿着德军在马恩河的楔子的底部发起真正的反攻。这样，他就可以将袋口束紧，把埃纳河南部的德军全部困在袋中。

实际情况和福煦的意见使贝当的计划发生了改变。在兰斯以东，法军使用弹性防御——一种战术上的间接路线——挡住了德国的进攻。但是在兰斯以西，指挥官们坚持使用僵硬的旧式防御方法，他们的防线被德军突破了，德军越过了马恩河。为了抵御危险，贝当不得不将大部分预备队投入战斗，而按照他原来的计划，这些预备队应在第二阶段使用。为了补上空缺，贝当决定从曼金那里抽调人手，并命曼金推迟反击行动，然而福煦此前已经下令在 7 月 18 日进行反击。当福煦得知贝当的这一命令后，他立即下令撤回贝当的命令。因此，贝当计划的第二阶段被迫取消，德国预备队阻止了曼金的行动，使袋口大敞。法军的反击很快变成了纯粹的直接攻击，就像法金汉 1915 年在波兰的战役一样，袋子慢慢缩小，但没能困住德军，他们从袋口处撤了出去。

从此以后，福煦的主要思想就是牢牢掌握主动权，在不断壮大自己的预备队的同时，不给敌军喘息的机会。他的第一步是发动一系列局部进攻，充分保障自己的横向铁路的安全。第一次是由黑格于 8 月 8 日在亚眠前线发起的。通过谨慎行动及巧妙地欺骗敌军，罗林森的第四军团兵力增加了一倍，甚至还出动了 450 辆坦克。这次进攻从一开始就完全出乎敌军的意料，甚至可能是这场战争中最彻底的一次奇袭。尽管由于路线太过直接，这次进攻很快就被迫停止，但在最开始时，它令德军非常震惊，在精神上打破了德军最高统帅部的平衡，并让鲁登道夫相信他的部队已经崩溃，从而使他宣布双方必须进行和谈。同时，鲁登道夫又说道："我们的战略目的，是通过战略防御逐渐瘫痪敌人的作战意志。"

然而，与此同时，协约国发展出了一种新的战略方法。第一个推动其发展的人是福煦，他下令接连在不同的地点发起攻击。而黑格完成了这一战略的演变，他拒绝接受福煦让第四军团继续正面推进的指示，直到第三军团和第一军团相继发动进攻后才再次前进。因此，在协约国方面，由黑格和贝当所指挥的进攻变成了在不同地点的一系列突袭——每一次都在即将失去冲劲的时候就停止，每一次都旨在为下一次铺平道路，并且在时间和空间上都足够接近，可以相辅相成。这样一来，鲁登道夫无法自由调动预备队来应对协约国的进攻，并逐渐耗光了他的预备队，而协约国付出的代价则相对较小。这种方法，即使不能算作真正的间接路线，至少也非常接近。虽然其路线并非最出人意料的那一条，但至少避开了敌军的自然期望路线。虽然其没有选择敌军抵抗力最弱的路线，但至少不会越往前推进，遭遇的阻击越猛烈。这实际上算是一种消极的间接路线。

鉴于德军士气大跌，兵力损失惨重，协约国采用这种方法，至少在一段时间内确保持续推进，并逐渐削弱德军的抵抗能力。由于德军日渐虚弱，黑格自信地表示自己能够突破德军的兴登堡防线，尽管那里有着最强的德军预备队。这导致福煦放弃了上述方法，决定在 9 月底同时发动全面进攻。

福煦希望由英军和美军构成两翼，从侧翼包围楔入法国境内的德军突出部分，从这块凸起上"切下来"一大部分德军，让其陷入孤立无援的境地。此计划基于这样一种想法：阿登山脉像一堵几乎不可逾越的墙，只在两侧有狭窄的出口。然而，这种想法的产生，源于对阿登地区的片面了解。实际上，阿登地区道路状况良好，大部分是丘陵而不是山地。[1]

起初，根据潘兴的建议，该计划具有一定的间接性。他建议美军向布里埃推进，扩大其在局部地区的胜利，消灭在圣米耶勒凸出的德军，然后越过梅斯，切断德军在洛林的交通线，阻止他们向西朝莱茵河撤退。但是黑格反对这一行动，认为它无法配合协约国军队的其他进攻，它的方向不是向心的，而是离心的。福煦同意黑格的看法，对计划进行了相应的修改。于是，美军不得不匆匆向西转移，只准备了一个星期，就在默兹—阿尔贡地区仓促发起了进攻。结果，美军遭到了德军越来越强烈的抵抗，损失惨重，队形散乱，完全未能减轻黑格进攻兴登堡防线的压力。

事实证明，哪怕己方具有压倒性的火力优势，且敌军在心理上已几乎崩溃，采用直接路线也最多只能攻入敌军的阵地，而不能彻底瓦解敌人。到 11 月 11 日停战之日，德军以牺牲他们的后卫为代价，安全地离开了突出部分，防线缩短成了一条直线。协约国军队的推进实际上已经停止——与其说是因为德国的抵抗，不如说是因为在已成废墟的地带，维持生存和获取补给非常困难。在这些条件下，直接进攻只能促使德军以更快的速度溜走，而他们却追不上。

幸运的是，这一进攻行动的最后阶段对战局无关紧要。8 月 8 日的奇袭已然在精神上重创了德军指挥部，随后协约国军队又在一个遥远的战场使用了间接路线，给予了德军致命一击——这便是协

1　1940 年 5 月，反法西斯同盟国司令部做出了一个类似的错误判断，导致其排除了德国机械化部队通过这条路线入侵的可能性。

约国军队在萨洛尼卡前线的进攻。由于该地地形险峻，阻碍了防守军队调动他们的预备队，因此保加利亚军能够进行抵抗的兵力很少，协约国军队很快就沿着抵抗能力最弱的路线冲破了那里的防线。保加利亚军队被一分为二，厌倦了战争的他们与协约国媾和了。这不仅使同盟国失去了一根支柱，而且为协约国军队打开了一条通向奥地利后方的道路。

当意大利军队进攻奥地利时，奥军已然士气低迷、精疲力竭，因而意军很快就突破了奥军的防线，德国面临的威胁越来越近。因为随着奥地利迅速投降，其领土和铁路都成了协约国军队的重要基地，为他们进攻德国后方提供了助力。9月，冯·加尔维兹将军告诉德国的首相，德国目前形势危急，很可能即将彻底失败。

这种威胁，加上封锁在精神上造成的严重影响——另一种大战略层面的间接路线，促使现在饥肠辘辘、失去希望的德国人民逼迫政府投降。此外，保加利亚的失败和协约国在法国战场恢复正面进攻的消息更加速了德国投降。

在短短几日之内，德军最高统帅部丧失了抵抗意志。9月29日，兴登堡和鲁登道夫突然决定媾和，因为保加利亚的崩溃打乱了他们的所有部署——"本该派往西线的部队不得不派往那里支援"。另外，当时协约国已在西线发起进攻，"从根本上改变了"战局，即使德军"这次挡住了协约国的进攻，随后也仍面临崩溃的危险"。

这句话一语成谶，福煦的全面进攻即是如此。美军在默兹—阿尔贡的攻击开始于9月26日，但实际上到28日就已经停止。28日，法国—比利时—英国联军在佛兰德斯发动了进攻，虽然这次进攻给德军造成了一定困难，但算不上是严重的威胁。但是在29日早晨，黑格率主力攻击兴登堡防线，局势对德军非常不利。

情势紧急，巴登亲王马克西米利安临危受命担任德国首相，与协约国进行和谈。他一贯温和，在国际上享有威望。为了能够体面地和谈，不承认德国的失败，他要求统帅们："在我不得不向敌人求和之前，再坚持十天八天，甚至四天。"但是兴登堡坚决地回答道："形势危急，求和刻不容缓。"

因此，10月3日，德国向美国总统威尔逊发出了立即缔结和约的请求。这等于向世界公开承认了德国的失败。甚至在此之前的10月1日，德军最高统帅部对会议上的各党派领导人称他们已经失败，亲手毁掉了德国的国内战线。

长期笼罩在黑暗中的人们，突然看见亮光，会有一种眼睛被晃得失明的感觉。因而在德国国内，所有不和谐与不稳定的力量都暴露了出来。

在几天内，由于英军突破了兴登堡防线后并没有真正突破战斗前线，德军最高统帅部的信心增强了一些，甚至产生了乐观情绪。更令其感到鼓舞的是，有消息称协约国军队进攻的力量有所减弱，特别是在取得一定胜利后没有扩大战果。鲁登道夫仍然希望停战，但目的是让他的部队进行休整，随后进一步抵抗，并确保能安全撤退到边境内更短的防线中。到了10月17日，他甚至觉得军队不用再休整，可以立即开始行动。他这样想，与其说是因为战局发生了变化，不如说是他的主观判断改变了。事实上，战局从来没有像他在9月29日所设想的那样糟糕。但是，他当时的主观判断现在已经彻底影响了德国的政界和公众，就像一颗鹅卵石扔进池塘，激起了层层涟漪。比起战斗前线，德国的"国内战线"虽然开始崩溃的时间更晚，但崩溃的速度却快得多。

10月23日，威尔逊总统答复了德国的和谈请求，要求德国无条件投降。鲁登道夫想要继续作战，希望德军在德国边境的成功抵抗能够挫败协约国军队的信心。但是局势已经超出了他的控制，德国的抵抗意志不复存在，他的建议无人听取。10月26日，他被迫辞职。

随后，德国首相因过量服用安眠药昏迷了36个小时。当他在11月3日晚上回到办公室时，土耳其和奥地利都已经投降，德国的后门被打开了。第二天，德国国内爆发了革命，并迅速席卷全国，原因是和平谈判被推迟以及德国皇帝不愿退位。面对这种情况，唯一的出路就是向革命者妥协。11月9日，巴登亲王马克西米利安将权力移交给了社会民主党领导人艾伯特。德国签署停战协议的全权代表已经在与福煦会谈。11月11日凌晨5时，他们签署了停战协议。11时，第一次世界大战正式结束。

战争的胜负在9月29日就已决定——早在那时，德军指挥部就已在心中认输。鲁登道夫及其副手当时"精神崩溃"，这种颓废的情绪传遍了整个德国，后来再想补救也无济于事。司令部也许能够恢复斗志和信心，改变实际的军事态势，但德国上下的士气已被瓦解，而士气在所有的战争中都具有关键作用。

在促使德国投降的诸多因素中，封锁被认为是最根本的一个因素。即使没有革命，德国军队可能也无法守住德国边境。即使德国军民团结一心，竭尽全力保卫自己的国土，遏制住协约国军队的进攻，德国也仍旧会失败，只不过撑的时间更长一些罢了，因为英国掌握着制海权，这是他们长久以来的利器。

但是加速了德国投降，使战争不至于拖到1919年的最大功臣是军事行动。这一结论并不意味着在停战的时候德国的军事力量已经崩溃，或者说德军已被彻底打败，也不意味着停战是一个错误的让步。如果仔细分析停战前一百天的记录，可以更加确信一个古老的真理：战争的真正目标应是在精神上打垮敌国统治者，而不是消灭其军队；战争的胜负取决于交战方的士气与意志，在物质上打击敌人，只能产生间接影响。真正让鲁登道夫崩溃的是协约国的奇袭，使他感到无力反击协约国之后的战略行动。这远比兵力、枪支弹药和土地损失对他的打击要严重得多。

第三部分

第二次世界大战中的战略

第十五章

希特勒的战略

　　希特勒在 1939 年第二次世界大战爆发前后的作战行动充分诠释了本书前面提到的方法。在战争的第一阶段，希特勒采取间接路线战略，并在物质和心理上，在战场和会场上，都将此战略运用到了新的高度。但此后，他也给了敌人充足的机会，让敌人得以使用间接路线来对付他自己。

　　在战争中，最重要的一点是不要低估敌人。同样重要的是要了解敌人的方法和谋划，这是成功预判敌人行动并先发制人的必要前提。在第二次世界大战中，反法西斯同盟国因未能及时判断出希特勒的企图，总是"赶不上车"，吃了许多苦头。若一国的政府咨询部门设有"敌人研究部"，全方位搜集战争的情报，并从敌人的角度思考问题，那便有望成功预测敌人的下一步行动，令该国受益良多。

　　对未来的历史学家来说，可能没有什么比一些民主国家的政府未能预测希特勒的作战路线更让人惊奇了。因为从没有人像希特勒这样，有着如此野心，还会预先将他的整体战略规划和具体方法透露出来。希特勒的自传《我的奋斗》以及他的诸多演说和言论，都为别人预测他的行动方向提供了充足的线索。他清晰的自我披露可谓是最好的证据，证明他的成功绝非偶然，也不是纯粹的机会主义，还证实了那句谚语——"人总会犯傻"。即使是拿破仑也不曾像希特勒那样蔑视敌人，更不会冒险揭示自己的意图。希特勒之所以敢大胆冒险，是因为他清楚人们总会忽视眼皮底下发生的事。他明白，越想隐瞒一件事情，就越要将它放在明显的位置上。有时最直接的路线反而最出乎意料。正如对待保密问题所采取的策略那样，把大多数事情公开了，人们就不会怀疑还有少许重要秘密存在。

"阿拉伯的劳伦斯"曾这样评价列宁：仅有他构思出了一场革命，开展了革命，并巩固了革命。这条评价也同样适用于希特勒，但要再加一点，他还"写出了一场革命"。显而易见，希特勒认真研究过布尔什维克革命的方法，并从中获益。他不仅学到了如何夺取权力，而且学会了如何扩张权力。列宁曾说道："战争中最稳妥的战略是暂缓行动，直到敌人精神涣散，届时便有可能轻松给予敌人致命一击。"希特勒也曾说过极其相似的话："我们的战争早在真正的军事行动进行之前便开始了。"劳斯宁在《希特勒的自供》一书中记录了希特勒的言论。在讨论这个问题时，希特勒说道："我一直在思考如何让敌人在战争开始之前就精神崩溃，我对此很感兴趣。任何一个在前线作战过的人，都会想要避免不必要的流血冲突。"

由于不断思索这一问题，希特勒逐渐背离了德国正统的军事思想。一个世纪以来，德国的军事理论一直执着于战斗，并导致其他大多数国家的军事理论变得同样狭隘。他们盲目地信奉普鲁士战争哲学家克劳塞维茨，囫囵吞枣地接受他那些难以消化的格言，例如"战争的长子是血腥地解决危机，消灭敌人的军队""只有大规模全面作战才能带来伟大的结果""取胜必要流血牺牲""切勿听取那些不流血就获胜的将军们的言论"。克劳塞维茨拒绝接受以下观点："有一种巧妙方法，不用大量流血牺牲就能征服敌人使其投降，这才是真正的战争艺术。"他认为这是"慈善家"的幻想。他没有看到这样一个事实：这一观点以国家利益为重，不执着于战斗，在使国家获益的同时尽可能减少损失。于是，许多将军盲目听信克劳塞维茨的说教，一有机会就寻求作战，而不是先为自己创造有利的条件。因此，在1914—1918年间，战争艺术只是相互之间的大规模屠杀。

希特勒的观点尽管有其局限性，但至少超越了这些传统的思想。劳斯宁记录了他的话："只有在其他方法都无法达到目的时，人们才血腥屠杀……有一种更广义的战略，使用的是智谋……如果我可以用其他更好、代价更小的方式打击敌人的士气，为什么非要用军事手段呢？""我们的战略是从内部摧毁敌人，让其自行崩溃。"

通过比较希特勒和鲁登道夫的理论，我们可以更清楚地了解希特勒在多大程度上为德国的战争学说指明了新的方向，并赋予了其更广阔的含义。鲁登道夫在第一次世界大战中担任德军总指挥，在随后的1923年曾与希特勒合作，和希特勒共同实施"进军柏林"计划，企图夺取德国政权，但未能成功。

在极权主义国家建立后，鲁登道夫经过近20年的反思，汲取一战中的教训，得出了一些结论，为未来"总体战"提供参考。他在自己的书中[1]一开始就猛烈抨击克劳塞维茨的理论，这些理论正是1914年第一次世界大战开始时德国军事学说的基础。在鲁登道夫看来，德国在第一次世界大战中的错误，并不是不计代价地暴力

1　即 *Der totale Krieg*，中译名《总体战》。——译者

作战，过分地损耗了兵力，而恰恰是使用的暴力还不够多。他批评克劳塞维茨将政策看得过于重要，而不是太不重要。为了说明这一点，他引用了克劳塞维茨的一段经典的话："政治目标是目的，而战争是实现目的的手段。若没有特定的目的，就无法思考要用何种手段。"在鲁登道夫看来，这句话已经过时了。总体战的原则是：在战争中，一个国家应该调动一切资源为战争服务；在和平时期，则要全力为下一场战争做准备。战争是民族"生存意志"的最高表现，因此政治必须服从战争的需要。

读完鲁登道夫的书，我们就会明白，他的理论和克劳塞维茨的理论之间的主要区别在于他认为战争是一种没有目的的手段——如果硬要找出一个目的，那便是把国家变成一支军队。鲁登道夫并不是第一个有此观点的人。斯巴达曾尝试过，但最后使得国家瘫痪，走向灭亡。为了打造战争国家，创造出一个超级斯巴达，鲁登道夫认为最要紧的是确保"民族实现心理统一"。为此，他试图建立一种民族主义的宗教，使所有女性都承认她们最崇高的任务就是生育后代，以"承担总体战的重担"，而所有男性都将为达到这一目的而发展力量——简而言之，就是为了杀戮和征伐而繁衍后代。鲁登道夫还提出了一些其他的实现"心理统一"的建议，如利用古老的迫害手段，不准任何人在口头上甚至是心里反对最高统帅部的观点。

鲁登道夫还坚持，国家需要建立自给自足的国民经济体系，以适应总体战的要求。从这一点上看，他似乎意识到了军事力量是建立在经济基础之上的。然而，奇怪的是，他一方面承认在第一次世界大战中协约国军队的封锁给德国造成了严重的困难，一方面却仍然认为战争的胜负取决于军队之间的战斗。在这一问题上，他称赞了克劳塞维茨："克劳塞维茨一心一意在战斗中消灭敌军。"在鲁登道夫看来，这仍然是一个"不可更改的原则"，而希特勒却认为，一位军事领袖的真正目的应该是不战而屈人之兵。

在鲁登道夫的设想中，下一场战争的打法也只不过是增强他在1918年所发动的攻势罢了——那次进攻在开始时很精彩，但最终却毫无成效。对他来说，进攻仍然意味着这样一种作战过程：步兵得到火炮、机枪、迫击炮和坦克的支援，在近身肉搏中打倒敌人。军队的所有行动都应以战斗为最终目标，机械化只是为了加速开启战斗。

这并不意味着鲁登道夫在思想上或在士兵作战方面反对更广泛的战争形式。他认为，在总体战中"永远不会废除无限制潜艇战"，而飞机将在未来与潜艇配合，击沉每一艘试图到达敌人港口的船只——"甚至是悬挂中立国旗帜的船只"。关于直接攻击平民的问题，他强调说，总有一天"轰炸机群必须毫不留情地轰炸他们"。但是对他来说，最重要的仍是军事行动，他认为空军必须首先用于摧毁敌人的军队，这一目的达成之后才能轰炸敌国的领土。

鲁登道夫欢迎每一种新武器和新装备，但他只是把它们收入到自己的军械库中，而从未在大战略层面考虑过如何应用它们。对于战争中不同因素之间的关系，他似乎从来没有思考过。简而言之，他的意思就是：尽可能地在各方面增强武装力量，你就会取得一定的成果。但究竟取得何种类型的成果，他既不好奇也不担心。他清楚地指明："军事行动的总司令必须给政治领袖们下达指令，指挥他们的工作，而政治领袖们必须在战争中遵循和执行这些指令。"换句话说，负责制定国家政策的人必须给军队总司令开出一张空白支票，任他支取国家现有的全部资源和透支未来的发展资源。

尽管鲁登道夫和希特勒在思想上有很多相同之处，如对种族、国家和日耳曼民族统治世界观点一致，但他们的分歧也同样巨大——尤其是在方法上。

鲁登道夫荒谬地要求军事战略控制国家政策，这就好比让一件工具自行决定自己的任务。希特勒则将军权与政权集于一身，解决了这一问题。因此，希特勒与古代的亚历山大和恺撒，或后世的腓特烈大帝和拿破仑享有同样的优势。这样一来，他就拥有不受限制的机会，可以自由地准备和发展他的手段以达到他的目的，而纯粹的战略家们则没有这种机会。此外，他很早就意识到了，军事武器只是达成战争目的的手段之一，只是大战略可以使用的各种武器中的一种。这一点很多军事统帅都不曾意识到。

虽然一个国家发动战争的原因有很多，但其根本目的可以概括为确保其国家政策持续推行。当别国决心阻挠，或推行相反的政策时，战争就可能爆发。人类的意志是冲突爆发的根本原因和主要动力。一个国家要想在战争中达到自己的目的，就必须改变敌人的意愿，从而使其符合自己的政策。一旦意识到了这一点，克劳塞维茨的信徒所推崇的一条最重要的军事原则，即"一战摧毁敌军主力"，就和大战略的其他手段处于平等的地位。这些手段包括更间接的军事行动以及经济压力、舆论宣传和外交手段。与其过分依赖一种在某些情况下可能会失效的手段，不如将最合适、最深入和最经济的手段结合使用，以最小的战争代价和对战后发展最小的伤害来使敌人屈服。因为如果一个国家在取得决定性胜利时已元气大伤、精疲力竭，那么胜利实际上毫无价值。

大战略的目标应该是发现并打击敌方政府的致命弱点，而战略应该以找到敌军的相接处（或者说接合点）并从那里突破为目标。击打敌人强大的地方，所取得的成效与自己的损失不成比例。要使自己的攻击有强大的效力，就必须攻击敌人的弱点。

因此，解除敌人的武装比通过激烈的战斗来打垮敌人更有效，也更经济。硬拼不仅会使得军队精疲力竭、损失惨重，还会有失败的风险。一个战略家应该想方设法使敌人瘫痪，而不是与其血战。在低层次的战争中，杀死一个敌军也只不过是少了一个对手，而若能使一个敌人失去作战的勇气，他的这种恐惧很快就会像病毒一样在敌军中肆意传播。在较高层次的战争中，在精神上打垮敌军的指挥官，敌军所拥有的全部战斗力都会丧失。而在更高的层面上，若能在心理上让敌国政府感到紧张和恐慌，敌国所能支配的所有资源也都可能会失效——一只瘫痪的手当然无法握住利剑。

在此，有必要重申第一章的基本观点：对战争的分析表明，一个国家的实力，虽然在表面上体现为其军队数量和资源，但实则取决于其内部器官和神经系统的状态，即其指挥、士气和补给的稳定性。直接施压总是会增强和巩固敌人的抵抗力——就像雪球，它越紧密，融化的速度就越慢。无论是在政策还是军事战略上，或者换句话说，不论是在外交战略还是在军事战略上，间接路线都是打破敌人的心理和物质平衡的最有效的方法，从而使敌人更有可能被击垮。

战略的真正目的是减小敌军抵抗的可能性，由此可以得出另一个公理：为了确保能够实现一个目标，应该同时设立多个目标。对一个点的集中攻击应该能够威胁到另一个点，并且能在有必要的时候快速将力量转移到另一个点上发动进攻。只有目标足够灵活，战略才能适应战争的不确定性。

不知是因为本能还是深思熟虑，希特勒敏锐地掌握了这些少有人能够认识到的战略真理。在争夺德国统治权时，他运用了这种心理战略，攻击魏玛共和国的缺点，利用人性的弱点，在利害关系上挑起资本主义和社会主义之间的矛盾。他先是支持其中一方，随后又倒向另一方，就这样使用一系列间接手段实现了他的目标。

1933 年，希特勒统治了德国后，他的那一套间接方法有了更广阔的发展空间。1934 年，他与波兰签订了一份十年的和平条约，保障他的东部侧翼不受威胁。1935 年，他违反了《凡尔赛条约》对德军的军备限制，并于 1936 年重新占领了莱茵兰。同年，他狡猾地开始进行"伪装战争"，与意大利一起支持佛朗哥将军推翻西班牙共和国政府。这间接威胁了法国和英国的战略后方，在大战略层面分散了其注意力。这样一来，他削弱了英法在西边的地位，并通过重新在莱茵兰设防，在西侧做好了防御。随后，他便能够转向东方，进一步采取间接行动，打击西方强国的战略根基。

1938 年 3 月，他进军奥地利，从而暴露了在捷克斯洛伐克的侧翼，同时冲破了法国在一战后在德国周围设下的禁锢。1938 年 9 月，《慕尼黑协定》签署后，他不仅侵占了苏台德地区，还在战略上使捷克斯洛伐克陷入了瘫痪。1939 年 3 月，他彻底占领了这个早已瘫痪的国家，从而包围了在波兰的一个侧翼。

通过这一系列不流血的间接方法，希特勒打着"和平"的名号，使用舆论宣传做烟幕掩护，不仅摧毁了法国此前对中欧的统治和对德国的战略包围，而且扭转了局势，使德国处于有利地位。这正符合传统的战争艺术，即在开战前通过间接手段占据有利位置，不过希特勒的方法更加现代、范围更广，且层次更高。在整个过程中，德国的力量一直在增长，直接原因是其军备大规模发展，间接原因是其通过打击敌人的盟友，以及从战略上松动他们的根基，削弱了主要敌人的力量。

因此，到 1939 年春天，希特勒已不再畏惧公开战斗。在这个关键时刻，英国方面的一个错误举动为他提供了助力。英国在未征得苏联同意的情况下，就贸然向波兰和罗马尼亚做出保证，而这两个国家当时已经在战略上被希特勒孤立了，唯有苏联能给予它们有效支持。英国此前一直采取绥靖和退让政策，这次盲目行动实在轻率。从时机上看，英国的保证无异于对德国的挑衅。从位置上看，英法军队根本无法到达这两个国家，英国的保证助长了希特勒的野心和欲望，使他迫不及待地想要出手。因此，西方强国破坏了自己的战略根基。本来，由于他们目前处于劣势，唯一可行的战略就是筑起牢固的防线，阻挡德国从西边发动的进攻，但他们现在却给了希特勒机会，使他轻松打破了西方薄弱的防线，取得了初步胜利。

正如劳斯宁所记述的那样，希特勒总是将弱小或被孤立的国家作为突袭目标，同时诱使他的敌人背负主动进攻的重担——德国领袖比任何协约国的军事统帅或政治家都更清楚现代防御的重要性。现在，希特勒得到了一个大好机会。在这种情况下，希特勒的战略原则非常明显，即立刻与苏联达成协议，使苏联保持中立，不与英法结盟。一旦苏联置身事外，希特勒就可以"坐收渔利"了。如果英法为了履行承诺而宣战，就自动放弃了防御优势，转而在缺少必要资源和最不利的情况下采用进攻战略。如果他们只用少量兵力冲击齐格菲防线，便会显得非常无能，丧失威信；而如果他们猛力进攻，则会损失惨重，倘若希特勒从西面进攻，他们的抵抗兵力减少，防御会非常困难。

想要摆脱这种尴尬处境，并阻止希特勒完全为所欲为，英法两国唯一的办法就是对德进行经济制裁和外交抵制，同时向被德国侵略的国家提供武器支持。这样，比起在极为不利的条件下宣战，既可以给予波兰诸多帮助，又可以维护自己的威望，并减少损失。

但事实上，法军还是向齐格菲防线发起了进攻，但未能有丝毫突破。由于事前过分夸大了这次进攻，法军的失败严重损伤了英法等同盟国军队的威信。而与此同时，德军在波兰迅速获胜，加深了中立国对德国的恐惧，并动摇了他们对英法等同盟国的信心，使英法等国承诺的可信度大打折扣。

由于英法等国根本无法突破德国在西侧所设的防御工事，波兰得不到援兵，希特勒能够巩固他的军事成果，并扩大政治优势。他原本可能维持这种安全的防御状态，直到法国和英国人民厌倦战争——现在他们已经明显地看到了这场战争有多么可笑。然而，同盟国的政治领袖们在条件还不允许、尚且不能发动真正有效的进攻之前，就先在口头上高调宣扬要发动攻势。结果就是，他们激怒了德国，但他们根本没有准备好迎战。他们光说不做，为希特勒提供了一个新机会，也刺激了希特勒，他决定先发制人，率先发动攻势。当英国和法国的许多人还在设想能否借道德国周围的中立小国进攻德国侧翼时，希特勒已经入侵了至少 5 个中立国——作为侵略者他无所顾忌，威胁到了同盟国军队的侧翼。

在战争爆发之初的几个月内，希特勒倾向于保住挪威的中立地位，一则为他的侧翼做掩护，二则他需要通过挪威在大西洋沿岸的港口纳尔维克将瑞典的铁矿石运回德国。然而，越来越多的迹象表明，同盟国军队正计划采取行动控制挪威的水域和港口，这对他非常不利，于是他率先出兵占领了挪威。

事实上，侵占挪威原本就在他的计划之中。早在 1934 年，他就向劳斯宁和其他人描述过他的构想：在空军的掩护下，派遣多支小型远征队朝斯堪的纳维亚半岛进发，出其不意地夺取半岛上的主要港口。德国埋伏在斯堪的纳维亚半岛上的"第五纵队"将负责指挥登陆，行动的借口也早已找好：保护这些国家免受其他国家入侵。这位战争"艺术家"说道："这将是一次大胆而有趣的尝试，纵观世界历史，此前从未有人这样做过。"这个惊人的构想在 1940 年 4 月 9 日得到实施，取得了意想不到的成功。在希特勒的设想中，某些地点的突袭可能会失败，于是他只希望能够占领大多数战略要地，但令他惊奇的是，他没有受到丝毫阻击就拿下了每一处目标，甚至北方的纳尔维克也被他收入囊中。

希特勒轻而易举地就取得了成功，随后又轻松击败了进攻挪威的同盟国军队。于是他信心大增，迫不及待地想要发动一次早已计划好的、规模更大的进攻。早在几年前，当谈及他将如何应对一场大战时，他说打算在西线坚持防御战略，让敌人率先发起进攻，他则占领斯堪的纳维亚半岛和低地国家，使自己在战略上处于优势地位，随后向英法等国家提出和谈条件。"如果他们不接受我的条件，他们可以出兵攻击我。无论如何，他们都要肩负主动进攻的重担。"但现在情况与他设想的不同。征服波兰后，他提出了和谈建议，但遭到英法等强国的拒绝。在被断然拒绝之后，他决定强迫法国求和，并在那年秋天把他的军队调遣到了西方，准备向法国发起进攻。然而，德军将领们不相信他们有足够的力量能击败英法军队，再加上恶劣天气的影响，这一计划被推迟了。但是随着计划搁置的时间越来越长，希特勒越发不耐烦。等到在挪威获胜后，将军们再也无法阻挠他的行动——因为他在挪威能够获胜，正是得益于他没有听取过分谨慎的将军们的警告。

很久以前，在讨论进攻法国的可能性时，希特勒曾说："我将不费一兵一卒，绕过法国的马其诺防线进入法国。"尽管他的说法有些夸张，实际上仍有一定的兵力损失，但到 1940 年 5 月，与他的成就相比，他的损失非常少。

按照最初的计划，德军将主要进攻右翼，由博克的集团军群负责执行这一任务。但是在 1940 年初，这个计划被彻底修改了，重心发生了转移。按照当时伦德施泰特集团军群的参谋长曼施坦因将军的观点，穿过阿登山脉突袭的成功概率更大，因为敌人根本想不到德军会走这条路线。

西线战役最显著的特点是，德军指挥部小心翼翼地避免任何直接进攻，尽管他们在现代武器上占优势，但仍坚持使用间接路线。德军没有试图冲击马其诺防线。相反，通过佯攻荷兰和比利时这两个小中立国，德军成功地引诱同盟国军队离开了其在比利时边境的防线。同盟国军队深入比利时后，德国空军故意没有加以阻拦，随后德国陆军从后方突袭，猛击法军暴露在外的接合点。

发动这致命一击的，是一支由装甲师组成的突击部队，只占德国陆军总数的一小部分。德军指挥部清楚地意识到，要想迅速夺取胜利，必须依靠机械装备而不是人数。但即便如此，由于这支突击部队的规模实在太小，德军将领们根本没有信心。但他们最终成功了，主要是因为法军指挥部的鲁莽，或者说是因循守旧。法军将主力集中在左翼进行大规模推进，在比利时发起战斗，只留下几个杂牌师防守正对阿登山脉的中央防线——他们认为，德军的机械部队很难穿越这片林木繁茂的丘陵地区。德军正是利用了这一点，出乎其意料发起奇袭。德军很好地汲取了一条常被提起的历史经验：从本质上看，比起严防死守的敌军，自然障碍更易克服。

我们还可以清楚地看到，德军越过色当后的快速推进，得益于这样一个事实：德军连续威胁到多个目标，使法军难以确定其真正的意图。首先，法军摸不清德军是朝着巴黎前进，还是朝着比利时的后方推进；然后，当德国装甲师向西进发时，法军又不知其下一个目标是亚眠还是里尔。德军就这样"声东击西"，始终选择能同时威胁多个目标的道路以迷惑法军，迅速抵达了英吉利海峡的岸边。

德军的战术与他们的战略一致——避免正面攻击，并且总是寻找敌军的"软肋"，这样他们就可以沿着阻力最小的路线推进。同盟国的政治家们对现代战争存在极大误解，号召他们的军队以"疯狂、无情的袭击"来迎接德军的入侵，而德国的坦克大军席卷而过，碾压了他们笨拙的步兵。如果同盟国的军队没有奉命放弃防御边境要塞，他们也许能够阻止德军的入侵：没有什么比他们的反攻更无效了。当同盟国军队指挥官在思考如何进行战斗时，新任德军指挥官则尽量避免直接作战，努力在战略上使同盟国军队陷入瘫痪——使用坦克、俯冲轰炸机和伞兵制造混乱并破坏其交通线。非常讽刺的是，英国陆军元帅艾恩赛德曾欣慰地认为，这次战争中的德国将军们在第一次世界大战中的最高军衔也仅是上尉，因此德军必然会遇到很大困难。8年前，希特勒曾批评德国的将军们囿于旧知，思想太过狭隘，"对新奇的事物视而不见"。然而，德国军界后来出现了一批后起之秀，对新思想和新事物拥有极其出色的接受和运用能力。

但是，对于新型武器、新战术和新战略的应用只是德国获胜的部分原因。更重要的是，在战争中，希特勒将间接路线运用到了更广的领域和更深的层次。他从布尔什维克的革命方法中获益匪浅，正如德军从英军的机械化战争手段中受益良多一样——而这两个领域的基本方法，实则都来源于成吉思汗领导下的蒙古军队的作战方法。为了给自己的进攻铺平道路，他试图在其他国家找到有影响力的盟友，让他们破坏该国的对德抵抗，制造麻烦以使德国受益，并准备组建一个符合他的目标和利益的新政府。他无须贿赂，而是利用人的野心和独裁愿望，在他国统治阶级中找到愿意与他勾结的人。等到时机到了以后，这些人就可以为德军打开道路。希特勒计划派一支突袭部队，伪装成商旅或者游客，迅速穿过敌国边境而不惊动敌军。在必要的时候，让这支部队穿上敌军的服装。他们的任务是破坏交通路线，散布假消息，以及——若有可能的话——绑架敌国的领导人。空降部队会支援他们。

希特勒发动的正面进攻，要么是虚张声势，要么只有少量兵力作战，而主力部队总是从后方攻击敌人。他蔑视强攻和刺刀冲锋等传统作战方式。他的战争始于打击敌人的士气和打乱其组织部署。最重要的是，他发动战争靠的是言语而不是武器，是舆论宣传而不是炮弹。就像在上次战争中，在步兵推进之前，可以用炮轰摧毁敌人的防御一样，未来的战争可以使用精神轰击。精神轰击可用的弹药种类有很多，其中革命宣传尤其重要。"将军们不顾以往战争的教训，想要像侠客一样作战。在他们眼中，战争应该像中世纪的比赛那样。但我不需要骑士，我需要革命。"

战争的目的是让敌人投降。如果敌人丧失了抵抗意志，就没有必要血战和屠戮——这样既愚蠢又会造成巨大的损失。间接地将细菌注入敌国的身体中，使其头脑瘫痪，瓦解其意志，这种方式要有效得多。

这就是希特勒的心理战理论。若想阻挡他的进攻，就应当充分理解这一理论。该理论在军事领域的应用价值已经得到了证实。使敌人的军事神经系统瘫痪，比打击其肉体要经济得多。该理论在政治领域也有一定效力，但并不能令人满意。如果德国没有使用新型部队和新的进攻方法，未能使敌国瘫痪，该理论是否能成功瓦解敌人的抵抗力量尚且存疑。以法国一战为例，即便法军仍意志坚定，德国在军事技术上的优势也足以击溃他们。

如果在力量或技巧上的优势足够大，那么虽然可以靠武力粉碎敌军，却无法被粉碎敌人的思想，因为它们是无形的。因此，除非使用心理战，否则无法攻破敌军的思想防线，而思想的力量不可小觑。也许没有人像希特勒那样清楚思想的力量有多大，但随着权力的扩张，他不得不越来越依赖武力的支持。这表明，他高估了自己的政治技巧的价值，仅用思想武器无法达到目的。因为，如果不是从经验中得出的真理，那么其冲劲只有一时，而后坐力则很强。

希特勒将进攻战略艺术发展到了新的层次。此外，他比任何敌人都更好地掌握了大战略的第一阶段，即发展和协调各种形式的战争活动，以及使用一切可以用来打击敌人意志的手段。但是像拿破仑一样，他对更高层次的大战略理解不足——他不能以高瞻远瞩的眼光看待战争及战后的和平状态。若要做到这一点，一个人必须不仅是一个战略家，而且还要既是领袖又是哲学家。虽然战略通常违背道德规范，涉及诸多欺骗手段，但大战略却有与道德规范相合的趋势，且始终不忘最终目标。

为了证明自己势不可挡，德军在战略、经济以及最重要的心理方面削弱了自己的防御。当德军遍布欧洲，给各国造成苦难而没有取得和平时，各国纷纷产生了怨恨情绪，抵制他们传播的观念和思想。甚至德军自己也因为不断与被占领国家的人民接触而意志动摇，且因他人的憎恶而变得敏感。他们愈发渴望回到家乡。希特勒一直竭力激发的军事热情开始熄灭。孤立无援、没有盟友更使德军泄气，厌战情绪逐渐发酵，相反的观点也开始出现。

希特勒的进攻扩张给了残存的同盟国军队夺占优势的机会。如果他们对大战略有更全面的认识，本可以更快地占据优势。但即便没有，只要英国仍然不可战胜，夺占优势的机会就可能增加。为了取得对德国有利的和平，希特勒需要彻底的胜利，但只要英国不倒下，他就无法实现这一目标。而他在其他地区推进得越远，就越难控制他已经征服的国家的人民。每向前迈一步，滑倒的危险就增加一分。英国的问题实际上更简单，但也更艰难。英国必须努力坚持，直到希特勒像拿破仑那样犯下不可挽回的错误。对英国来说，幸运的是，在压力变得难以忍受之前，希特勒就犯错了。他的失误无法补救，因为他尽管把进攻战略运用得炉火纯青，却在防守战略方面相当欠缺。正如拿破仑一样，早期的巨大成功使希特勒相信进攻是万能的，无须防守。

第十六章

希特勒的胜利

　　1939 年，德国占领波兰；1940 年，德国占领西欧各国。这两场战役是军事史上的里程碑，决定性地证明了高速机械化战争理论的价值。这一理论原由英国提出，但因为德国装甲部队的缔造者古德里安将军的努力，该理论在德国被采纳。尽管德国高级将领对这种新技术持谨慎的怀疑态度，只投入了有限的资源，并未达到其倡导者的期望，但它还是迅速夺取了胜利，令人惊叹。这项新技术不仅彻底改变了战争，也改变了世界历史的进程，尽管希特勒最终失败了，我们却无可否认这项技术能助他在第二次世界大战中多次取胜，对西欧的地位和战后发展产生了不可逆转的灾难性影响。由于美国在第二次世界大战中为扭转战局、打击希特勒做出了巨大努力，在战后，美国成为世界的权力中心。此外，令西欧国家颇感不安的是，俄罗斯的地位不断上升，成为欧亚大陆上的霸主，这标志着一个时代的终结。

　　这些战役——不仅革新了战争形式，而且改变了世界力量平衡——是间接路线战略的重要例子。对西线作战的分析清楚地表明，如果不是采用间接路线战略，新型机械化部队很难取得成功。

这种效果是相互的，机械化部队的机动性和灵活性反过来也赋予了间接路线更大的潜力。

不幸的是，波兰为这二者的结合提供了一个理想的场地。波兰与德国的边界长达 1250 英里，在德国占领捷克斯洛伐克后又延伸了 500 英里，这导致波兰的南翼和面对东普鲁士的北翼都很容易受到德军进攻。如此一来，波兰西部就像一个巨大的突出部，伸进了德国的两颌之间。

波兰军队的部署使波兰更加危险。大部分波兰军队都在西部突出部的前沿，因为他们想要保卫位于维斯瓦河以西的波兰主要工业区，但民族自豪感和军事上的过度自信使他们陷入极大的危险中。

和平时期的波兰军队由 30 个步兵师和 12 个骑兵旅组成，和法国军队规模相近，并不比德国军队少多少。但是波兰的工业资源有限，无法充分发挥其人力资源，甚至不能为其现役部队提供足够的装备。在征兵动员方面，波兰只能动员 10 个师左右，而德国可以动员的是其一倍以上。虽然德国的装甲部队和摩托化步兵师很难扩大规模，但由于波兰几乎完全缺乏此类现代部队，这对德国来说也不算是限制。

由于波兰地处平原，开阔平坦，机动化极强的德军很容易入侵并迅速推进，因此上述问题在战时会显得尤为严重。虽然波兰道路状况不佳，深沙经常掩埋道路，一些地区常有湖泊和森林，在波兰推进不像在法国那么容易；但是，希特勒选择了最佳的入侵时间，将这些障碍的影响降到最低。

由于波兰已被德国包围，德军很容易采取间接路线战略。通过巧妙的设计，他们大幅增强了间接路线的效果。

博克的集团军群负责从北部入侵波兰，该集团军由屈希勒领导下的第三集团军和克鲁格领导下的第四集团军组成。第三集团军从东普鲁士的侧翼位置向南推进，而第四集团军向东推进，穿过波兰走廊，加入包围波兰右翼的行列。

位于南部的伦德施泰特的集团军群负责更重要的任务。该集团军群由布拉斯科维茨领导下的第八集团军、赖歇瑙领导下的第十集团军和李斯特领导下的第十四集团军组成，步兵力量几乎是其他部队的两倍，装甲部队更强。布拉斯科维茨位于左翼，他将向波兰重要的制造业中心罗兹推进，并负责孤立波兹南突出部的波兰部队，同时掩护赖歇瑙的侧翼。右翼的李斯特将向克拉科夫推进，并击败波兰军队在喀尔巴阡山的侧翼，派一个装甲师穿过山口。决定性的一击则由位于中部的赖歇瑙负责完成，为此，大部分的装甲部队都被分配给他。

德军的入侵始于 1939 年 9 月 1 日。到了 9 月 3 日，英国和法国不得不遵守他们对波兰的诺言参与作战，那时克鲁格的推进已经切断了波兰走廊，到达了维斯瓦河下游，屈希勒也正从东普鲁士向纳雷夫河不断逼近。更重要的是，赖歇瑙的装甲部队已经抵达瓦尔塔河，在那里实行强渡。与此同时，李斯特的军队正从两翼包抄克拉科夫。到了 9 月 4 日，赖歇瑙的先锋部队已经推进到了波兰境内 50 英里处的皮利察河，两天后他的左翼已经过了托马舒夫，而他的右翼已经进入凯尔采。

德军总司令布劳希奇命令德军继续向东直行，越过维斯瓦河。但是，伦德施泰特和他的参谋长曼施坦因正确地判断出波兰的主力部队仍在维斯瓦河以西，他们打算在那里围困波军，于是主动改变了计划。赖歇瑙的左翼由一个装甲师开路，奉命向北迂回到罗兹周围的波兰军队集中地的后面，并沿着罗兹和华沙之间的布楚拉河建立一个封锁阵地。由于德军的突然向北转向出乎波兰军队的意料，德军几乎没有遭到任何阻击。结果，他们在这支波兰主力部队还没来得及撤过维斯瓦河时就将其包围了。

德军沿着最出人意料和抵抗最弱的路线，深入波兰，获得了很大的优势，而他们的战术防御进一步扩大了这种优势。现在，面对匆忙进攻的波兰军队，他们只需要坚守阵地即可取得胜利。波兰军队正在被迫撤退，他们远离基地，补给短缺，侧翼和后方日益受到向东推进的布拉斯科维茨和克鲁格的压迫。波兰士兵奋勇作战，他们的勇气给德军留下了深刻的印象，但只有一小部分人最终逃脱，成功与华沙的守军会合。

9 月 10 日，波军总司令雷兹－希米格维元帅命令剩余的波军向波兰东南部全面撤退，希望在一条相对狭窄的战线上组织防御，以进行长期抵抗。但是这个愿望落空了。因为当维斯瓦河以西的包围圈被收紧时，德军已经深入维斯瓦河以东的地区，进行了一场更为宽广的钳形迂回，包抄了桑河和布格河这两条潜在防线。

德军采用了一条非常间接的路线，迂回抵达了布格河的最后防线。在入侵开始时，古德里安的装甲兵作为先锋，带领克鲁格的第四集团军穿过波兰走廊，向西北部朝德国在东普鲁士的飞地推进。穿过这片德国领土后，他们来到了屈希勒第三集团军的最左翼（即东翼），面朝南。9 月 9 日，古德里安越过纳雷夫河，向南推进，在沿着波兰突出部的底线行驶了 100 英里后，于 14 日到达了位于布格河上的布列斯特－立陶夫斯克。然后，他的先头部队继续向前推进 40 英里，到达弗沃达瓦，与克莱斯特的装甲部队在南方形成的钳形包围会合。至此，当苏军在 17 日越过波兰东部边境时，波兰军队的败局已定。

9 个月后，德国在西线的战役中获得了胜利，他们在军事部署上所采用的路线并不完全是间接的，但在心理上非常间接。他们的行动原则就是组合使用多种方式打破敌人的平衡——在方向、时间和方法上出乎敌人的意料，作战前尽可能分散敌人的注意力，推进后沿着阻力最小的路线前进，以最快的速度扩大战果，尽可能深入地推进。此外，最重要的是，其胜利应归功于诱饵战略和"柔术"效果。

1939 年 10 月初，占领波兰后，希特勒下令在西线发动第一次进攻。他宣称，如果英法表露出不同意结束战争的意向，他将提早进攻，先发制人，因为"拖得太久"将"使敌人的军事力量逐渐增强"，同时很可能导致中立国倒向同盟国一方。在他看来，如果延迟进攻，形势在各个方面都会对德国不利。他担心如果再等下去，情况将如他的军事顾问所说的那样，盟军的军备增长将超过德军，旷日持久的战争会耗尽德国现有的有限资源，并使德军暴露在苏军的致命攻击之下——斯大林很有可能撕毁此前签署的协议，不再保持中立。出于担忧，希特勒迫切地想提前进攻，迫使法国媾和，因为他相信一旦法国退出战争，英国也会妥协。

希特勒认为，目前德国在最重要的新式武器上占有优势，有足够的力量和装备击败法国。"目前，德国的坦克部队和空军在技术上已达到新高度，不仅有极强的攻击性，而且可以很好地防御，其他任何国家都难以企及。其组织形式和训练有素的将领，确保了其在行动中的战略潜力远远大于其他国家。"虽然法军在旧式武器特别是重炮方面有优势，但希特勒认为"这些武器在运动战中无法产生决定性的结果"。德军在新式武器上的技术优势，使法国在可动员士兵数量上的优势大打折扣。

德军统帅们和希特勒一样长期有着上述诸多恐惧，却没有看到希特勒所看到的希望。他们觉得以德军的兵力不足以击败法军，更明智的做法应该是坚持防守，看看法国和英国是否倾向于和谈；若是试图进攻，必将遭到毁灭性的打击。

然而，希特勒驳回了他们的反对意见，将进攻定在了 11 月的第二周。由于天气不佳以及铁路运输情况不利，进攻又推迟了三天。之后，类似的短暂延期一共发生了 11 次，一直到 1 月中旬。随后，这一行动被搁置了很长时间，直到 5 月才终于再次启动，正式发动攻势。然而，在此期间，这个计划已被彻底修改。

最初的计划由哈尔德手下的总参谋部制订，如同 1914 年的计划一样，派德军主力穿过比利时中部发动主要攻击。博克指挥的"B"集团军群负责完成这一任务，而伦德施泰特指挥的"A"集团军群应穿过丘陵和林木茂密的阿登地区，在左翼辅助博克发动进攻。总参谋部将所有的装甲师都分配给了博克，因为他们认为坦克很难穿越阿登地区，并没有指望在阿登地区取得多大成果。

但是，伦德施泰特的参谋长曼斯坦因认为该计划有三大缺陷：首先，该计划意图太明显，与 1914 年的计划太过接近，敌人很容易猜到并提前做好部署。其次，这样一来就需要攻击英军，而英军比法军更难对付。最后，即使计划成功，也只是把盟军赶回去，并占领佛兰德斯海岸而已，无法产生决定性的结果。而若是采用间接路线，切断盟军在比利时的交通线和退路，就有望取得决定性胜利。

曼斯坦因建议把重心从右翼转移到中间，穿过阿登山脉地区发动主要进攻，因为这条路线最出乎敌军意料，防守的兵力必然很少。他认为，尽管存在地形困难，但装甲部队仍可以在阿登地区有效推进。作为专家的古德里安对此表示赞同。

这一大胆的新计划引起了希特勒的兴趣，但最终决定修改原计划却是因为一次非同寻常的意外。1 月 10 日，一名德军参谋携带有关该计划的文件从明斯特飞往波恩，在途中遇到了暴风雪，飞机迷失了方向，误降在比利时境内。德国最高统帅部自然担心他可能无法销毁这些机密文件（事实上，他只烧毁了一部分）。即使发生了这件事，德军总司令和总参谋长仍不愿像曼斯坦因提议的那样彻底修改原计划，直到曼斯坦因越过他的上司找到希特勒，并获得了希特勒的大力支持后，这些阻碍才被克服。

在此期间，盟军收到了一次假警报，暴露了自己的部署。得知盟军打算深入比利时后，德军越发意识到有必要按照曼斯坦因的主张修改原计划。

从事态的发展上，可以清楚地看到，若德军采用原计划，肯定无法攻占法国或取得其他决定性结果。因为按照原计划直接进攻，德军将会与最强大、装备最好的英法军队正面交锋，并且不得不穿过一片障碍重重的地区，其间遍布河流、运河和大型城镇。穿过阿登山脉可能看起来更难，但是如果德军能够在法国最高统帅部发现危险之前穿过比利时南部林木茂盛的丘陵地带，那么迎接他们的将是法国绵延起伏的平原——那里为大规模坦克推进提供了最理想的条件。

曼斯坦因也考虑到了盟军向比利时推进的可能性，并希望从他们的这一行动中获得更大的优势。他进行了精明的计算。根据盟军总司令甘末林将军的计划，得到加强的盟军左翼部队将在德军入侵一开始就快速进入比利时，向东推进到迪莱河防线，如果可能的话还可以更远。事实证明，这一计划和1914年法国的第十七号计划一样致命——这么做会让他们很容易被德军从侧翼反突击，正中德军的下怀。盟军向比利时推进得越远，穿过阿登地区入侵的德军就越容易到盟军后方，并切断他们的左翼。

现在，结局几乎已经被确定，盟军将遭遇致命的失败。因为甘末林将大部分机动部队派去执行迅速进入比利时的任务，只留下了几个次等师组成薄弱的防御屏障，守卫前进军队的接合点——正对阿登山脉的山口。当这一脆弱的地方被德军刺穿后，盟军不仅失去了平衡，而且也几乎没有补救的机会，因为最适合填补这一缺口的兵力已深入比利时。甘末林只顾催促军队匆忙前进，在很大程度上放弃了他的战略灵活性。

德军最开始攻击的是低地国家，攻势非常惊人，有效地分散了盟军的注意力，以至于盟军一时未能意识到接合点的危险。荷兰军队遭到了前后夹击，后方有德军空降突袭，前方受到德军猛烈攻击，军队乱作一团，在第五天就投降了。比利时军队的前沿阵地在第二天被德军突破，随后他们按计划撤退到安特卫普—纳穆尔防线，在那里与英军和法军会合。

在荷兰，5 月 10 日清晨，德国空降部队突袭了首都海牙和该国的交通枢纽鹿特丹。与此同时，德军还对东面 100 英里的荷兰边境防御部队发起了攻击。由于前方和后方受到双重袭击，荷兰军队陷入混乱和恐慌之中，德国空军的威胁更加剧了这一点。趁荷军大乱，一个德国装甲师冲过了南翼的一个缺口，在第三天与鹿特丹的德军空降部队会师。荷兰人虽然在战略上处于守势，但在战术上却被迫主动进攻。到了第五天，虽然主要战线仍未被德军突破，但是荷兰选择了投降。

德军最开始的突袭在心理上造成了间接效果，为其直接入侵比利时铺平了道路。地面进攻由赖歇瑙指挥下的强大的第六集团军负责。在进行有效部署之前，德军必须克服一个令人生畏的障碍，且只有 500 名空降兵辅助这次攻击。他们的任务是占领艾伯特运河上的两座桥，以及位于艾伯特运河防线两侧的埃本·埃马尔要塞，它是比利时最现代化的堡垒。两个目标相距很近，但德军想要完成任务仍然面临很大困难。在这里，比利时边境临近荷兰南部的城市马斯特里赫特，一旦德国军队越过荷兰边境，在阿尔伯特运河上的比利时边防军就会得到预警，在德军地面部队穿过 15 英里长的地带到达之前炸掉桥梁。

为了确保这两座桥梁不被比利时军队提前炸毁，德军只有唯一一种选择，那就是派空降部队借着夜色的掩护，悄无声息地降落。不到 80 人的滑翔机分遣队在埃本·埃马尔要塞上空降落，使这座要塞陷入瘫痪，并将 1200 名比利时守军封锁了 24 小时，直到德国地面部队占领了该要塞，并通过完好无损的桥梁进入了远处的开阔平原。这一威胁导致比利时军队向迪莱河防线撤退，此时法军和英军也刚刚到达那里。

这些发生在比利时和荷兰的空降袭击，是由希特勒本人构想出来的，而他手下大胆的斯徒登特将军出色地执行了这些任务，取得了辉煌的胜利。

与此同时，伦德施泰特集团军群的装甲集群已经穿过卢森堡和比利时的卢森堡省，正向法国边境推进。其中的大部分兵力——五个装甲师和四个摩托化步兵师——是克莱斯特将军指挥的"克莱斯特装甲集群"，而主要的先锋部队是古德里安的三个装甲师。在行进了 70 英里，穿越了阿登山脉地区并扫除了微弱的抵抗之后，他们越过了法国边境，在发起进攻后的第四天清晨，出现在默兹河畔。

派遣大量坦克和摩托化车辆通过困难重重的阿登地区，堪称是一次大胆的冒险。长期以来，传统的战略家认为，若要发动大规模进攻，这片地区根本"不可逾越"，更不要说用坦克作战了。但是，只有这样才足够出人意料，而且茂密的森林可以隐藏他们的行踪，使敌军很难发现。

然而，尽管德军装甲部队的突进产生了惊人的效果，但他们要穿过默兹河上的敌军防线仍不是一件易事。这在很大程度上取决于其选择的行动时间。法军参谋长杜芒克将军后来沮丧地说："我们以为德军的作战程序会和我们预测的一样：他们在没有得到足够的火炮之前不会试图越过默兹河，而等待火炮运达需要五六天，这样我们就有充足的时间来加强我们的部署。"

值得注意的是，法军预测的时间与德军最高统帅部计划的时间非常接近。法军将领预测德军在第九天之前不会对默兹河发起进攻，并在此基础上制订了计划。这也是德军统帅们最初打算的时间。在 2 月的一次军事演习中，古德里安建议装甲部队应该尽早进攻默兹河防线，不要等待大量步兵和炮兵的到来。但是这一建议遭到了哈尔德的严厉批评，他认为最早也应在第九天或第十天发动进攻。在 3 月的一次会议上，希特勒询问古德里安在占领了一个桥头堡后应如何进行下一步行动。古德里安回答说，应该立即向西朝亚眠和英吉利海峡港口进发。很多人听到他的回答后纷纷摇头，认为那样太过轻率，但是希特勒对此表示赞同。

当古德里安的军团于 5 月 13 日到达色当附近的默兹河时，他们在当天下午就向河岸发起了进攻，傍晚时分就拿下了一个渡口。规模较小的先头部队之一，隆美尔的第七装甲师，同样于 13 日在西面 40 英里处的迪南夺取了一个渡口，分散了法军的注意力，配合古德里安打乱了法军部署。

到 14 日下午，古德里安的三个装甲师都已经越过默兹河，在击退了法军迟来的反攻后突然转向西。到第二天晚上，他已经突破了默兹河后面的最后一道防线，彻底打开了向西通往 160 英里外英吉利海峡海岸的道路。

15 日晚上，更加谨慎的克莱斯特命令古德里安停止前进，守住桥头堡，直到步兵前来接管。经过激烈的争论，克莱斯特修改了命令，允许古德里安拓宽桥头堡阵地。第二天，古德里安充分利用这一许可，向西行驶了 50 英里，到达了瓦兹河。其余的装甲部队也向西推进，将缺口扩到了 60 英里宽，使源源不断的坦克洪流沿着道路奔涌，而这些道路横穿在比利时的盟军后方。

现在德军坦克的推进更加容易，因为法军指挥部猜不出其行进路线。在色当突破法军防线的一个特殊优势是，色当位于中轴线上，德军可以向任何方向移动，威胁到多个目标。法军无法判断德军的目标是英吉利海峡海岸还是巴黎。虽然德军似乎是向西推进，但他们似乎也有可能打算向南进攻巴黎——巴黎的地位实在是太重要，法军很容易想到这种可能。由于德军具有极强的机动性，德军计划的战略灵活性也增强了，二者的结合使法军进退两难。

在每一个阶段，时间因素都非常重要。法军的反击行动一再被打乱，因为他们的行动速度太慢，跟不上形势的变化——德军先头部队一直比法军或德军高级指挥部能想到的移动速度更快。第一次世界大战中的法军行动缓慢，而在第二次世界大战中，他们在精神上不适应新的节奏，很多法军部队都瘫痪了。法军的致命弱点不在于装备的数量和质量，而在于他们的理论。他们的思想没有多少进步，还是依靠第一次世界大战的那些方法，与德军形成鲜明对比。正如历史上经常发生的那样，胜利滋生了骄傲自大，使胜利方在下一场战争中仍旧依赖"正统方法"，惨遭失败。

在德国方面，高级指挥官们仍然很担心，认为由少数装甲师进行如此深入的战略推进，势必存在极大的风险。希特勒本人也非常紧张，由于担心南翼，他把西进行动推迟了两天，以便第十二集团军能赶上来，在埃纳河沿岸形成侧翼防御。

这种拖延对德军不利，如果法军现在没有处于瘫痪状态，德军的优势可能会被完全摧毁。希特勒的犹豫意味着在接下来一周的战役中，德军将付出更大的代价。但是，德军在前面几个阶段赢得了许多时间，而且法军的部署也被严重打乱，因此瓦兹河的停顿对德军并没有产生严重的影响。即便如此，这次事件揭示了德军在时间观念上的显著差异。在这一问题上，德军新旧学派之间的差距比德军和法军之间的差距还要大。

古德里安激烈反对 17 日下达的停止行军命令，为表抗议，他要求解除他的指挥权。但当天晚些时候，上级还是挽留了他，并告诉他可以继续进行"强有力的侦察"。他认为，这一命令的意思就是像以前一样全力推进。于是，当"刹车"被松开后，他的推进速度变得比以往更快，在 5 月 20 日，他席卷亚眠，穿过阿布维尔到达了海岸，切断了在比利时的盟军的交通。

到达后，古德里安接到了上面的命令，被迫在 21 日停止行动一天。22 日，他向北推进到英吉利海峡的港口处和英军的后方——英军仍在比利时，博克率领的步兵部队从正面朝英军推进。古德里安的右翼是莱因哈特的装甲部队，两支部队都是克莱斯特装甲集群的一部分。22 日，古德里安的推进成功孤立了布洛涅的军队。23 日，他冲到了加莱。这一大步使他抵达了离敦刻尔克不到 10 英里的格拉沃利讷。莱因哈特的装甲部队也到达了艾尔—圣奥梅尔—格拉沃利讷运河线，并占领了渡过运河的桥头堡。

但是，第二天希特勒忽然下令停止向敦刻尔克进发，使英军幸运地留住了最后一条退路。这一命令挽救了英军，当他们别无出路的时候，忽然发现此处还有一条撤退路线，能避免和比利时军队及大部分法国左翼军队落得相同的下场。两天后，希特勒撤销了命令，德军继续推进，但那时盟军的防御已经加强。他们建立了一个临时防线，抵挡了德军足够长的时间，使 22.4 万英军和 11.4 万盟国军队（主要是法军）从海上撤离。尽管如此，德军还是俘虏了 100 万人；得益于他们伟大的间接路线，德军只损失了 6 万人。

没有人清楚希特勒为什么下达了那一致命的命令，阻止德军向敦刻尔克进发。希特勒自己曾提到的一个原因是，他担心自己的装甲部队会陷入沼泽。在第一次世界大战中，他作为下士曾亲身经历过类似的事件，留下了深刻的印象。另一个原因是，他希望保证装甲部队完好无损，以便下一次对法军进行毁灭性打击。第三个原因是他受到了戈林的误导，戈林相信德国空军足以阻止被困的英军从敦刻尔克进行任何大规模的海上撤退。但调查表明，最直接的原因应该是：英军的两个坦克营在 5 月 21 日在阿拉斯发起了一场小型反击，打击了向海边推进的德军侧翼，在心理上影响了希特勒和其他德军官员。英军充分利用希特勒和几个德军高级指挥官对这次大胆深入的战略推进的恐惧，在关键时刻动摇了他们的信心。克莱斯特一再制止古德里安的推进。克莱斯特的顶头上司克鲁格也倾向于在阿拉斯的局势变得明朗之前，停止任何进一步的推进。伦德施泰特自然也受到了他们的影响，显得颇为焦虑。因此，当希特勒在 24 日上午与伦德施泰特会面后，他变得更加紧张和焦虑，在会议结束后立即下令停止朝敦刻尔克推进。这一次，布劳希奇和哈尔德支持装甲部队继续推进，但是鉴于他们和古德里安之间的许多德军官员都表示反对，希特勒还是有充足的理由谨慎行事。

战争的下一个也是最后一个阶段开始于 6 月 5 日，那天正是德军进入敦刻尔克的第二天。德军新攻势的序幕就足够令人震惊——之前一直向西北方向进攻的德军装甲部队，非常迅速地转向南方发动新的攻击。如此庞大的一支部队能如此迅速地朝另一个方向集中力量，证明了机械化部队的机动性已经使战略发生了翻天覆地的变化。

德军新攻势的目标是索姆河和埃纳河沿岸的新战线，该战线由残存的法军把控。它比原来的战线更长，但可用于防守的部队却少得多。因为除了两个英国师和其他盟国的军队支援，法国已经损失了 30 个师。魏刚接替了甘末林后，召集了全部 66 个师，其中 17 个师被派去死守马其诺防线，这条防线与临时建成的索姆河—埃纳河防线相连。

在新阶段中，伦德施泰特的集团军群再次扮演了决定性的角色，尽管这并不在计划之中。德军 10 个装甲师中的 6 个在一开始就分配给了博克。但计划是灵活的，随着战斗的进行，战斗规模发生了变化。博克的攻势分散了盟军的注意力，使伦德施泰特的攻势变得具有决定性。这一变化进一步证明了装甲部队有能力根据形势变换他们的行进路线。

博克的军队于 6 月 5 日发起进攻，但伦德施泰特由于需要重新部署而耗费了更长的时间，直到四天后才发动攻势。在博克的进攻中，他的主力部队并没能迅速成功或深入推进，不像最右翼隆美尔的装甲师那样，在第三天早上就突破了法军的防线。

这种快速推进在很大程度上要归功于隆美尔胆识过人，任何保守的敌军都料想不到他的作战方式。隆美尔的行动和取得的成就，在任何参谋学院中几乎都被认为是不可行的。在他的作战区，法军炸毁了索姆河上所有的公路桥，但留下了两座完好的铁路桥，以做反攻之用——他们长久以来一直渴望反攻。留下桥梁似乎没有什么风险，因为单线铁路轨道非常窄，下方是河边的沼泽，总长约 1 英里。即使是步兵沿着这些路前进，也像是走钢丝一样危险。然而，隆美尔在黎明前占领了桥梁，并在河对岸的高原上占领了一个据点。他拆掉了所有铁轨和枕木，在炮火下使他的坦克和运输工具沿着这根"钢丝"通过这座桥，中间只耽误了半个小时，因为当时一辆坦克在接近一座桥梁时受损了，堵住了路。

到第一个晚上，他已经深入推进了 8 英里，第二个晚上 20 英里，第三天又向前迅速前进了 30 英里。他沿着乡村地区前进，从而绕过了重兵把守的路口，速度更快。这一纵深推进撕裂了法国第十集团军，其他的德国师得以从不断扩大的裂口中涌入。第四天，也就是 6 月 8 日晚，隆美尔经过 40 英里的迂回行驶，穿过混乱无序的敌军防线，到达了鲁昂南部的塞纳河。在法军开始集结并建立防御屏障保卫塞纳河之前，隆美尔就已经控制了渡口。隆美尔于 10 日调转方向，向海岸推进 50 英里，并于当晚到达海岸，切断了法国第十集团军左翼 5 个师——包括英军的第 51 高地师——的退路，并迫使他们在 12 日于圣瓦列里投降。

与此同时，德军在索姆河的右翼主力也取得了进展。克莱斯特领导下的两个装甲军从索姆河上的桥头堡出发，向亚眠和佩罗讷发起钳形攻势。朝亚眠发起的钳形攻势的右翼于 8 日突破了法军的防线，然后向南推进到瓦兹河的下游，但是左翼钳形攻势在贡比涅以北遭到了顽强抵抗。

由于伦德施泰特的集团军群在 6 月 9 日向法军在埃纳河的防线发起攻击并迅速突破防线，德军最高统帅部下令：克莱斯特的两个装甲军回撤，向东转移，穿过埃纳河沿岸的宽阔缺口，充分利用法军在香槟的溃败，扩大战果。这种快速转移又一次证实了机动装甲部队的灵活性。

决定性的一击再一次由古德里安发起，他将战略纵深推进和间接路线充分结合。他现在已升任成为伦德施泰特下属的一个装甲集群的司令，他的两个军从加莱海峡迂回 200 英里后，集中在埃纳河上的雷瑟尔附近。等到第十二集团军的步兵在波西安城堡周围的河上占领了三个小据点后，古德里安在夜间将他的装甲师转移到桥头堡。第二天，也就是 6 月 10 日早上，他们突然行动，绕过法军控制的村庄和森林，迅速向前推进。此时法军的装甲部队开始行动，两军发生了一系列坦克战，但古德里安还是在两天内成功推进了近 20 英里。第三天，古德里安的右翼到达了马恩河畔的沙隆；第四天，到达了离起点将近 60 英里的维特里勒弗朗索瓦。他的左翼此时已经击退了侧翼的反击，也赶上来了。古德里安继续加速前进，越过朗格勒高原，深入马其诺防线后方，并朝东南方向的瑞士边境进发。6月14日，也就是第五天，他们到达了50英里外的肖蒙；15日也推进了约50英里，到达索恩河。17日早些时候，先头部队快速推进了60英里，进入瑞士边境的蓬塔利耶，切断了仍坚守马其诺防线的法军大部队的退路。古德里安的其他师已经向北推进到摩泽尔河，以阻止法军撤退。而在几个小时以前，法国政府看到法军已经溃败，便决定投降，提出和谈的请求。

尽管希特勒在欧洲大陆取得了这一决定性的战略胜利，但由于他随后未能征服英国，因此从更高的战略层面上看，这一胜利不具决定性。他为此前下令暂停向敦刻尔克进军付出了惨痛的代价。如果他当初阻止了英国军队从那一仅剩的漏洞中逃走，英国就会变得毫无防御能力，哪怕他仓促入侵，也足以征服英国。但是错过了在敦刻尔克困住英军的最佳时机后，他若是再想征服英国，就必须进行周密的组织，派出大量兵力，然而他既没有计划也没有准备。他行动得太晚了，且兵力也不足。在"不列颠之战"中，德军夺取海上制空权的行动被挫败，整个入侵计划此时都已宣告失败。

英国占据地形优势——英吉利海峡阻挡了德军坦克的入侵，易守难攻。英国不断干扰希特勒的计划，对他在欧洲大陆上的行动构成了越来越大的威胁。这种挫败感产生了致命的影响。

在接下来的一年里，希特勒不断推进，获得了诸多胜利：他先是侵入巴尔干国家，然后是苏联，直到在苏联的腹地受阻。但是他的资源不足，无法取得他想要的结果。尽管他在1941年取得了辉煌的胜利，但自从在"不列颠之战"中失败，他就逐渐衰败。而"不列颠之战"的失败又可以追溯到他当初的犹豫不决，导致他错失了原本唾手可得的敦刻尔克。

第十七章

希特勒的衰落

　　1940 年 6 月底前，德国如同一位巨人，横跨欧洲大陆，统治了除英国外的整个西欧、中欧和东南欧。除了海洋的阻碍，唯有苏联对其霸权形成了严重限制，在其东北侧投下一道阴影。希特勒取得了一连串的胜利，似乎不久即将征服整个欧洲。但五年后，他的仲夏夜之梦变成了一场噩梦。

　　希特勒的衰落始于大战略层面，他的战略存在致命的缺陷。如果他能够减轻推进所造成的恐惧，并让邻国人民相信他的"新秩序"是有益的，那么他很可能取得拿破仑未能取得的成就，建立德国领导下的欧洲联盟——这一联盟将强大到足以抵挡一切外部打击。但由于他的方法有误，最终还是未能实现这一目标。他的政治手段太直接，虽然可以使受到威胁的国家爆发内乱，但不足以解除反对派的武装。他在宣扬国家社会主义时，过分强调国家主义，而忽视了社会主义，否则社会主义或许也能吸引其他国家的平民百姓。破破烂烂的天鹅绒手套很难遮住他的铁拳。同样，在征服了别国后，他试图安抚该国人民，但方法愚笨无效。等到他的冒险行动失败后，这些错误就累加在一起发挥作用。

在西线征服了诸多国家后，他未能迫使英国投降，也未能与英国讲和。这是他第一次遭受挫败，且直到战争结束，他也未能克服这一障碍。只要英国仍然屹立，希特勒就永远不可能牢牢控制西欧，他的地位会不断受到挑战。不过，仅凭英国的力量，也只能是阻止希特勒收获胜利果实而已，起不到更大的作用。英国的抵抗和干涉或许可以成功地削弱希特勒的意志，使他做出更大的让步以求取和平，但还不足以粉碎他的力量，也无法阻止他的扩张，将他从被征服的国家中驱逐出去。直到 1941 年 6 月，受挫的希特勒被逼无奈转向东方进攻苏联，转机才终于出现。

对希特勒来说，这一决定是致命的，标志着他在大战略层面放弃了间接路线。不久，由于他失去了耐心，迫切渴望获胜，他甚至在战略层面也放弃了间接路线。这一变化非常重要，因为他以前极为注重运用间接路线，即使面对较小的障碍（比如在希腊），他也没有轻率地直接进攻。

征服巴尔干半岛

当一小支英国援军在萨洛尼卡登陆后，德军立刻在 1941 年 4 月入侵了希腊。当时德军集中在保加利亚，因此希腊军队在希腊和保加利亚边境的山区拉开战线，防守山间隘口。德军在表面上沿着希腊预测的路线斯特鲁马河谷推进，实则另有迂回行动。德军的机械化纵队从斯特鲁马河向西，沿着与两国边境线平行的斯特鲁米察河谷推进，通过山口，进入了南斯拉夫一端的瓦尔达尔河谷。如此，他们刺穿了希腊军队和南斯拉夫军队的相接处，并迅速扩大战果，沿瓦尔达尔河谷推进到萨洛尼卡，切断了驻扎在色雷斯的大部分希腊军队。

随后，由于英军已经在奥林匹斯山设防，德军没有从萨洛尼卡穿过奥林匹斯山直接向南推进，而是再次突然转向，通过莫纳斯提尔峡谷向西冲去，直冲到希腊的西海岸。这一行动切断了希腊在阿尔巴尼亚的数个师，迂回到了英军的侧翼，威胁了盟军残部的撤退路线，迅速瓦解了希腊境内的全部抵抗。

入侵苏联

在入侵苏联之初，德军充分利用地理条件之利，采用间接路线取得了惊人的成就。苏德战线宽 1800 英里，且没有自然障碍，为德军提供了巨大的渗透和迂回行动空间。尽管苏联红军规模庞大，但其兵力密度很小，因此德国机械化部队很容易找到空隙，间接推进到苏军后方。与此同时，由于各个城市相距较远，公路和铁路又在城市中交汇，德军很容易利用这些城市迷惑防守的苏军，使苏军摸不清他们的真正目标，陷入进退两难的境地，便于他们达到快速推进的目的。

但是，在以这种方式取得了巨大的初步胜利后，德军由于未能决定应该朝哪个方向扩大战果而丧失了既得优势。希特勒和陆军司令部从制订计划之初就意见不合，也从未适当让步以求达成一致。

希特勒希望将攻占列宁格勒作为主要目标，从而保障在波罗的海的德军侧翼的安全，并与芬兰军队取得联系，因而他刻意贬低了莫斯科的重要性。但是，出于对经济因素的敏感，他又想获得乌克兰的农业资源和第聂伯河下游的工业区。然而，这两个目标相距甚远，因此需要采用完全分离的行动路线。这与在一条中心作战线上推进而同时威胁多个目标具有本质区别，不具备相应的灵活性。

布劳希奇和哈尔德则希望全力朝莫斯科推进——不是为了占领

敌人的首都，而是因为如果采用这条路线，沿途一定会发现苏军主力，获得一举歼灭他们的最佳时机。希特勒则指出，这一路线有可能逼迫苏军东撤，超出德军所能到达的范围。布劳希奇和哈尔德同意希特勒的这一观点，认为避免此种风险非常重要，希特勒也认可了他们通过早期的"包围战"摧毁敌军主力的想法。至于应将何处作为进一步的目标，他们决定暂时搁置争议，等到入侵的第一阶段结束后再谈。

布劳希奇在与希特勒打交道时，倾向于在一开始就达成一致，避免中途再起争执。但此次布劳希奇采用了拖延政策，在战役中遇到了严重的麻烦。

在第一阶段，他们一致认为重心应放在博克集团军群的所在地，即普里佩特沼泽地北部，以及从明斯克到莫斯科的道路沿线，并派出装甲部队的主力作战。一开始，勒布集团军群从东普鲁士的左翼阵地向前推进，进攻波罗的海诸国，为相邻的博克集团军群的更危险的攻势打掩护。此外，右翼的伦德施泰特集团军群也在普里佩特沼泽地南部发起进攻，使苏军指挥部无法确定德军的主要作战路线。

在博克的区域，德军的计划是通过双重迂回包抄苏军主力——古德里安和霍特的装甲集群从两侧朝明斯克发动向心攻势，而第四和第九集团军的步兵则在比亚威斯托克的周围和后方形成内侧钳形攻势。

6月22日，德军入侵苏联，比拿破仑当初的进攻早了一天。古德里安和霍特的装甲集群迅速在苏军战线上切开了两个深深的口子，第六天就在明斯克会师——此时他们已深入苏联境内200英里。在他们后面，步兵钳形攻势在斯洛尼姆收拢，但时机不巧，致使大批苏军从比亚威斯托克包围圈逃出。随后德军在明斯克附近再次包围苏军，俘房了 30 万人，但很大一部分苏军在包围圈封口之前成功逃脱了。这一成就点燃了德军的乐观情绪，甚至此前反对希特勒入侵苏联的将军们如今也改变了看法。哈尔德在 7 月 3 日评价道："并不夸张地说，我认为我们已经在 14 天内赢得了对苏战役。"

其实，德军的行动已然遇阻。因为装甲部队奉命在包围结束前按兵不动，而在最初的计划中，他们应该片刻也不耽误地越过明斯克向前推进，只在那里留下少量分遣队帮助步兵们完成包围。

然而，古德里安大胆行动，没有等第四集团军的步兵赶到，也没有给苏军等待援军的时间，就渡过了宽阔的第聂伯河，从而弥补了此前的失误，争取到了时间。结果证明他的决断是正确的。7 月 10 日，在夜幕的掩护下，他在宽大的屏障后集结兵力，在三个没有敌军把守的地方成功渡河。然后他朝斯摩棱斯克推进，于 16 日到达那里。德军现在已经深入苏联境内 400 多英里，距莫斯科仅有 200 英里。这样的推进可谓神速。

霍特到达斯摩棱斯克北部后，开展了一个新的包围行动，目的是切断第聂伯河和杰斯纳河之间的苏军大部队——此前德军装甲部队绕过了他们。这一陷阱的口基本被封住了，但恶劣的地形条件和泥泞的道路阻碍了德军的行动，使大部分苏军成功逃脱。即便如此，在斯摩棱斯克地区被俘的苏军也有 18 万人。

古德里安强调应让苏军持续溃逃，以使他们没有时间重整旗鼓。他确信，如果不浪费时间，他可以很快抵达莫斯科，猛攻斯大林权力的神经中枢，使苏联的抵抗瘫痪。霍特同意他的观点，博克也支持他们。

但是希特勒认为现在时机已到，应该实现他最初的构想，把列宁格勒和乌克兰作为主要目标。虽然他认为这两个目标比莫斯科更重要，但在做选择时，他并不像那些批评他的将军所设想的那样只考虑经济和政治影响。他似乎设想了一个类似坎尼战役的超大规模行动。在这个行动中，由于德军已经对莫斯科造成了威胁，苏军预备队会被吸引到该区域，从而使德军侧翼更容易拿下他们的侧翼目标——列宁格勒和乌克兰。随后，他的部队可以从这些侧翼阵地朝莫斯科向心推进，这样莫斯科就会像一颗熟透了的果子那样，自然而然地落入他们手中。这是一个高明且宏大的计划，却由于时间因素而失败了——因为苏军的抵抗比想象中更加顽强，天气也比预期的更恶劣。德军将领们各执己见，使情况变得更加糟糕。每位将领都很自然地希望自己负责的区域能获得重视。这种倾向使希特勒概念中的第二阶段在战略上极为分散，非常危险。

7月19日，希特勒下达了第二阶段的作战命令：等到第聂伯河和杰斯纳河之间的扫荡行动一结束，博克的一部分机械化部队就立刻向南推进，帮助伦德施泰特消灭他所面对的苏军，另一部分向北推进，切断列宁格勒和莫斯科之间的交通，帮助勒布进攻列宁格勒。博克手下仅剩步兵部队，尽最大努力继续向莫斯科正面推进。

布劳希奇不赞同这一计划，但也不敢要求更换计划，于是又一次拖延时间。他的理由是，在实施下一步行动之前，装甲部队必须休整一段时间，修理机器，更换兵员。希特勒同意了，于是行动暂时推迟。与此同时，德军高层仍在讨论下一步作战计划，甚至在装甲部队休整完毕可以继续前进后也未达成一致。8月21日，希特勒驳回了布劳希奇和哈尔德关于向莫斯科进军的意见，下达了新的指令。新命令与他一个月以前的命令大同小异，不过更少关注列宁格勒，而将重心放在了围歼基辅地区的苏军上，该区域属于伦德施泰特的战线。此后，博克可以继续向莫斯科推进，而伦德施泰特则继续向南方推进，以切断苏军来自高加索的石油供应。

在长时间的讨论中，形势的变化使希特勒更坚持自己的决定。

赖歇瑙的第六集团军在伦德施泰特的左翼，被苏军挡在基辅前。强大的苏军躲在普里佩特沼泽地东端后面，持续威胁着他的左翼，也威胁着博克的右翼。另一方面，克莱斯特装甲集群在一次斜向行动中取得了辉煌的胜利。7月底，克莱斯特在基辅南部的贝里亚－特沙科夫取得局部突破后，沿着布格河和第聂伯河之间的河流走廊转向南方。这种间接的突进不仅打开了进入乌克兰的道路，而且威胁到了正在黑海附近与罗马尼亚军队对峙的苏军的后方。8月中旬，德军到达了两条大河河口处的尼古拉耶夫港和赫尔松港。尽管一部分苏军在包围圈收口前逃脱了，但克莱斯特的深入推进打乱了苏军在南部的部署，削弱了他们的抵抗能力。

这些事实的结合凸显了这样一种可能性：如果克莱斯特转向北方，同时博克从前线抽调一支强大的部队前往南方，那么就可能对苏军形成两面夹击之势，不仅会挫败基辅周围和内部的苏军的顽强抵抗，而且还可以将他们一网打尽，从而确保向莫斯科推进时无后顾之忧，否则苏军很可能从第聂伯河以南发起反攻。上述种种有利因素使希特勒下定决心先进攻基辅，以这一行动拉开向莫斯科推进的序幕。

伦德施泰特也支持希特勒的这一决定。他自然欢迎来自北方的援军，在他们的帮助下，他可以解决自己面临的棘手问题，同时，他也自然而然地希望进行一场伟大的包围战，获得辉煌的胜利——这是每位军人的梦想。

从战略上来说，在向莫斯科推进之前，消除敌军对南翼发起反攻的威胁，也非常合理。此外，苏军虽然人数众多，但相对缺乏机动性，增强了德军机械化部队的战略优势。德军可以集结机械化部队先攻打一个地区，随后再一起转移到另一个地区，取得一系列决定性的战果。然而，留给德军的时间已经不多了，冬季将至，德军还没有准备好在寒冬作战。

德军在基辅的包围战中大获全胜，堪称是他们在第二次世界大战中取得的最大成就。当赖歇瑙和魏克斯的步兵与苏军正面交战时，古德里安向南方迅速推进，横跨苏军后方，而克莱斯特从第聂伯河河湾向北猛攻。两个装甲集群在基辅以东 150 英里处会合，在苏军背后收拢了包围圈。这一次几乎没有苏军逃脱，被俘的苏军总数超过 60 万。尽管德军成功完成了包围，但受到糟糕的路况和恶劣的天气的影响，他们的行动速度比预期要慢，致使战役快要结束时已近 9 月底。

与此同时，由于希特勒决定集中力量攻占乌克兰，列宁格勒从主要目标降为了次要目标，不过希特勒决定同时朝这两个区域发动进攻。他派了大量兵力包围列宁格勒，但不足以决定性地击败该地的苏军。实际上，派往那里的德军兵力也被削弱了，因为尽管希特勒没有按布劳希奇和博克的意见先向莫斯科推进，但他同意了等基辅包围战一结束，就立刻将莫斯科作为下一个作战重心，因而分散了德军兵力。

这场战斗的胜利极大地鼓舞了希特勒和他的高级将领们，使他们共同沉浸在乐观情绪之中，但同时又使得德军兵力再度分散。由于希特勒无法拒绝南方资源的诱惑，他决定在秋季一边进攻莫斯科，一边扩大在南方的胜利。这一决定使事情更加复杂，也使他无法集中兵力。他派伦德施泰特去执行一个极具野心的新任务：扫清黑海海岸的苏军，占领顿涅茨河工业区，并到达高加索地区。

他派了三个步兵集团军和三个装甲集群夺取莫斯科，其中一个装甲集群是古德里安的，现在被编成了第二装甲集团军。10 月 2 日，钳形攻势终于再次发动。这一次包围圈成功收口，60 万苏军被困在了维亚兹马周围的陷阱中。但是当他们被围困时，寒冬已经来临，德军在扩大迟来的战果、朝莫斯科推进时，受到了泥泞的道路的阻碍。

现在，大多数在苏联的德军指挥官都迫切想要停下来，另找一条适合冬季行军的路线。他们想起了拿破仑军队在 1812 年的遭遇，许多人开始重读科兰古对当时情况的悲惨记述。但是远离战区和泥泞的德军高层，普遍产生了一种不同的观点。莫斯科对他们具有极大的吸引力，使他们过度乐观，认为有望占领莫斯科。与人们通常认为的相反，希特勒本人并不坚持继续朝莫斯科推进。从一开始他就认为莫斯科没有其他目标重要，尽管他最终批准了在 10 月朝莫斯科进军，但他现在对此产生了新的怀疑。然而，博克的目光始终聚焦在莫斯科，野心勃勃地想要夺取这座著名的城市。他坚持发动攻势，认为在双方都几乎精疲力竭的情况下，超强的意志力是决定胜负的关键。布劳希奇和哈尔德更赞同博克的观点，他们很早就提出想要集中兵力夺取莫斯科，但受到了希特勒的阻挠。在成功说服希特勒朝莫斯科进军后，他们不愿意承认或告诉希特勒，由于错过了时机，这种尝试不可能成功了。尽管伦德斯泰特和勒布都主张立刻停止进攻，甚至伦德斯泰特还主张撤回到原来的波兰边境，但由于他们与进攻莫斯科没有直接关系，他们的观点影响力较小。

因此，德军在 11 月又发动了一次大规模的进攻，但是他们的目标太过明显，苏军迅速集结预备队阻击了他们，挫败了他们的每一步行动。12 月初，德军的攻势减弱，随后在苏军的反击下被迫撤退。希特勒随即解除了布劳希奇的职务，自己直接掌管了德国军队。通过这一举动，他在双重意义上达到了个人目的，既为过去的错误找到了一个替罪羊，又为未来攫取更多的权力做好了铺垫。

在南方，德军的入侵浪潮在 11 月 23 日达到了高潮，占领了位于顿河下游的罗斯托夫市，夺取了通往高加索的门户。但是德军在泥泞中耗尽了燃油，不到一个星期，在罗斯托夫的先头部队就被迫撤退，因为苏军对他们的侧翼进行了反击，威胁到了他们的交通路线。

若分析德军为何会在 1941 年的战役中失败，正确的结论应是"他们的失败是理所当然的"。他们的兵力被分散到了不同的方向上——部分是由于德军高层的意见分歧，但讽刺的是，还有部分原因是他们最初在各个方向上都取得了胜利，令他们眼花缭乱。他们没有坚持在一条能够威胁到多个目标的主战线上推进，而是同时采取了几条战线，且每条战线都明显地只瞄准了一个目标，使得苏军更容易部署防御。此外，每一次行动中，德军的方向不仅明显，而且推进使他们距离补给线越来越远，造成了危险。

1942 年的苏联战役

1942 年，德军的资源已经不足以发动 1941 年那种规模的进攻，但希特勒不愿意像一些德军将领建议的那样，继续处于守势并巩固他的战果，或者像伦德施泰特和勒布主张的那样撤回到波兰。无论这些建议从战略上看有多么明智，如果希特勒听取这些建议，那就明显是承认了自己"贪多嚼不烂"。在无尽的欲望的驱使下，在失去威望的担忧的困扰下，希特勒本能地感觉进攻是解决问题的唯一办法，他努力寻找一种进攻方式，希望用有限的兵力取得更多的成果。

由于德军兵力不足以在整个战线上发动新攻势，希特勒决定把力量集中在南部地区，目的是获得高加索的石油资源，以及更重要的是切断苏军的石油供应——他们极为依赖高加索的石油资源。尽管德军无法继续打击苏军的主要武装力量，但希特勒希望能借此间接削弱苏军的抵抗力量。这一招非常高明，差一点就成功了，但最终还是遭遇了灾难性的失败。

德军在行动开始时很顺利，通过在一条不断威胁多个目标的作战线上推进，分散了苏军的注意力，从而获得了巨大的优势。但后来，由于希望同时实现两个不同的目标，德军兵力再次分散，结果遭到重创。这在很大程度上是由于德军统帅意见不合。总参谋长哈尔德计划这次行动的主要目的是占领斯大林格勒周围的伏尔加河，并在那里建立战略阻塞，将苏军主力和他们的石油供应阻隔开来。希特勒没有向哈尔德透露他的想法，但他的主要目的是直取高加索，并指示这一行动的指挥官将这一点作为主要目标。结果，夺取斯大林格勒这一战略要地的努力失败了。在后来的一个阶段中，希特勒对于未能夺取这座用斯大林的名字命名的城市感到沮丧，思想发生了极大的变化，对其发动了彻底的直接进攻。

德军在 1942 年的进攻得益于一个有利的条件：苏军对哈尔科夫的春季进攻过于直接，以至于遭到了强烈的阻击。由于持续的时间太长，苏军的预备队被耗尽，而苏军的反击又形成了一个狭长的突出部，恰好给了德军能抓住苏军弱点的机会。因此，德国随后在 6 月底发动的攻势形成了反攻的效果，严重打击了深陷重围、处境尴尬的苏军。

德军原来的进攻轴线与苏军的进攻平行，但方向恰恰相反。德军从哈尔科夫北部的库尔斯克地区出发，切断苏军突出部的侧翼，迅速行军 120 英里到沃罗涅日附近的顿河上游，这是从莫斯科到高加索的主干线上的一个重要枢纽。苏军将兵力集中在沃罗涅日附近，封锁周围的道路，为德军提供了方便，使他们更容易将重心转向东南并强行进入顿河和顿涅茨河之间的走廊。德军此前突破了苏军在哈尔科夫突出部的南翼，这对该行动产生了间接帮助。

在钳形攻势的压力下，苏军的抵抗被瓦解了，德国机械化部队在穿过顿河—顿涅茨河走廊时遭遇的阻力越来越小，两条河流掩护了他们的侧翼。不到一个月，他们就到达了走廊的尽头，在罗斯托夫以北越过了顿河下游。他们打开了通往高加索油田的道路，并使整个苏联陷入危机。看起来，由于石油供应被切断，苏联可能会陷入瘫痪，而德军的机动性将得到能源保障。通过在迂回推进时声东击西，德军取得了辉煌的胜利。

但当德军进一步推进，越过顿河时，他们却失去了他们一直享有的战略优势。以前，他们一直沿着一条可以威胁到多个目标的轴心进行战略集中，同时灵活编组，这样苏军就不断处于进退两难的境地，而他们自己则可以在敌人战线出现弱点后，迅速攻击该点，快速突破。然而，越过顿河后，德军被引导着沿不同的路线分散他们的兵力，一部分向南推进穿过高加索，而另一部分向东推进到斯大林格勒。

苏军在顿河—顿涅茨河走廊的溃败迅速传开。此时，如果第四装甲集团军没有改变原来的方向，没有向南推进以帮助第一装甲集团军越过顿河下游前往高加索的话，他们本该在 7 月就轻易地占领斯大林格勒和控制伏尔加河。事实上，第一装甲集团军根本不需要他们的帮助，而当他们再次转向北方时，斯大林格勒方面的苏军已经开始集结。对苏军来说，在斯大林格勒地区加强防御比在高加索地区更容易，因为这里离中央前线更近，也更容易通过铁路和公路调动预备队。德军在那里遭到连续阻击，使斯大林格勒在精神层面具有重要意义（它的名字更增强了这种意义），后来甚至超过了它的战略价值。德军的注意力和兵力越来越集中在占领斯大林格勒上，失去了夺取高加索油田的机会——在那里的第一装甲集团军逐渐被抽调来增援对斯大林格勒的进攻，而没有任何兵力被派去弥补空缺。

　　德军对斯大林格勒的第一次进攻以微弱的劣势失败后，双方都获得了援军，而德军的进攻过于直接，致使他们不占优势。因此，从比例上看，德军的攻势集中越来越乏力。他们先前放弃了分散苏军注意力的决策，如今在战略方面付出了代价。越靠近斯大林格勒，他们的战术迂回范围就越窄，因而越难击溃苏军的抵抗。

　　相比之下，由于作战范围缩小，防守的苏军更容易调派本地的预备队，一旦防守弧线上有任何地方受到威胁，预备队都可以前去支援。有几次，德军成功地突破了斯大林格勒周围的苏军防线，但每次缺口都很快就被堵住了。经验表明了这样一个公理：战线缩短总是有利于守方。

　　进攻者的迂回空间缩小，他们的损失自然就增加。每向前一步，损失的都更多，而收获的更少。随着不断消耗，德军的物质力量比 1941 年更弱：首先变得明显不足的是他们的装甲力量，每一次打击能使用的坦克数量变得越来越少。随后他们在空中的优势也开始消失。这两种主要的作战武器的减少，使他们的步兵背负了更沉重的负担。于是，通过大规模步兵进攻获得的任何局部胜利都要配上十分高昂的代价，造成沉重的损失。

　　由于德军在战略上过度延伸，而在战术上过度消耗，他们的处境更加危险。总参谋长哈尔德敦促减少德军的损失，及时中止行动，采取防御战略度过冬季，但希特勒拒绝了他的建议，并任命更年轻也更富有激情的蔡茨勒接替了他。对希特勒来说，斯大林格勒的诱惑太大了，就像前一年秋天莫斯科的诱惑一样。这一次，他也同样得到了一些军官的支持。但这次行动的后果更加严重。进攻斯大林格勒的军队在如此狭窄的战线上向前推进了如此之远，以至于陷入了被包围的风险之中。

当苏军在 11 月发起反攻时，这种风险完全成熟了。无论是从精神上还是从战略上来说，德军都注定失败。苏军的反攻不仅巧妙地采用了间接路线，而且像弹簧一样自然具有弹性，可以绞杀敌军。此外，由于苏军的攻击目标是罗马尼亚和意大利军队——希特勒曾用他们掩护他行军时延伸很远的侧翼，因此苏军也获得了一定优势。结果，苏军切断了大部分进攻中的德军，确保了第一个口袋中的俘虏。

随着他们的道路被部分扫清，苏军及时扩大战果，进行了一系列的南进，威胁到了在高加索的德军的后方和交通。1943 年 1 月，当苏军沿着顿河行驶到距罗斯托夫不到 40 英里的地方时，德军还在罗斯托夫以东 400 多英里的地方。这一事实最简单地说明了德军所面临的危险——罗斯托夫是交通要地，控制了在高加索的德军的交通路线。尽管德军成功地阻止了苏军封死包围圈的口，逐步撤离了陷阱，没有被围歼，但他们不仅被迫放弃了高加索，而且还被包围的压力挤出了工业重地顿涅茨盆地。

2 月，德军突然加速撤退，苏军紧随其后，越过了德军夏季攻势的起始线。他们夺回了哈尔科夫，逼近第聂伯河。但是在 2 月下旬，德军进行了反击，再次从苏军手中夺回了哈尔科夫，让苏军一时失去了平衡。像夏天的德军一样，苏军在追击中过度伸展，补给跟不上他们的消耗，而德军则像滚雪球那样，通过撤退到他们的基地，获得了增援部队，积聚了新的力量。

哈尔科夫的反击是一个最突出的例子，展现了间接路线战略的防御性进攻形式——使用诱饵来引诱敌人进入陷阱。在这次行动中，德军方面的曼施坦因元帅布置了一个超大的陷阱。曼施坦因元帅在第二次世界大战的第一个冬天，作为伦德施泰特集团军群的参谋长，提出了穿越阿登地区的计划，导致法国在 1940 年 5 月崩溃。

虽然他的大多数同僚都认为他是他们当中最有能力的战略家，但希特勒并不喜欢他。然而，当保卢斯的军队在1942年11月在斯大林格勒被包围时，为了避免灾难，希特勒派曼施坦因去指挥"顿河"集团军群。尽管一切都为时已晚，斯大林格勒的局势已无法挽回，曼施坦因还是成功地阻止了苏军在罗斯托夫切断德军的交通线，从而挽救了在高加索的军队，并在亚速海和顿涅茨河之间的米乌斯河沿岸重新建立了防御阵地。

但是苏军此时已经突破了由意大利和匈牙利军队控制的顿涅茨河以北的战线，在顿涅茨河与沃罗涅日之间打开了一个两百英里宽的缺口，并且正在向西横扫过曼施坦因的侧翼。他们越过德军后方远处的顿涅茨河，不仅占领了哈尔科夫，还向西南方向推进到第聂伯河的河弯，而此地是曼施坦因的补给来源。2月21日，曼施坦因在河弯处的扎波罗热看到了一支苏军先头部队，而他刚把自己的司令部搬到了那里。在这种危急的情况下，他展现了异于常人的冷静和沉着。他此前拒绝按照希特勒的要求，把为数不多的预备队投入到夺回哈尔科夫的直接战斗中去，现在他再次顶住了诱惑，没有将预备队用于直接防御第聂伯河防线。因为他认为苏军向西南推进为他创造了极为有利的间接打击机会，可以打乱苏军的部署，所以他想让他们推进得更深——尽管这会危及他的司令部。

与此同时，他重新集结部队，并从米乌斯河调来三个几乎消耗殆尽的装甲军，以形成一条面向西北的阵线。26日，他准备就绪，开始向苏军的侧翼和后方推进。这样，他就可以猛击敌人前进的枢纽处，正如1940年在色当那样。一周之内，向西南推进的苏军在混乱中退回到了顿涅茨河，损失了六百多辆坦克和一千门大炮。接着，曼施坦因继续前进，转向北方，攻击从哈尔科夫和别尔哥罗德向西推进的苏军后翼。苏军惊慌失措，被迫撤退，放弃了这两个城市。通过接连使用间接路线，尽管德军的人数只是苏军的八分之一，他们仍然取得了惊人的成果。要不是力量过于悬殊，德军可能会取得色当战役那样的决定性胜利。

而这次的人数悬殊也成了不祥之兆。德军的预备队比苏军的要有限得多，在两年的进攻中已消耗殆尽，而苏军却新组建了大批军团。尽管哈尔科夫的反击暂时使苏军陷入了瘫痪，但德军的兵力实在太少，局势已经对德国严重不利。

太平洋战争

自1931年以来，日本不断侵略中国，并在亚洲大陆扩张，损害了美国和英国在这一地区的利益。1931年，日本入侵中国的东三省，建立了伪满洲国。1932年，他们继续入侵中国其他地区。中国的游击队不断袭扰日军，阻止日本进一步侵占中国的广阔领土。为解决这一问题，日本进一步向南扩张，意在切断中国的外部补给。希特勒打败法国后，日本人趁火打劫，威胁法国同意其"保护性地"占领法属印度支那。

美国的罗斯福总统对此颇为不满。1941年7月24日，他要求日军从印度支那撤军。为了给日本施压，他于26日下令冻结日本在美国的所有资产，并禁止向日本供应石油。英国首相丘吉尔同时采取了行动。两天后，在伦敦避难的荷兰政府也采取了同样的行动。这意味着——正如丘吉尔所言——"日本被一下子剥夺了至关重要的石油供应"。

人们普遍认识到，这种瘫痪性的打击将逼迫日本作战，这是他们唯一的出路，否则就只有坐等崩溃或放弃其政策。值得注意的是，日本拖延了四个多月，期间试图通过谈判解除石油禁令。美国政府提出，除非日本彻底撤出印度支那和中国，否则拒绝解除禁令。当然，不会有任何政府接受这种屈辱的条件，更不用说日本政府了。因此，人们非常清楚，从 7 月的最后一周开始，太平洋随时会爆发战争。在这种情况下，英美军队很幸运，在日军发动进攻之前，他们有四个月的时间，但他们几乎没有利用这段时间做防御准备。

1941 年 12 月 7 日早晨，日本没有宣战就发动了突袭，一支日本海军（包括六艘航空母舰）对位于夏威夷群岛的美国海军基地珍珠港进行了毁灭性的轰炸。日本当初对俄作战也是如此——偷袭旅顺港，打响了战争的第一枪。

1941 年初以前，日本计划若与美国发生战争，将使用他们在南太平洋的主要舰队，配合对菲律宾群岛的进攻，并在美军越洋前来支援在菲律宾的驻军时，给予他们当头一棒。美军对此早有预料，而日本近期向印度支那的推进更证实了他们的想法。但是，日本海军上将山本五十六构思出了一个新计划——偷袭珍珠港。这支日军绕过千岛群岛，神不知鬼不觉地从北部抵达夏威夷群岛，在日出前从离珍珠港近三百英里的位置派出 360 架飞机发起空袭。美国的八艘战舰中有四艘被击沉，其余严重受损。不到一个小时，日军就控制了太平洋。

这为日军不间断地从海上入侵马来亚和马来群岛扫清了障碍。当日军的主要打击力量向东北方向驶向夏威夷群岛时，其他日本海军一直在护送运兵船进入西南太平洋。几乎在空袭珍珠港的同时，日军也在马来半岛和菲律宾登陆。登陆马来半岛的目的是袭击位于新加坡的英国海军基地——由于英国海军对海上攻击做好了充分的防御部署，他们没有从海上进攻。日军采用的路线极为间接。日军首先派部分军队在马来半岛东海岸的两个地点登陆，目的是占领机场和分散英军注意力，而其主力部队在半岛的"颈部"登陆，该地属于泰国，在新加坡以北大约五百英里。日军从东北端的这些登陆点出发，沿着半岛的西海岸涌下，接连包抄了英军的防线。日军在作战时拥有多种有利因素：一是其出人意料地选择了如此艰难的行军路线，打了英军一个措手不及；二是茂密的植被隐藏了他们的行踪，使他们能够发动奇袭，快速纵深推进。英军几乎被迫连续撤退了六个星期，在 1 月底从亚洲大陆撤到新加坡岛。2 月 8 日夜间，日军渡过一英里宽的海峡发起进攻，在许多地点成功登陆，沿着一条宽阔的战线展开新的纵深推进。

防守方的人数是进攻者的两倍多，但进攻者的部队是训练有素的精锐部队，能够在丛林和附近的地区机动作战，而防守方的士兵来源很杂，大多是新兵和不熟练的士兵。进攻方的作战路线使防守方很容易受到侧翼威胁，但防守方却几乎没有能力及时发起反击。这些障碍本身就很严重，雪上加霜的是，他们还缺乏空中力量的掩护，无法对付不断威胁他们的日本空军，这使他们的处境更加危险。守军很快失去了平衡，他们试图恢复平衡，却受到了后方混战的阻碍。他们没有一个安全的基地，背后是一个拥挤的、人口复杂的城市，面临着食物和淡水供应被切断的威胁，再后面则是由敌人控制的海洋。此外，由于当局下达了"焦土"命令，要求烧毁一切物资，燃烧的油桶冒出浓浓黑烟，使他们更加不安——从心理上来看，这一战略实在是大错特错。2 月 15 日，守军投降了。

在菲律宾的主要岛屿吕宋岛，日军最初在菲律宾首都马尼拉北部登陆，紧接着在马尼拉的后方登陆。在这种混乱的杠杆作用和向心进攻的威胁下，美军放弃了该岛的大部分领土，并在 12 月底之前退到了小小的巴丹半岛上。在那里，他们只能在狭窄的战线上正面进攻，坚持到 4 月，终被日军击败。

早在此之前，甚至在新加坡沦陷之前，日本的征服浪潮就已经席卷了马来群岛。1月24日，不同的日军部队在婆罗洲、西里伯斯岛和新几内亚岛登陆。三个星期后，他们对荷属东印度群岛的核心爪哇岛发起了进攻，此前该岛因侧翼进攻而被孤立。在接下来的三个星期里，整个爪哇岛就像一颗熟透了的果实一样，轻易地落入了日军的手中。

但是，尽管澳大利亚危在旦夕，日军却没有进一步朝那个方向推进，而是将主力派向了相反的方向，向西征服缅甸。虽然日军从泰国向仰光推进时采用了战线宽广的直接路线，但从整体上看，他们却是在用一种间接路线达成他们在整个亚洲大陆的主要目标——使中国的抵抗力量瘫痪。因为仰光是滇缅公路的端点，英美通过这条路线向中国输送设备。此外，这一非常精明的行动既可以控制西太平洋的门户，又能够横跨主要路线建立一个坚实的屏障，阻挡英美的任何陆上进攻。3月8日，仰光陷落，在接下来的两个月里，英军被赶出了缅甸，翻过群山退到了印度。日军就这样获得了一个掩护阵地，它据守天险，非常坚固，任何人若想重新占领这一地区，必会受到严重的阻碍，进展将极为缓慢。

过了很长一段时间，盟军才积聚起足够的力量，试图从东端开始收复失地。幸运的是，澳大利亚仍未被日军占领，为盟军提供了一个靠近日本前哨链的大规模基地。

1942年8月，麦克阿瑟将军首先对瓜达尔卡纳尔岛采取了行动。该岛位于所罗门群岛最南端，距离澳大利亚最近。他们花了六个月的时间才重新夺回瓜岛。所罗门群岛中下一个相当大的岛屿——新乔治亚岛，直到1943年6月下旬才被夺回，耗时三个多月。

与此同时，澳大利亚军队从他们在新几内亚大岛东南角保有的

255

据点发起了进攻。但是，在极其困难的条件下，面对最顽固的抵抗，他们损失惨重，进展缓慢。1943年9月，他们夺取了莱城，成功收复了新几内亚大岛的东南端，耗时将近一年。

看起来，美军想要回到菲律宾，再从那里到日本，需要走很长一段路程。但是在1943年秋，他们采用"跳岛战术"，速度明显加快。这种方法属于间接路线战略的一种变体。美军在海上推进时，连续跳过前哨链中的一些岛屿，使这些岛上的日本驻军被隔绝，无法获得补给。从战略上看，这相当于将日军拘禁了起来。

1944年10月，在一次猛跳后，美军回到了菲律宾。在此之前，美军已在菲律宾群岛的南北主要岛屿棉兰老岛和吕宋岛的港口和机场发动猛烈空袭。这些打击自然会迷惑日军，使其认为美军将在这两个地区登陆，同时又猜不准哪个才是真正的目标。随后，麦克阿瑟将军的海上舰队出现在这两个主要岛屿中间的莱特岛，并在那里登陆。这一举动不仅把菲律宾从腰部劈成了两半，而且还在战略上形成了一个更大的楔子，隔开了日本和其在荷属东印度群岛所占领的大部分地区。

此时美军不可避免地需要休整一段时间，以积聚足够的力量来扩大他们的攻势，并完成对菲律宾的收复。他们结合两种方法取得了最终的胜利：首先派出海军和空军形成包围网，将他们正在争夺的岛屿孤立起来，然后再用"砍木头"的方法夺下这些岛屿。此外，美军现在已经离日本本土足够近，可以发动强大而持久的空中攻势。美军再次猛跳，绕过了中国台湾，抵达琉球群岛的冲绳岛，插在中国台湾和日本的中间。

美军后来的行动都具有一个显著的特点：每一次跳岛前，都先威胁多个目标，以迷惑敌人，使敌人难以确定真正的目标，同时专门打击敌军防御薄弱的地点。因此，他们每一步行动的战略间接性都使其效力成倍增加。

日本的征服浪潮波及得太远，因而无法持久。日军的兵力过于分散，这非常危险，因为一旦海上力量和空中力量的平衡发生变化，让美军能够在如此广阔的区域内进行海上迂回，日军就很容易被孤立。这种反作用驳斥了"进攻是最好的防御"这一军国主义信念。相反，一开始过于成功的进攻导致日本后来的防御力量不足，无法保障自身安全。德国的进攻浪潮给他们带来了同样致命的后果。

地中海战场

在地中海战场上，前期战役集中发生在埃及和苏伊士运河周围，意大利与德国试图占领这两个地区。这些战役充分证明了间接路线的价值，且警示后人，战略上的过度扩张——无论是纵向还是横向——会造成严重的后果。

1940 年 9 月，意大利的格拉齐亚尼元帅从利比亚向埃及挺进。从数字上看，意军这次行动必胜无疑，因为与保卫埃及的英军相比，他们的规模庞大得多。但是他们的机械化程度不够高，机动性很弱，且行政效率低下，很难发动突袭。意军在穿过西部沙漠前进了 70 英里后，在西迪巴拉尼停了下来，在那里待了几个月。

英军在中东的总司令韦维尔将军决定派奥康纳将军领导下的西部沙漠部队（第八集团军的雏形）打击意军。在设想中，这次行动是一次强有力的突袭，而不是进攻；不是夺取区域，而是打了就跑。他们只有两个师可用：第七装甲师和第四印度师。这次突袭后，第四印度师还得马上撤到尼罗河，前往苏丹，帮忙应对在厄立特里亚和阿比西尼亚的意军的威胁。

　　然而，由于奥康纳率军穿过沙漠，突然出现在意军的后方，意军惊慌失措，陷入瘫痪和混乱之中，这让英军意外地取得了决定性的胜利。奥康纳使用的路线不仅在物质上是间接的，在心理上也是间接的。此次突袭发生在 12 月 9 日，格拉齐亚尼的大部分军队被切断，3.5 万人被俘，残军如同一群乌合之众慌忙溃逃，重新躲回了自己的边境阵地中。英军第七装甲师乘胜追击，占领了这个设防的边境，包围了撤退到巴迪亚的意大利残军，将他们暂时切断。

　　如果英军最高统帅部没有坚持要求第四印度师按照原计划撤退，整场战役可能会就此结束。由于第四印度师撤退，第七装甲师失去了支援，自然无法突破意军在巴迪亚的防线。几个星期后，一支步兵生力师——澳大利亚第六步兵师——才被从巴勒斯坦调来充当"开罐器"。1 月 3 日，英军攻破了巴迪亚，俘虏了 4 万名意军。22 日，他们占领了托布鲁克，再次俘虏了 2.5 万名意军。

　　格拉齐亚尼的残军越过班加西向的黎波里撤退，但被追击的英军使用间接路线拦住了。这是整场战争中最辉煌和最大胆的一击。英军第七装甲师穿过沙漠腹地，在 2 月 5 日到达班加西以南的海岸线上。其先头部队在 36 个小时内走了 170 英里，艰难穿越了一个陌生的地区。在此处，英军分为两部分：库姆上校率领一个小分队在贝达富姆切断意军的撤退路线；陆军准将卡特领导的第四装甲旅则连续打击意军，直至他们投降。这两支英军加起来只有 3000 人，但他们大胆地截断了几倍于他们的意军的撤退路线，俘虏了 2.1 万名意军。

　　当英军在昔兰尼加取得了这一惊人的胜利后，尽管他们人数很少，但若能及时向的黎波里推进，几乎是必胜无疑——剩余的意大利军队装备不良，难以应付坦克的冲击，而且在看到主力部队惨败后，意军的士气也被严重动摇了。奥康纳迫切地想扩大他在贝达富姆取得的胜利成果，并确信他可以毫不停歇地完成新的任务：补充物资。但是英国政府下令暂停此地的行动，为出师不利的希腊远征军提供兵力。韦维尔只得留下最少的兵力把守昔兰尼加，奥康纳也回到埃及，控制权被交给了能力更弱的人。就在这个节骨眼上，隆美尔率领的德国非洲军的先头部队也到达了的黎波里。尽管一切都为时已晚，意军已经大难临头，但这支德军还是将北非战役拖延了两年多。在此期间，英国在埃及的地位一度岌岌可危。

虽然总兵力加起来也只相当于一个师，隆美尔还是于3月底发起了反攻。他在夜间迅速绕过敌军的侧翼，到达他们的后方，打乱了他们的部署，然后虚张声势，假意要包围敌军，迫使敌军主力在梅基利投降。他的推进出人意料，这使他在后续各个阶段的行动都具有间接性，更加令敌人惊慌失措。在两个星期内，他把全部英军赶出了昔兰尼加，只有一小部分英军撤退到了托布鲁克，被孤立起来——这支小部队便成了他的眼中钉。然而，当他到达边境时，他的补给线已经拉得太长，因此被迫停止行动。

6月，得到增援的英军计划对利比亚边境发起新的攻势，行动代号为"战斧"。由于他们的进攻主要是正面推进，隆美尔通过准确的判断，派装甲部队包围了他们的沙漠侧翼，打乱了他们的部署，并扭转了局势。

11月，英军发动了更大的攻势。此时，奥金莱克将军已取代韦维尔担任总司令，利比亚边境的部队也已重组为第八集团军，由坎宁安将军指挥。攻势于18日发动，随着沙漠侧翼的推进，英军逼近了隆美尔的后方。但是由于他们的战术过于直接，试图在正面战斗中摧毁敌人的装甲部队，他们失去了通过间接路线所获得的战略优势，正中隆美尔的下怀。

面对英国机械化部队的数量优势和机动性，德军巧妙地在战术上运用了一种间接路线，先在陷阱里布满了他们隐藏好的坦克和致命的88毫米高射炮，随后引诱英国坦克进入陷阱。正如已经在战斧行动中展示的那样，隆美尔此次更加惊人地展示了现代机械化战争中的防御性进攻方法和诱饵策略，用自己的"盾牌"钝化敌人的刀刃，为自已发动猛攻做准备。结果，英军不仅丧失了他们的战略优势，也失去了他们在坦克数量上的优势。英军第八集团军在心理上和物质上都失去了平衡。23日，坎宁安打算中止进攻，撤到边境上重整旗鼓。

第二天，隆美尔判断形势已经成熟，可以采取更大胆的行动了。于是，他派机动部队对第八集团军的沙漠侧翼进行了一次大胆的突袭，并越过边境切断了其交通路线。当德军机动部队突入英军后方时，英军陷入了混乱和恐慌之中。如果由坎宁安来决定是坚持战斗还是撤退，这场战斗很可能就此结束。但奥金莱克不同，在关键时刻，奥金莱克飞抵前线亲自指挥。他下令坚持战斗，并在两天后回到开罗，任命里奇接替坎宁安指挥。奥金莱克的干预使英军转败为胜。但是，相比于隆美尔的战略突袭，奥金莱克的决断更像是一场赌博。第八集团军推进得过远，停在这个位置上有全军覆没的危险。非常幸运的是，由于英国空军掌握了制空权，隆美尔在向前推进的过程中，没有发现英军的两个巨大的补给站，因此没有夺占它们，使它们得以留在英军的手中。整个英军的推进都依赖这两个补给站。

虽然隆美尔的纵深推进差一点即可达到目的，但他为这次失败付出了惨痛的代价。当他和他的三个装甲师（两个德国师和一个意大利师）越过了边境作战，远离其他部队时，此前留在后面的英军恢复了平衡，重新发动进攻，并在他回来救援他的非机动编队之前就与托布鲁克的驻军交战了。这说明，由军队的一部分进行战略突襲式作战存在很大的风险，留在后方的中枢本身不足以进行长时间的抵抗。虽然经过几天艰苦奋战和近距离的迂回行动，他暂时夺回了优势，但代价十分巨大。他的损失比初始阶段还要严重得多，有限的坦克力量进一步折损，使他难以支撑下去——而英军却获得了更多的增援部队。12月6日，隆美尔被迫中止了托布鲁克周围的战斗，先是撤退到加扎拉，然后再度撤退到的黎波里塔尼亚的边境。

在这里，他再次采取了防御性进攻的方法，取得了惊人的成功。当英军在12月27日发起进攻时，他阻截了英军的装甲部队，对其进行侧翼包围，迫使他们正面作战，并最终将他们全部包围。在这场战斗中，英军的坦克力量被消耗殆尽。随后的一个星期，他获得了一个车队的支援，这是他自11月中旬以来第一次获得大量增援。于是他立即利用英军在推进中将战线拉得过长的弱点，对英军发起进攻。当英军以为他仍然无力进攻时，他出其不意地反击，打乱了英军的阵脚，然后利用英军的混乱，从沙漠侧翼对英军的班加西基地进行间接攻击，将英军击退到加扎拉，夺回了英军一半以上的战果。

之后的三个月，战线稳定在加扎拉阵地上，但第八集团军的直线部署更适合作为新攻势的跳板，而不是作为一个平衡的防御。5月，隆美尔率先行动，在26日夜间派装甲部队进行了一次大范围的侧翼迂回行动，使第八集团军失去了平衡。然而，他遭遇了阻截，未能到达海岸，无法切断英军在加扎拉的防线。于是，隆美尔背对英军布置的雷区，采取了防御姿态。英军此时错误地认为隆美尔已经走投无路，注定要投降了；结果，他们的反击过于直接，掉进了隆美尔在受到阻击时迅速布置的防御陷阱中。由于后备力量受到牵制和消耗，第八集团军无力应对隆美尔的再一次侧翼进攻，被打得支离破碎，一部分撤退到边境，另一部分撤退到托布鲁克。隆美尔的装甲部队迅速驶过托布鲁克，佯装向边境进发，然后在撤到托布鲁克的英军安顿下来之前，突然调转方向，向托布鲁克发起了进攻。无论从心理还是物质上来说，这次行动都是间接路线的杰作。通过在一个薄弱点上突破防御并扩大战果，德军几乎俘虏了全部的敌人，还缴获了充足的补给和运输工具，这足以支撑他们长期推进。

隆美尔乘胜追击，接着追赶仓皇穿过西部沙漠的第八集团军残部，冒险逼近埃及的主动脉尼罗河。如果德军控制了尼罗河流域，苏伊士运河也会被随之拿下，英国在中东的整个地位就会被摧毁。面对这一危机，奥金莱克亲自接管了遭受重创的第八集团军，将其重组后派往阿拉曼坚守阵地——该地位于通向尼罗河的沙漠咽喉要道。隆美尔的部队人数不如英军多，又因长期追击而疲惫不堪，面对英军的新防御阵线，德军遭到了意想不到的顽强抵抗。当隆美尔试图从不同的角度突破时，奥金莱克进行了间接的还击，虽然没能击溃隆美尔，但削弱了他的力量，使他无法实现目标。

很快，来自英国的援军赶到了。丘吉尔希望英军立即采取攻势，但奥金莱克更为明智，坚持要等到新部队在战术上适应沙漠环境后再行动。随后，奥金莱克被撤职，哈罗德·亚历山大接替他成为中东战区总司令，蒙哥马利接管了第八集团军的指挥权。

8月底，隆美尔再次率先出击，但又一次被英军新的防御战术挫败。他的装甲部队穿过了英国前线南半部的雷区——这一区域没有英军防御，而大部分英国步兵驻守在北部地区的坚固阵地上。然后，他前去攻击英国装甲部队的主力，在英军选定的阵地上，从后方发起进攻。他损失了许多坦克，却一无所获。当他被困在这个后方阵地和雷区之间时，另一个英军装甲师，也就是第七装甲师，包围了他的南翼。然而，英军没有及时拉紧这张网，隆美尔得以逃脱，但主动权已经开始转移。

随着蒙哥马利的兵力和资源逐渐增多，主动权就彻底到了英军手中。为了做好充分的准备，第八集团军休整了很长时间——比奥金莱克预想的还要长，然后在 10 月的最后一周发动了进攻。现在英军在空中力量、枪炮火力和坦克力量方面拥有巨大优势。尽管如此，由于战线相当狭窄，没有迂回余地，战斗持续了整整一个星期。但是，隆美尔的军队已严重超负荷，且他们的大部分运油船在穿越地中海的时候被潜艇击沉，这严重打击了他们的行动能力。随后，德军从最前端开始崩溃，没有能力再进行顽强抵抗，直接退回了原来的基地中。

战斗开始时，隆美尔因病在维也纳休养，但他立刻就飞了回来。统观形势后，他计划将军队撤回到阿拉曼以西 60 英里的富卡，使蒙哥马利的作战机器脱节。但是，由于希特勒坚持寸土不让，隆美尔的意见被否决了，德军只能在战斗失败后撤退。然后，隆美尔以一贯的果决和无情，放弃了机动性和专业性较差的部队（包括大部分意大利军队），使用摩托化运输工具撤出了他的精锐部队。

由于英军的追击不够间接，包围路线也不够宽广，英军未能拦截隆美尔。首先，英军过早转向，没能拦住沿海岸公路撤退的大部队。然后，在阿拉曼以西 120 英里的马特鲁港附近的"查令十字"路口处，英军再次围击，不巧天降大雨，英军又汽油短缺，切断德军的计划没能实现。如果他们转得再远一点，深入内陆，穿越沙漠，那么或许就可以避开多雨地带。其实，他们错失机会的最主要原因，还是三个装甲师的运输车辆运输了大量弹药，却没携带足够的汽油，等到追击时燃料供应自然就会出问题。

隆美尔从英军装甲师的虎口中逃脱后，片刻不曾停歇，直到到达他最喜欢的增援基地——位于昔兰尼加远端的阿格海拉附近，那里距离阿拉曼 700 英里。在两个星期的快速撤退中，他远远甩开了追兵，几乎没有让英军俘虏他的士兵或夺取他的补给。当他的部队绕班加西湾撤退时，英军原本可能有机会通过空袭打乱他的部队，但若想这样，空军必须在没有步兵保护的情况下，冒险使用前线机场。尽管空军指挥官愿意冒这个风险，陆军司令部却不愿意。隆美尔先前的惊人反击给英军留下了深刻的印象。但这一次，隆美尔的处境十分不利，无法发动那样的反击，甚至不能在阿格海拉长期坚守阵地。

第八集团军停顿了三周才集结兵力向阿格海拉阵地发起进攻。当攻势正发展时，隆美尔开始撤退。尽管英军通过侧翼迂回成功地击败了他的后卫，但他还是设法在英军的战略阻塞完全巩固之前突围逃走了。隆美尔又后退了 200 英里，在布埃拉特阵地上再度休整。他在那里待了三个星期，随着第八集团军在 1 月中旬逼近并发动进攻，他被迫再次撤退。这一次，他几乎连续撤退了 350 英里，退过的黎波里，到达突尼斯境内的马雷特防线。他这样做不仅仅是由于兵力薄弱以及大多数补给船被击沉，还因为 11 月英美攻占了摩洛哥和阿尔及利亚，局势发生了新的变化。

英美的行动紧跟在阿拉曼攻势之后，地点位于北非另一端，距阿拉曼约 2500 英里。这是一种远距离的间接路线，旨在动摇隆美尔对利比亚的控制，并消除他在尼罗河三角洲附近的威胁。在这一行动的战略领域，它的成功可能性与它的间接性成正比。按照最初的设想，盟军本来只会在摩洛哥的大西洋海岸登陆。这就意味着要进行纯粹的正面进攻，使那里受德国指挥的法国伪军可以充分进行有效抵抗。这一推进将从距离比塞大 1200 英里以外的地点开始，而比塞大是整个北非战场的关键，因此德国人有时间和机会来增强法国伪军对盟军的抵抗。幸运的是，随后盟军又计划在奥兰和阿尔及尔附近的地中海海岸登陆。美国通过外交手段，获得众多法国当地掌权者的默许或沉默，为在这些地点登陆铺平了道路。一旦在这些地点登陆，他们就立刻在西海岸的法军后方形成了决定性的威胁，削弱他们的抵抗。

从阿尔及尔附近登陆后，盟军距离比塞大仅有 400 英里。在那时，只要有少数几支摩托化部队，就可以在山路以外的地区不受阻碍地经过比塞大冲至突尼斯。在附近进行海上或空中登陆也不会遇到任何阻击。但是，海军当局非常谨慎，不愿在没有空中掩护的情况下进行小规模登陆，且陆上的推进也过于谨慎。与此同时，尽管盟军的登陆出乎德军意料，但德军迅速做出了反应。从第三天起，他们开始动用所有可用的运兵飞机和小型沿海船只向突尼斯运送部队。在盟军首次登陆两个多星期后，盟军第一集团军的先头部队才抵达了突尼斯附近。虽然在该地的德军总数仍然很少，但足以阻击盟军。

这次阻击导致双方在比塞大和突尼斯的多山弧形地带僵持了 5 个月。尽管如此，从长远来看，这次失败对盟军有利。因为这鼓励了德军继续渡海向突尼斯增援，而在那里，盟军可以利用制海权优势切断德军的补给和退路。讽刺的是，希特勒在保住突尼斯上投入的兵力比在占领埃及上投入的还要多。通过诱使如此多的德国和意大利预备队渡过地中海来到北非，并将其"装入袋中"，盟军随后在欧洲的作战容易了许多。对于希特勒来说，北非是致命的战略诱饵，就像西班牙之于拿破仑一样。与此同时，他们还都入侵了俄罗斯。希特勒在非洲和苏联两面作战，捉襟见肘，进退两难，未能夺取任何一个目标。正如拿破仑当初的遭遇那样，这种压力加速了他的崩溃。

然而，突尼斯战役的序幕却是由德军在 1943 年的反击拉开的，盟军挨了一记当头重击。正当盟军的两支军队——第一集团军自西、第八集团军自东——似乎要把轴心国的军队咬住时，意外发生了。轴心国司令部的目标是通过打乱两支军队的部署来预防危险发生，为了实现这一目标，轴心国早做了准备，实际情况比表面上看起来的要更加有利。到现在为止，派往突尼斯的增援部队已经组建成一支军队，由阿尼姆将军指挥。与此同时，由于在向西撤退时逐渐接近补给港口，隆美尔的残余部队也正在获得增援和装备。面对这种暂时有利的局势，隆美尔计划发挥拿破仑式的内线优势，利用他在两支盟军之间的中心位置，分别连续打击和削弱他们。如果能击溃从背后威胁他的英美第一集团军，他就能腾出双手对付英国第八集团军——该部队已经由于补给线的延伸而变得越来越弱。

这一计划有着辉煌的前景，但因为其主要依赖不受隆美尔控制的部队，因此在实施时遭遇了严重的障碍。行动开始时，阿尼姆的军队是独立的；甚至连负责主攻、经验丰富的第二十一装甲师，在被派回帮助隆美尔守卫撤退和补给线时，也奉命由阿尼姆指挥。

德军反攻的直接目标是美国第二军（其中包括一个法国师）。其战线长达 90 英里，但主要集中在三条穿山至海的路线上，矛头指向加夫萨、法伊德和丰杜克附近的山口。这些隘口非常狭窄，令据守的军队感到安全无虞。

但是在 1 月底，德军第二十一装甲师突袭法伊德山口，在美军支援到达之前击溃了法国驻军，从而获得了一个突破口。这场突袭使盟军指挥官预计还会有更大规模的攻击，并认为攻击会发生在其他地方。他们认为德军攻击法伊德山口是为了转移注意力，并相信下一次攻击将发生在丰杜克。正如布莱德雷将军在他的回忆录中所写的那样："这种信念近乎致命。"

2 月 14 日，德军发起了真正的进攻，再度突袭法伊德山口。这一行动由阿尼姆的副手齐格勒负责。当美军装甲部队向前迎击时，第二十一装甲师一方面在正面牵制美军，另一方面绕过他们的右翼，从后面袭击了他们。100多辆美军坦克在这个陷阱中被摧毁。隆美尔敦促齐格勒在夜间继续前进，充分利用这次胜利扩大战果，齐格勒却停滞了48小时，直到得到阿尼姆的授权，才继续前进25英里，到达美军的集结地斯贝特拉。即使在那时，他还是再次击退了美军，不过战斗更加艰难，而美军也能够在凯塞林山口再次重整旗鼓。与此同时，隆美尔从马雷特防线调来了一个装甲分队，通过加夫萨向南方猛攻。到17日，这支部队已经推进了50英里，占领了凯塞林西面的泰莱普特的美军机场。

刚刚被任命指挥两个盟军集团军的亚历山大，已经到达了现场。他在报告中说："此地的局势比我预想的更危急，实地观察凯塞林地区的情况后，我发现军队仓皇撤退，美军、法军和英军不可避免地混合在一起，而我们没有协调防御计划，指挥权的划分也不明确。"他接着说道，如果隆美尔"突破我们在下一条山脉西多沙尔的薄弱防线，那么他再向北推进时就很少会遇到自然障碍……这将破坏我们在突尼斯的战线，即使我们不是全军覆没，也势必要被迫撤军"。

另一方面，隆美尔想利用盟军的混乱和恐慌，派所有可用的机械化部队发起联合进攻——穿过西多沙尔40英里以外的泰贝萨，打击盟军的主要交通要道和阿尔及利亚基地。根据空中侦察报告，盟军在泰贝萨的补给站已经告急。隆美尔提议向西北推进到泰贝萨，但是阿尼姆不愿意冒险，于是在绝望之中，隆美尔向墨索里尼求助。时间一点点过去，直到19日早些时候，罗马那边才传来消息，命隆美尔负责指挥，继续推进，但是——隆美尔需要向北推进到塔拉，而不是向西北推进到泰贝萨。在隆美尔看来，这一改动

"令人震惊，简直是鼠目寸光"，因为如此一来，进攻就会"离前线太近，必然会遭到强大的敌军预备队的顽强抵抗"。

结果充分证明了隆美尔的正确。计划改动后，德军的推进路线正是亚历山大所预料到的路线，他做了最充分的准备。他命令第一集团军司令"集中装甲部队保卫塔拉"，来自北方的英国预备队也正匆匆赶往该地。很明显，如果当初按照隆美尔的想法行动，盟军将再次失去平衡。

美军也在通向塔拉的路线上集结了兵力，并顽强把守凯塞林山口，使德军直到 20 日晚上才突破这一山口。第二天，德军筋疲力尽地开进塔拉，随后就被已经到达那里的英军预备队赶了出去。22日，隆美尔意识到他已经错过了时机，停止了进攻，开始逐步撤退。一天后，新命令从罗马传来，将所有在非洲的轴心国军队交由隆美尔指挥。但一切为时已晚。

在研究间接路线时，这一反攻是一个非常重要的教训。首先，它清楚地表明，错失时机将导致优势丧失。其次，迂回必须要足够远，足够出乎敌人意料，才能具有实质上的间接性。

由于上层行动迟缓，隆美尔获得轴心国军队指挥权时已经错过了时机，来不及取消阿尼姆在北部对突尼斯的盟军阵地发起的进攻。这一进攻过于直接，不仅损失惨重，而且导致隆美尔未能及时获得第二次进攻蒙哥马利所需的兵力。

这一延迟对其计划前景产生了至关重要的影响。2 月 26 日，蒙哥马利还只有一个师面对着马雷特防线。蒙哥马利此时非常烦恼，他的手下则在德军打击到来之前拼命地工作以恢复平衡。但到 3 月 6 日，当隆美尔发动进攻时，蒙哥马利的兵力已经增加了四倍，除了四百辆坦克，还有五百多门反坦克炮已经就位。因此，由于行动被耽误，隆美尔以优势兵力进攻的机会已经不复存在。到下午，进攻就停滞了，德军损失了 50 辆坦克，严重阻碍了下一阶段的战役。雪上加霜的是，隆美尔也因病无法继续指挥，一筹莫展的他已经飞回了欧洲，再也没有回来。

3 月 17 日，巴顿将军指挥的美国第二军发起进攻，盟军的攻势就此展开。他们的目标是打击德国非洲军团，切断德军撤退到突尼斯的路线，并引诱德军从前线调走一些资源，削弱其前线战斗力。但是，他们的推进过于谨慎而缓慢，因而在通往沿海地带的山路上遭遇了德军阻截。这次成功拦截使德军受到鼓舞，因而发动了另一次进攻，但没能突破美军的防线。德军损失了大约 40 辆坦克，这不仅钝化了他们的攻势，而且使装甲部队的劣势更加明显，削弱了德军阻击蒙哥马利的能力。

盟军最终能够胜利，更多是因为德军在进攻中犯了错，而不是因为盟军自己的攻势起到了效果。直到德军在进攻中将战线拉得过长后，盟军才有了扭转局面的机会。后来，德军本可以坚持得更久，但他们在徒劳无功的反击中耗尽了他们剩余的力量。

3 月 20 日夜间，第八集团军对马雷特防线发起进攻。他们主要从正面发起攻击，旨在突破海边的防御，并凿开一个缺口，然后让装甲师撕开整条防线。与此同时，新西兰师绕了一个大弯，迂回至德军后方的哈迈，目的是牵制德军部署在那里的预备队。但攻击发动了足足三天，依旧未能凿开足够大的缺口。因此，蒙哥马利改变了计划，向内陆迂回，派第一装甲师前去帮助新西兰师进攻敌军的后方。这个突然将"骑兵"从右向左转的策略，在更大的范围内再现了马尔博罗在拉米伊的迂回行动，在战术灵活性方面堪称杰作。但是当蒙哥马利的装甲部队穿过一个山谷时，却发现德军早已在山谷两侧布置了大量反坦克炮；若不是沙尘暴扰乱了德军视线，英军就可能掉进一个致命的陷阱。此时，英军仍未能突破德军在哈迈的后方防御。最终，虽然德军在后方威胁下放弃了马雷特防线，但撤退的路线还是能够得到确保，英军没能完成合围，没能给德军带来多大损失。

德军沿着横跨加贝斯隘路的阿卡里特谷撤退，但在离哈迈后方不到十英里的地方，德军再度停下，沿着山谷开始设防。这条山谷横在加贝斯隘路之间，背山面海，中间只有一个十分狭窄的正面。美军从南部绕过盖塔尔，打算从后方打击德军，配合英国第八集团军在前方的牵制，但在他们还没能从山上冲下来攻击德军之前，他们就已遭遇阻击。4月6日凌晨，第八集团军在黑夜的掩护下进攻了阿卡里特谷。这一次，战术创新使他们得以突破德军防线纵深推进，但天亮后德军立刻还击，阻止了他们。然而，此时德军已经将仅有的三个残破的装甲师中的两个用于抵抗美军，再也没有足够资源去维持抵抗了。第二天夜里，德军开始沿着海岸向突尼斯撤退。

4月8日，第九军试图攻破丰杜克山口，到达德军后方的海边，切断德军的这一退路。但步兵的进攻未能为坦克扫清障碍。第二天，坦克部队冒险成功穿过了一片雷区，但他们不仅付出了沉重的代价，而且来得太晚了——没能成功拦住沿海岸撤退的德军。几天之内，德军的两个军共同协作，沿着覆盖突尼斯的山地弧形区域建立了防线，看起来似乎要长期抵抗下去。或者，他们可以利用快速撤退所获得的喘息机会，将部队撤至西西里岛。

隆美尔的非洲军团跋涉两千多英里，从阿拉曼撤退到突尼斯的这次行动，堪称军事史上的杰作之一（尤其是第一阶段和最后阶段）。他们从马雷特防线回到突尼斯，必须经过一条布满敌军的长走廊，不断面临致命威胁。虽然近代来没有人像他们一样敢于进行这种"色诺芬式"的壮举，但同年冬天的另外一场撤退足以与这次行动媲美，虽然长度更短，但条件更恶劣——克莱斯特的集团军从高加索深处撤退，穿过罗斯托夫的瓶颈地区，同时持续遭受从顿河而下的苏军的侧翼威胁。

这两次行动给人留下了深刻的印象，证明若能有技巧地对现代化防御加以利用，就能发挥其所具有的巨大抵抗潜力。此外，后方进攻的局限性再次凸显了一个古老的教训，即想要在进攻中取得胜利，需要的不仅仅是地理上的迂回战术。在这次行动及类似的战例中，进攻者的一支重要部队从一开始就悬在撤退的敌军的后面，却不能将敌军困住。他们的威胁太过明显，使防守方能够有效地利用其防御力量，并得到足够的安全保障。进攻方要想取得决定性的胜利，必须在心理上采用间接路线以打破对手的平衡。

德军从阿卡里特干谷迅速撤退，并成功地避开了盟军的围追堵截，为德军最高统帅部创造了一个机会：如果选择合适的道路，就可以把部队撤到西西里。德军在突尼斯南部的恩菲达维尔到比塞大西部的塞拉特角之间筑起了一道新的弧形防线。盟军至少需要休整两周，才能够对德军的这道新防线发起猛烈进攻。在此期间，当地正好处于大雾天气，有助于德军掩护部队登船和运输军队，他们完全可以趁机将突尼斯的大部分德军从海上和空中撤出。

然而，德军最高统帅部却试图延长在非洲的战役，而不是将战线收缩到欧洲南部的海岸线。为了守住突尼斯和比塞大，他们甚至将战线拉长到一百英里，而其资源不足以支撑如此长的防线。德军在突尼斯和比塞大之间举棋不定，为盟军提供了一个理想的机会，使他们能够迷惑德军，让德军无法确定他们的真正目标。

在出牌之前，亚历山大重新洗牌，把美国第二军从南部调到了北部海岸，从右翼调到了左翼，正对比塞大。他还将第九军向北转移，插入第五军和法国第十九军的正中间，与盟军右翼的第八集团军相邻。

4月20日，第八集团军向敌人的左翼发起进攻。由于恩菲达维尔之外的沿海走廊过于狭窄，前进的速度很快就慢了下来，在23日被迫停止。4月21日，第五军从中心左侧发起进攻，穿过通向突尼斯的群山。第二天，第九军从古拜拉特附近的右翼中心发起进攻，想要使用装甲部队突破德军防线。虽然他们没能成功，但严重削弱了德军的防御，并进一步削弱了德军剩余的坦克力量。接着在大部分前线地区，双方停战了几乎两个星期，但在北部，美军和一个法属非洲军团继续逐步渗透，距离比塞大只有20英里。

此时，亚历山大再次洗牌。在靠近古拜拉特的右翼中心，他只留下了一支掩护部队。他将第九军的大部分兵力转移到左翼中心，集中在第五军的后面，并从第八集团军抽调了两个精锐师——第七装甲师和第四印度师——前来增援。与此同时，他实施了一个精心策划的骗局，用于掩护他的转移行动，并诱使敌军指挥部相信他的下一次进攻将在南方进行。第八集团军和蒙哥马利的威名加强了骗局的效果，因此德军的阿尼姆将军将大量兵力调至南方。阿尼姆根本没有察觉到他已经上了盟军的当，也根本来不及在受到袭击后重新调整他的部署，因为盟军牢牢掌握了制空权。盟军利用巨大的空中优势将敌军仅剩的飞机逐出天空，并使敌军在陆地上的所有兵力和物资转移瘫痪了。

5月6日凌晨，天空中星光灿烂但月色黯淡，第九军在霍罗克斯将军的指挥下发起猛烈进攻。在此之前，在通往突尼斯的迈杰尔达谷地，盟军使用六百多门大炮对不足两英里宽的地区进行了猛烈的轰击。天亮后，空军不断投放炸弹，扩大了轰炸范围。守卫门户的德军惊慌失措，很快被英军击溃。由于防线过度拉长，德军力量薄弱又缺乏纵深。随后，第六和第七装甲师的坦克集中穿过了缺口，但是他们在应对多股德军的小规模抵抗时浪费了时间。夜幕降临时，他们只前进了几英里，离突尼斯还有 15 英里。

然而，第二天早上，由于德军不断遭受空袭和战略打击，他们已经处于瘫痪状态，无法实施任何战术反击。到下午，英国装甲师的先头部队已经进入突尼斯。随后，第六装甲师转向南方，而第七装甲师转向北方，进一步打乱敌军的部署。几乎与此同时，美军和法军涌入比塞大。在前线的北半段，敌军的抵抗迅速瓦解。

在南方，德军原本可以撤回到卡本半岛，并在那里进行长期抵抗。但是由于第六装甲师迅速深入他们的后方，并在半岛的最窄处进行拦截，他们彻底崩溃，超过 25 万人被俘。

敌军的指挥部已经失去了平衡，敌军被上方的空袭和坦克的后方进攻彻底打乱。敌军指挥部失衡是敌军崩溃的主要原因，而交通中断导致预备队不足以及补给中断又进一步打击了敌军的士气。

此外，还有一个重要因素：敌军的基地离前线很近。敌军的防线被突破后，其基地迅速被占领，行政系统一片混乱，士兵陷入恐慌之中。恐慌的情绪不仅在直接遭到冲击的基地人员中传播开来——他们总是比战斗部队更容易受到士气低落的影响，而且自然地蔓延至全军。失去基地使得背对大海作战的敌军更加沮丧，因为现在，他们背后的海域被盟军的海上和空中力量所主宰。

令人惊奇的是，亚历山大的作战计划与拿破仑战役的经典模式存在诸多巧合，更与 1914 年的马恩河战役颇为相似。这种模式的特点是，当敌军在正面被牵制或遭受攻击时，向敌军的一个侧翼进行迂回攻击。这一迂回行动本身并不具有决定性，却可以为决定性的一击创造机会。因为面对被包围的威胁，敌军会拉长防线准备迎击，因此其防线上会出现一个薄弱的节点，此时就可以对该点发动决定性的一击。

尽管因为缺乏开放侧翼而受到了阻碍，但亚历山大通过使该模式获得更大的内部发展，再加上灵活性和巧妙性，最终取得了胜利。正如我们所见的，他首先把敌军的注意力和兵力吸引到左翼，然后用力攻击右翼和中心右侧，随后再集中力量主要进攻敌军的中心左侧。当敌军设法阻止他在这里突破时，他假装把主力迂回到敌军的左翼，实际上却移到了敌军的中心右侧。他用一连串的行动分散了敌军的注意力，同时利用多个目标迷惑敌军，使得他最后的集中攻击非常致命。

与其他阶段相比，北非战役的后期阶段似乎更值得详细讨论。其中的战略在物质和心理方面都值得我们借鉴，特别是在间接路线的巧妙和多样性方面，给我们留下了客观经验与教训。

第十八章

希特勒的溃败

在斯大林格勒惨败和从高加索撤退之后，德军再也无力在苏联取得什么决定性胜利了。1941年和1942年的经验表明，在无限的空间里以有限的力量实施进攻战略具有局限性。到了1943年，德军的力量越来越薄弱，而苏军的力量却在增长。人数劣势已经使得德军没有希望通过进攻战略取胜，而根据兵力与横向空间的比例来算，静态防御也很难实施。如果德军在这种情况下转攻为守，那么为了实行弹性防御，他们就需要采取一系列的撤退行动，放弃已经获得的大片领土，只有这样才能将苏军的攻势吸引过来。同样，若是采取防御性进攻战略，那么也需要放弃既得领土，以创造反击机会。

即使是在1943年，德军若改用机动形式的防御战略，也有很大的获胜可能。经验表明，防守的德军可以以相对较少的损失使进攻的苏军伤亡惨重。虽然苏军指挥官可以驾轻就熟地实施迂回行动，更广阔的空间给他们提供了机会，但其他情况往往会诱使他们付出惨痛的代价。因为苏军本能地强烈渴望将侵略者赶出自己的家园，苏军指挥官也自然希望向斯大林证明他们的决心，所以他们很容易被德军诱骗而发起直接进攻。德国战略家一致认为，通过实施一个精心设计的弹性防御计划，他们可以削弱苏联的力量，并消磨其作战意志，甚至还有可能获得绝佳的反击机会，从根本上改变局势。

但是希特勒太渴望进攻，对这些建议没有给予应有的重视。他坚信进攻是最好的防御方式，顽强抵抗是退而求其次的选择。由于过度沉迷于进攻，当许多军官提出应为德国国防扩大战斗机规模，以应对盟军不断增加的轰炸攻势时，希特勒拒绝了他们的所有请求，直到1944年6月才改变这一决定。同样，当他的顾问们提出德国预备队已非常短缺，并指出坚守冬季战役结束时的尴尬防线非常危险时，希特勒驳斥了他们撤退到第聂伯河防线的意见，坚持认为在1943年夏天再次发动进攻就可以解决这个问题。

值得注意的是，3月，曼施坦因采用非常间接的路线，在哈尔科夫发起反击，打破了苏军在斯大林格勒战役后的推进，随后他向希特勒提出了一个计划，与哈尔科夫的反击计划类似，但更加有技巧，且设置了诱饵。当时，德军在顿涅茨河和亚速海之间的米乌斯河地区的前线上，形成了一个非常深的突出部，苏军的春季攻势极有可能将它作为目标。因此，曼施坦因建议削弱那里的防御力量，并命其在苏军进攻时撤退以将苏军引开，随后用最大的兵力从基辅地区向苏军的北翼进攻，卷起苏军在南方的整个战线并困住他们。

但是，这个计划对于希特勒来说过于冒险，他不愿意放弃拥有工业和矿产资源的顿涅茨盆地。因此，他们采取了另一个计划，试图在苏军发动预期的春季攻势之前，通过掐断他们在库尔斯克周围楔入德军战线的大突出部——该突出部位于别尔哥罗德和奥廖尔之间——转移苏军的注意力，使他们陷入混乱之中。曼施坦因的南方集团军群（以前的顿河集团军群）中的第四装甲集团军将形成钳形的右部，而克鲁格中央集团军群的第九集团军将组成钳形的左部。曼施坦因坚持说，如果采取这一计划，那么就必须在5月初春天的泥土干了之后立刻行动，赶在苏军能够重新集结他们的部队之前发动进攻。但是第九集团军的司令莫德尔极力主张推迟进攻，直到更大的坦克增援部队到达之后再行动。希特勒同意他的看法，将进攻推迟到了6月，然后又推迟到7月5日。这是一个非常鲜明的例子，说明时间和力量常常相互矛盾，给我们留下了一个教训：提早行动比增强兵力更重要，因为提前行动可以出乎敌军的意料，取得更大的成效。

随着时间的推移，希特勒也对该计划的前景产生了怀疑，但他更不愿进行必要的战略撤退，因此当哈尔德的继任者蔡茨勒列出了应坚持进攻的理由时，他勉强接受了。蔡茨勒满心只有一种想法：为了阻止苏军的攻击，德军应率先发起进攻。

这一次，苏军指挥部做出了更精明的判断，在德军离开之就停止了进攻，从而扩大了诱饵的范围——这种方法在战术领域常常有利可图。苏军发现了德军的部署，判断出了他们的意图，在受威胁的突出部下方深处布下了大量地雷，并撤回了位于突出部后方的大部分部队。结果，德军的进攻不仅没有把苏军收入囊中，反而使他们自己陷入了困境。钳形右侧的军队取得了一定的进展，穿透了敌人的前两个阵地，摧毁了苏军在该区域的大部分装甲部队；左侧莫德尔的军队却在一开始就遭遇了阻击。行动失败使得德军冲出了防线，陷入陷阱之中，若苏军发起强有力的反击，他们就会面临溃败。很快，奥廖尔以北的德军陷入混乱，并引发了一场短暂的危机。曼施坦因奉命取消了自己的攻势，派几个装甲师前去支援克鲁格，结果，苏军趁机突破了他的战线的薄弱部分。整个行动过程与贝当在第二次马恩河战役中的弹性防御和反击极为相似，而那次战役导致第一次世界大战发生了决定性的转折。

尽管德军及时重整旗鼓，阻止了苏军的后续行动，就像他们在1918 年越过马恩河时所做的那样，但苏军通过扩大突破范围挫败了德军的行动。他们作战的模式和节奏与 1918 年同盟国军队在西线的反攻越来越像——轮流攻击不同的地点，每一次遇到强有力的阻击而减弱攻势时就暂停，每一次都旨在为下一次的进攻铺平道路，并且在时间和空间上都足够接近，以相互作用。这导致德军指挥部像 1918 年那样，只能将他们数量不多的预备队匆忙派往遭受袭击的地点。这样一来，他们就没有办法将预备队及时送往其他受到威胁、即将被攻击的地点。结果，他们只能被苏军牵着鼻子走，预备队的数量也逐渐减少。这是一种"逐渐麻痹"的战略形式。

拥有总体优势的一方自然会采取这种方法——同盟国军队 1918年在西线的行动和苏联红军在 1943 年的行动即是如此。尤其是当横向交通不足以使进攻者快速地将预备队从一个防区转移到另一个防区以扩大战果时，这一方法就更加合适。因为这意味着每次都要开辟一条新的战线，虽然"广泛"方法的成本往往比"深入"方法的成本高，并且在产生决定性影响的速度上也不如后者更快；不过，只要操作的一方有足够的力量来维持这一过程，这种影响就可以逐渐增强。

1943 年秋，苏军如同滚滚潮水，冲击着德军一千英里长的堤岸。9 月，苏军到达了第聂伯河，在第聂伯河河湾和基辅之间，沿河夺取了数个据点。德军从高加索西端的库班桥头堡撤离，穿过克里米亚，撤回了他们的那部分军队，试图巩固他们在第聂伯河河湾和大海之间的主战线的南部。但是苏军在援军到达之前冲破了这条战线，并趁乱到达了第聂伯河的下游，孤立了克里米亚。同样在 10月，苏军成功地在河湾的北面越过了第聂伯河，并在这个突出的位置打进一个巨型楔子。德军虽然设法保存了实力，没有像盟军所吹嘘的那样彻底崩溃，但整体地位已被严重削弱。

希特勒之所以固守第聂伯河突出部南部，是因为想要保住尼科波尔地区，这里有着对德国军火工业至关重要的锰矿资源。如今，经济需要与战略发生了冲突，形成了一场危险的拉锯战。为了为希特勒保住锰矿，德军付出了沉重的代价。德军现在不得不将整条防线持久地绷紧、拉伸，面临的危险不断上升，一些局部袭击就可能导致整个防线土崩瓦解。

每次当希特勒命令德军固守一个点时，德军最终往往都会崩溃，付出惨痛的代价。可见，防守方越弱，就越有必要采取机动防御。否则，实力较强的一方可以利用广阔的空间，采用迂回战术获得决定性优势。

10月初，苏军占领了第聂伯河上的另外两个桥头堡，一个在基辅的北面，一个在基辅的南面。北面的桥头堡又逐渐扩大，一个月后，它又为下一波攻势提供了一个宽广的出发点。很快，苏军占领了基辅，并向西快速扩大战果。在不到一周的时间里，瓦图京将军就推进到了第聂伯河外约80英里处的日托米尔和科罗斯坚的交界处。

然而，尽管曼施坦因已经没有了后备力量，但他还是设法挽回了危险的局面。他迅速撤退，引诱苏军上当，为侧翼反击创造了机会。在这种情况下，曼陀菲尔将军——最有活力的年轻将军之一——集中所有可用的装甲军发动了侧翼反击。这一击虽然力量不大，但因为采用了间接路线，加之苏军的战线过度延伸，所以产生了更强的效果，使苏军失去了他们已经夺取的两个关键点。

曼施坦因想要充分利用这一机会，计划等到援军从西边赶来后组织更大规模的反攻。但是由于拖的时间太长，瓦图京的部队已经恢复了平衡，反攻的效果大打折扣。尽管苏军在曼施坦因的侧翼威胁下被迫撤退，放弃了他们在第聂伯河以西占领的更多地区，但这次反攻根本没有表面上看起来那么危险。12月初，它就在泥泞中逐渐消失了。此外，由于曼施坦因用尽了增援部队，而希特勒再次否决了他关于大幅撤退的意见，他没有兵力应对苏军的下一步行动。

12月24日，在晨雾的掩护下，瓦图京从虽遭挤压但仍然规模较大的基辅突出部发动攻势，在一周内夺回了日托米尔和科罗斯坚，并于1月4日越过了战前的波兰边境。他从左侧猛攻，到达文尼察附近的布格河防线，从而威胁到从敖德萨到华沙的横向铁路干线。在这里，曼施坦因上演了另一次反击，但瓦图京有足够的力量招架。此外，希特勒坚持坚守基辅南部的第聂伯河防线，也为苏军提供了便利。瓦图京和另一翼的科涅夫联合起来，发动钳形攻势，切断了这个科尔逊突出部，包围了德军的十个师——尽管希特勒下令坚守阵地，他们中的一部分人还是设法逃脱了。

这次进攻在德军战线上凿开了一个缺口，为苏军的推进铺平了道路。在乌克兰的其他苏军现在采取了交替进攻的方式。在北翼，德军被迫放弃鲁克和罗夫诺；在南翼，他们放弃了尼科波尔突出部，丧失了当地的锰矿资源。

由于瓦图京告病，朱可夫元帅接管了瓦图京的军队。3月4日，朱可夫发动了一个新的联合行动，他从舍佩托夫卡发起进攻，在24小时内推进了30英里，两天后跨越了敖德萨—华沙铁路。如此一来，他就从侧翼包围了德军的布格河防线。在黑海附近，马利诺夫斯基向前推进，到达尼古拉耶夫。在二者之间，科涅夫从乌曼出发，3月12日到达了布格河，18日到达了德涅斯特河，第二天就越过了这条河。能以如此迅速的动作穿过这条宽广的河流，在战争史上算是一次创举。此后朱可夫接着向前推进，从塔尔诺波尔地区进入喀尔巴阡山脉的山麓地带。

面对这一威胁，德军立即占领了匈牙利。很明显，他们采取这一行动是为了把守喀尔巴阡山脉。这道天然屏障不仅可以帮助他们阻止苏军进入中欧平原，而且可以建立一个在巴尔干半岛持续防御的枢纽。

喀尔巴阡山脉由外西瓦尼亚阿尔卑斯山脉向南延伸，构成了一道具有强大防御能力的天然屏障。从战略的角度来看，由于山口的数量较少，有利于防守，因此可以经济用兵。在黑海和福克沙尼附近的山脉拐角之间有一片 120 英里长的平坦地带，但其东半部是多瑙河三角洲和一连串湖泊，所以危险区域只有 60 英里长的加拉茨峡谷。

4 月初，德军似乎很快就会退到这条后方战线上。科涅夫的部队越过普鲁特河进入罗马尼亚，而在更南边，德军被挤出了敖德萨。克里米亚也被两支苏军采用向心攻势重新夺回，留在那里的德军被击溃。但是德军在苏军越过普鲁斯河后成功阻截了他们，阻止苏军深入罗马尼亚，从而暂时保住了自己的石油供应。不过，此次成功却导致他们在五个月后彻底失败。因为这次胜利诱导希特勒将部队派到了山区和加拉茨峡谷东面，使其暴露在危险之中。

在北部，朱可夫也受到了德军的阻击，未能冲破塔尔诺波尔西南部的喀尔巴阡山隘口，但很快他就遏制住了德军的反击。

在更北部，靠近波罗的海的地区，苏军在 1 月中旬发起进攻，将列宁格勒从德军的包围中解放出来，然后向西推进。但是德军有序地从纳尔瓦撤退，经过普斯科夫，撤退到了一条更短更直的防线上。新防线只有 120 英里长，其间坐落着两个大湖，占据 90 英里。在普斯科夫和普里佩特沼泽地之间，德军的战线仍然集中在堡垒城市维捷布斯克和奥尔沙。苏军在 9 月底包围了这两座城，但是德军在这里的阵地非常坚固，苏军的直接进攻和迂回行动都未能拿下。在接下来的九个月里，直到 1944 年 7 月，苏军一直为其所阻。

因此，总的来说，到 4 月底，苏军的战线暂时稳定下来。红军占领了诸多地区，在南部的成就尤其突出，但是德军通常能够从苏军钳形攻势形成的陷阱中逃脱，免遭灭顶之灾。相较于苏军的行动规模，他们俘虏的德军总数并不算多，但是德军的损耗逐渐增加，导致德军在后来遭受了更为严重的影响。然而，希特勒越来越不切实际，甚至解除了曼施坦因的指挥权。他认为现在更需要的是顽强抵抗、不让寸土，而不是机巧的迂回行动。

在过去的九个月里，由于英美盟军从南方入侵欧洲，紧张局势逐渐加剧。盟军征服西西里岛之后，意大利于 1942 年 9 月初投降。失去了意大利这一盟友后，德国的"欧洲堡垒"的南墙上就破了一个洞，虽然这个洞受到意大利半岛的形状的限制，但也不容忽视，德国不得不调动大量兵力前去填补。除此之外，德国还必须加强在巴尔干半岛的防御。

此外，意大利的投降加上美军力量的增长使得盟军的轰炸力量增强，可以在更大范围内对德国进行空袭。

空袭德国工业资源，可以说是大战略层面上的间接路线，破坏了德国整体作战力量的平衡。如果盟军的轰炸战略设计得更巧妙，摧毁德国的物资供应区而不是轰炸人口密集区，德国可能会更快丧失抵抗能力。但是，尽管他们的主要努力方向有误，但还是逐渐使德国陷入了瘫痪。此外，在军事领域，德军的交通路线遭到破坏，无法阻挡盟军的推进。

7 月，盟军成功入侵西西里岛。这在很大程度上要归功于他们在突尼斯包围了敌军，消灭了可以立即用来加强西西里防御的大部分敌军力量。在精神上，那次围剿也极大地打击了西西里岛的意军的士气，并动摇了墨索里尼在意大利的统治基础。德国人害怕意大利会溃败或投降，害怕他们派遣到南部的部队全军覆没，因而没有派遣足够的部队来加强西西里岛的防御。除了这些因素，盟军也许会感到后悔，因为当敌军的注意力都集中在加强突尼斯的防御时，他们没有对西西里岛采取行动。然而，即使有这么多有利的条件，征服西西里岛也并非易事。岛上的德军虽然力量薄弱，但所处的位置使海军力量无法孤立他们。

然而，得益于两栖力量和广阔的战略形势——德军控制了从比利牛斯山脉到马其顿的广大南欧地区——盟军可以分散敌军的注意力。盟军的主要战略优势在于，他们可以威胁多个目标以迷惑敌军。他们在法属北非集结军队，既有可能进攻西西里岛，又有可能进攻撒丁岛。如果他们主要在意大利西部行动，那么就可能会攻击意大利北部的工业区，或威胁德军对法国南部的控制。如果他们沿着亚得里亚海海岸推进，可能会袭击意大利北部或西巴尔干半岛。而如果沿着爱琴海海岸行动，将威胁到德国对希腊、南斯拉夫或保加利亚、罗马尼亚的控制。

后来的事实证明，盟军的这种轴向战略优势，加上他们的刻意欺骗，使轴心国军队司令部产生了分歧。轴心国军队司令部认为盟军的目标是撒丁岛或希腊，甚至是意大利本土或法国南部，而不是西西里岛。此外，空中侦察显示，地中海沿岸多处出现了盟军船只，这一事实使他们更加担忧。

7月10日，盟军沿着70英里长的海岸线，在西西里岛多个地点登陆。就像1915年在加里波利半岛登陆那样，他们先让敌军难以确定他们的主要目标，然后使敌军无法在最关键的时候及时反击。由于敌军犹疑不定，第八集团军得以在东海岸快速推进，打破敌军的平衡。由于敌军此前错误地认为盟军的主力将在西西里岛的西端登陆——那里离盟军的北非基地最近、港口也更多，因此敌军将兵力主要部署在了西部，东部防守薄弱。然而，盟军的主要目标是西西里岛的东南角，这样一来，他们的行动就有了一种战略迂回的效果。在四天之内，蒙哥马利的部队向东海岸推进了 40 英里，再走 40 英里就可以到达至关重要的墨西拿海峡，但在卡塔尼亚的郊外被敌军截停。

巴顿将军的美国第七集团军取得了类似的效果。他们在蒙哥马利的左翼站稳脚跟后，突然转向西，然后向北横跨西西里岛到达巴勒莫，上演了一出声东击西的好戏。由于盟军的行动同时威胁到巴勒莫和墨西拿这两个目标，轴心国军队感到更加困惑和混乱。

很快，意大利军队的防线就土崩瓦解了，墨索里尼在意大利的统治彻底结束。

意军溃败后，防守西西里岛的重担全部落在了德军的肩上。德军的核心抵抗力量共有三个师，其中两个师由征来的兵组成，第 3 个师是后期补上的。而盟军方面有七个师并肩发起进攻，且很快就增加到了十几个师。然而，德军的核心抵抗兵力虽弱，且缺乏空中支援，却成功地坚守西西里岛一个多月才最终不敌盟军，随后在高射炮火的掩护下，渡过墨西拿海峡，回到了意大利本土。盟军之所以花了足足一个多月才夺下西西里岛，除了德军的顽强抵抗，更重要的原因在于他们的推进日益直接化，且该岛的地形影响了他们的行动。

在占领巴勒莫和扫清西西里岛西部的敌军之后，巴顿的军队转向东，配合蒙哥马利的军队发起向心攻势，两面夹击墨西拿。西西里岛东北端的群山构成了一个三角形，为敌军提供了便利：一来敌军可以利用群山进行防御，二来敌军在向三角形顶点撤退的过程中缩短了战线。因此，敌军每后退一步，其防御力量的密度就更大，而盟军却越来越受限，无法充分发挥他们的人数优势。这是战略路线问题中一个重要的反面教训。在下一阶段中，我们可以得出更多教训。

⚔ 进攻意大利

占领西西里岛后，盟军在欧洲获得了一个立足点，并可以轻易地将其转变为跳板。他们距离欧洲大陆更近，兵力更加集中，同时仍然威胁到了多个目标。他们可以选择数条不同的路线。除了最显而易见也最直接的路线——从意大利的"脚趾"向北推进，他们也有可能短距离跳跃到意大利的"胫骨"、撒丁岛或者是意大利的"脚跟"。若是选择最后一个选项，那么由于距离过远，他们的战斗机将无法实施空中掩护，但也正因如此，这条路线将最出乎敌军的意料。迄今为止，盟军的所有行动都在战斗机的空中掩护范围内，一旦打破这一规则，敌军势必会大吃一惊。只要在"脚跟"成功登陆，机械化部队就可以在最有利的路线上快速推进。此外，这将对巴尔干半岛和意大利中部同时构成威胁，从而使德军最高统帅部陷入新的进退两难之中。从战略上讲，意大利的"脚跟"有可能变成德军的"阿喀琉斯之踵"，造成致命的后果。

然而，盟军司令部最终决定将主要的进攻行动置于战斗机掩护范围内，不过在最后一刻又临时决定派少量部队在"脚跟"登陆。主要的进攻行动为：第八集团军先从"脚趾"登陆，然后马克·克拉克将军领导的盟军第五集团军在那不勒斯以南的萨勒诺进行更大规模的登陆。

由于他们的战略路线过于直接，加之政客们此前坚持要求意大利"无条件投降"，获胜的希望并不大。大多数意大利领袖都极度渴望和平，但不愿遭受这种耻辱，也不愿为没有任何保障的和平担责。直到西西里岛被盟军夺占，意大利本土直接暴露在危险之中时，他们才推翻了墨索里尼，开始和平谈判，但这需要时间来安排。他们的拖延给了德军一个多月的喘息时间，使德军准备好了在遇到紧急情况时立刻反击。

9月3日，盟军横渡墨西拿海峡，在从"脚尖"登陆之前，先进行了一次规模巨大的轰炸。其实，这实在没有必要，因为附近唯一的德国师已经移到北方。甚至在盟军部队深入推进后，他们也几乎没有遇到什么抵抗，但是他们的前进速度还是减慢了，部分是因为地形条件的阻碍，部分是由于他们过度谨慎。因此，这一行动对于9月9日在萨勒诺的大规模登陆几乎没有什么帮助。虽然8日下午意大利宣布投降，但这并没有动摇驻扎在那里的德军。德军发动了反攻，战事胶着，直到第六天战局才变得明朗。

马克·克拉克将军事后曾对此做出解释：

德军意识到我们一共计划了两次登陆行动，另一次登陆可能正在进行中，并且必然会在空中掩护的范围内。他们算出，我们从西西里岛出发，最远大约能到那不勒斯。因此，他们集中在萨勒诺—那不勒斯地区，我们正好撞到了他们的主力部队上。

以上文字清楚地表明，德军知道盟军会受到空中掩护的限制，因而从中受益。结果表明，盟军选择德军意料之中的路线，只取得了有限的成果。由于他们在德军预期的地点登陆，伤亡惨重，浪费了宝贵的时间，并招致了一场灾难，险些遭受失败。萨勒诺战役又一次证明了一个历史教训：对一支军队来说，最危险的事情莫过于把兵力集中在敌人预料到的地方，这样敌人就可以集中兵力迎击。此时，德军指挥官凯塞林元帅还必须分兵，因为他还要出兵镇压和解除已经投降的意军的武装，手里只剩下七个师来保卫整个意大利半岛的南部和中部。

与在萨勒诺的大规模登陆行动相比，在意大利脚跟上的小规模登陆没有遇到任何阻击，并迅速夺取了两个优良港口——塔兰托和布林迪西，为沿海北上至福贾铁路枢纽和附近的重要机场群开辟了道路。当时，塔兰托和福贾之间的整片区域只有一个不满员的德国伞兵师防守。

但是执行此次登陆任务的也只有一个英国第一空降师。他们原本在突尼斯休息，匆匆集合后乘船抵达萨勒诺。他们没有坦克，除了一门榴弹炮没有任何火炮，也几乎没有任何摩托化运输工具。简而言之，他们没有条件乘胜追击，无法扩大战果。

将近两周过去后，另一支小部队（包括一个装甲旅）在东海岸北部的下一个港口巴里登陆。该部队向北推进，没有遭遇阻击就占领了福贾。此时德军正在山区面对第五集团军，横跨直达那不勒斯的道路。当脚跟处的迂回推进对他们的后方构成潜在威胁时，他们才开始撤退。10月1日，盟军在登陆三周后进入那不勒斯。但与此同时，德军对威胁的反应比盟军预计的要快得多，他们牢牢地控制了意大利的其他地区，解散了意大利军队，消除了意大利投降所造成的大部分影响。

从此以后，盟军在意大利半岛不断向北推进时，遇到的压力也越来越大，就像一根装在汽缸里的活塞杆一样。德军最初仅希望暂时阻挡盟军向罗马的推进，并打算在北方组织战线抵挡盟军。但后来他们鼓起勇气向南推进，增援凯塞林，因为他们意识到战线狭窄和地形障碍严重阻碍了盟军的推进。在这种有限的行动中，盟军的两栖作战能力大幅下降，丧失了灵活性。

第五集团军在距离那不勒斯20英里外的沃尔图诺河防线上暂时受阻，在卡西诺前面的加里利亚诺河防线上遭遇的阻击更强。11月和12月的连续攻击也未能突破这一障碍。与此同时，第八集团军在东海岸的推进在桑格罗河上受阻，在越过桑格罗河后不久就被彻底挡住。到那年年底，盟军在四个月内只从萨勒诺向前推进了70英里，且大部分进展都是在9月取得的。之后推进的速度极为缓慢，甚至可以用"一寸一寸挪动"来形容。他们的推进变成了"细嚼慢咽"。

根据长久以来的经验，这种战术有时也能成功，但更多时候会带来失望。这场战役也不例外。它反复证明了在狭窄战线发起直接攻击通常会导致不利结果。除非战线较为宽阔，有迂回行动的空间，否则即使拥有巨大的人数优势也很难成功。意大利半岛仅有100英里宽，且"脊柱"和"肋骨"都是山区。一旦德军最高统帅部决定将他们在南方的兵力翻一番，增大防御密度，就必然会在战略上阻碍盟军的推进。

1944年初，同盟国军队计划进行一次新的海上迂回，从敌军后方漫长的海岸线登陆。1月22日，一支侧翼部队在罗马以南25英里的安齐奥附近登陆，只有两个德国营驻扎在该地区。如果盟军向内陆快速突进，可能会占领阿尔巴诺丘陵，控制通往罗马的要道，甚至一举攻占罗马。但由于盟军预计敌人会在他们登陆后立即反击，所以他们先是加固了驻地，同时南方的主力部队充分利用敌军的弱势，快速推进。但是敌军并没有像他们预期的那样做出反应。

当他们发现安齐奥附近没有敌军阻击时，亚历山大希望加快速度向内陆推进，但当地的指挥官却过于谨慎，以致他们在一个多星期以内并未前进多少。因此，凯塞林有时间将预备队转移到当地，同时也阻止了盟军主力在卡西诺地区的前进。2月3日，登陆后的第13天，德军对安齐奥桥头堡发起了猛烈反攻。虽然他们未能成功，但是将盟军困在了一个又浅又窄的桥头堡里。这个桥头堡就像一个大规模的集中营，如同第一次世界大战中的萨洛尼卡桥头堡那样。不过，如果有人还能记起1918年萨洛尼卡战役的结局，记得德军的溃败从那里开始的历史，就会从一句谚语中得到安慰："笑到最后的人才笑得最好。"

5月，盟军恢复在意大利的进攻，规模较之前更大。这次进攻是盟军对德国发动决定性攻势的"宏伟计划"的第一击。不到一个月后，集结在英国南部的盟军渡过英吉利海峡攻入法国。这两次进攻之前和之后都进行了一次猛烈的空袭，目的是切断敌军的补给线。

根据亚历山大将军的计划，第一阶段盟军将在卡西诺两侧发起新的进攻，而以前在此的进攻都被挫败了。为了加强其效果，利斯将军的第八集团军扩大了战线，并将重心从亚得里亚海地区转移到古斯塔夫防线的西部地区，配合克拉克将军的第五集团军对该地区发起联合打击。5月11日晚11时，月亮将要升起时，他们发动了进攻，主要目标是夺取支撑德军防线的山地要塞——该要塞堵住了利里河谷的狭窄入口。

对东大门卡西诺山的攻击在几天的艰苦战斗后没能取得什么进展，但是在卡西诺和海岸之间，盟军已经在古斯塔夫防线上打开了一些小缺口。朱安将军的法属殖民地军进展最大，他们利用山地战技能，在奥伦奇山脉开辟了一条崎岖的道路，出乎敌军的意料。在三天内，他们推进了六英里，经过马约山，到达俯瞰利里河谷的高地，形成了一个杠杆，撬动了敌军对古斯塔夫防线的防御。这一威胁为英国第八集团军向山谷推进并从侧翼包围卡西诺铺平了道路，也为美国向海岸推进铺平了道路。18 日，盟军攻占卡西诺。

23 日，在安齐奥的盟军从桥头堡出击。围困他们的一部分德军已经被抽调到了南方增援，这里的德军兵力薄弱，正好给了盟军可乘之机。第三天，德军的防线被冲破，德军陷入了缺乏预备队的困境，无法阻止盟军随后向阿尔巴诺丘陵以及南方主力军的交通路线推进。

在安齐奥攻势进行时，第八集团军向德军在利里河谷的最后阵地发起了进攻。加拿大军在第一天就突破了这一防线，第二天，德军朝四面八方撤退。随着来自安齐奥的威胁的加剧，德军的撤退速度变快。几天之后，他们沿罗马 6 号高速公路的直接撤退路线被堵住了，被迫转向东北方向，走上崎岖的山路，而在那里他们的撤退纵队更容易受到空袭。

尽管有相当一部分陷入险境的军队通过这一分支行动成功逃离了陷阱，但这也使德军失去了保卫罗马的机会。亚历山大将军将所有可用力量转移到左翼以对抗另一支德军，并在一周的艰苦战斗后，放松了德军对阿尔巴诺丘陵的控制。这个战略防波堤倒塌后，盟军迅速淹没了罗马周围的平原，并于 6 月 5 日早些时候占领了罗马——其实九个月前，当意大利政府投降时，他们差一点就获得了这一奖励。

进攻法国

攻占罗马的第二天，盟军实施了诺曼底登陆——这是第二次世界大战中最富戏剧性和决定性的事件。由于天气恶劣，以英国为基地的英美远征军推迟了渡海行动，但他们没有等太久，在风力仍然很强时就开始渡海。虽然狂风非常危险，但从另一方面看，这一行动又是安全的。艾森豪威尔将军铤而走险，出乎德军的意料，取得了惊人的成果。

6月6日早晨，盟军在卡昂和瑟堡之间的塞纳河湾登陆，紧接着，在月光下，强大的空降部队降落在两翼附近。

在登陆前，他们发动了空前猛烈的持续空袭，主要针对敌军的交通路线，旨在使敌军丧失向关键地区调动预备队的能力。

尽管许多因素已经指明盟军可能在这一地区登陆，但是德军还是措手不及——他们的大部分预备队都部署在塞纳河以东。部分原因是盟军的刻意欺骗误导了德军，部分是因为德军顽固地认为，虽然穿越海峡的路线最短，但也太过直接，盟军不会走这条路线。在意大利战役中，盟军表现得过度谨慎，只在空中掩护的范围内行动，颇为受限。但现在，当初的谨慎为他们带来了意想不到的好处，使德军认为他们将永远采取这种谨慎的路线。盟军的空军炸毁了塞纳河上的桥梁，使德军的误判造成了致命的后果。

根据盟军行动前在英国的部署，希特勒在3月就开始怀疑盟军将在诺曼底登陆。其他人的意见不尽相同：他的军事参谋与他意见相左，负责北海岸部队的隆美尔与他看法一致，而西线总司令伦德施泰特则预计盟军会在迪耶普和加莱之间的狭窄地段登陆。伦德施泰特之所以会有这种看法，不仅是因为盟军以往只在空中掩护的最大限度内活动，也不仅是因为盟军目前的欺骗计划卓有成效，更多是由于他自己的推论。他认为从理论上看这条路线最有可能，因为这样敌军到达目的地的路程最短——这是正统的战略家的典型思考方式。值得注意的是，他并不认为敌军司令部会选择出人意料的路线，甚至也不认为他们会避开防御力量最强的路线。

盟军的实际路线不仅避开了德军防御最充分的地区，还占据了其他有利条件。选择诺曼底路线，盟军就能同时威胁两个重要港口阿弗尔和瑟堡，让德军直到最后一刻都无法确定哪个才是真正的目标，从而被置于进退两难的境地。当德军意识到瑟堡是主要目标时，塞纳河已经像一堵墙一样，将他们的军队分隔开来，因此，他们只能绕一个大弯将预备队转移到关键地点。盟军空军的持续轰炸又拖延了他们的行动。此外，当增援部队到达战区时，他们往往会到达离瑟堡最远的卡昂地区。英军在这里不仅构成了威胁，而且为美军在瑟堡半岛进一步向西推进起到了掩护作用。这种双重效应和同时威胁多个目标的设计对取胜至关重要。

同时，盟军庞大的舰队成功地渡过了海峡，没有受到任何阻击。除了维尔河口以东，也就是美军左翼登陆的地方，其他海滩比盟军预期的更容易被占领。这在很大程度上归功于他们高明的计划和优越的设备，其中有很多都是新设备。即便如此，在深入推进桥头堡的过程中，盟军也险些遭遇失败。他们没能成功打开通往卡昂和瑟堡的道路。幸运的是，正面进攻为他们挽回了败局。德军专注于防守两侧，导致其中间的防线非常薄弱。英军在阿罗芒什附近登陆后，迅速把握机会，推进到了巴约。到周末时，这一渗透使得盟军在奥恩和维尔之间获得了一个近 40 英里宽、5—12 英里深的桥头堡。同时他们还在瑟堡半岛的东侧获得了另一个较小的桥头堡。12日，美军夺取了两个桥头堡之间的关键点卡伦坦，二者合二为一，形成了一个超过 60 英里的桥头堡。

蒙哥马利将军受艾森豪威尔将军领导，担任攻击法国的执行指挥，现在可以更充分地开展他的攻势。

第二周，西翼的桥头堡明显扩大。在那里，美国第一集团军从瑟堡半岛腰部横穿而过，而在东翼的英国第二集团军继续向卡昂进攻，吸引了大部分德军增援部队，尤其是装甲师。在战略上，英军在东面的突围行动是一种间接路线，帮助蒙哥马利在桥头堡西端突破。

在第三个星期，美军切断了瑟堡与外界的联系，沿着半岛北上，从后方进入港口。瑟堡于 6 月 27 日被占领，但在此之前港口已经无法使用。在卡昂周围，由于地形条件适合弹性防御，德军的防御战术挫败了英军的突击，但英军的威胁持续牵制了德军的预备队。

在这一威胁的掩护下，盟军快速集结，迅速推进。此外，人工港口的建设降低了恶劣天气的影响，也有助于他们打乱德军的部署，发动奇袭。

苏军涌入波兰

在芬兰前线发动初步攻势后，6 月 23 日，红军发动了夏季战役——此时距离希特勒入侵苏联已过去三年零一天。攻势的发起地点是普里佩特沼泽以北的白俄罗斯。1943 年的战役证明这一地区防御能力最强，德军认为有理由在这一地区投入更少的增援力量，而将更多援兵派去普里佩特沼泽和喀尔巴阡山脉之间更开阔的地带——红军可能会在那里发动春季攻势。如此一来，德军又一次失去了平衡。

在当地的德军指挥官主张撤退 90 英里到别列津纳河防线，但希特勒否决了他的意见，导致局面对德军更为不利。如果德军能够及时撤退，他们就能阻止苏军的攻势。

德军防线被突破后，苏军以惊人的速度向前推进。第四天，巴格拉米扬和切尔尼亚霍夫斯基的集团军发动向心攻势，攻陷了维捷布斯克，在德军第三装甲集团军的前方撕开了一个口子。这为苏军穿过莫斯科—明斯克高速公路向南推进铺平了道路，并到达了德国第四集团军的后方。德国第四集团军由蒂普尔斯克瑞奇统帅，通过向第聂伯河防线短暂撤退，缓冲了苏军对其战线的冲击。与此同时，罗科索夫斯基的集团军朝德军大突出部的另一侧发起了进攻。他在普里佩特沼泽以北突破了德军防线，以每天 20 英里的速度向前推进，切断了明斯克后方的交通线，使被孤立的明斯克于 7 月 3 日陷落。

这些多重的间接攻击导致德军防线全面崩溃。这次苏军俘获的战俘比以往任何一次突破所俘获的都要多。然而，在最初的几周过后，尽管他们前进的步伐并没有减缓，所俘虏的人数却减少了。这具有重大意义。一方面，这证明了当希特勒最终被迫接受大规模撤退时，德军指挥官拥有高超的技巧，可以将部队救出困境。另一方面，德军撤退的速度和范围，以及许多重要的中心城市不战而降，表明苏军指挥官在使用间接路线削弱德军抵抗方面越发得心应手。

回顾作战的整个过程，我们可以一次又一次地看到，苏军在推进时选择了具有迷惑性的路线，同时威胁两个重要的中心地区，然后二者都不选，而是迅速突破它们之间的薄弱防线，深入德军的后方，使德军不得不放弃那两个重要目标。值得注意的是，当苏军分别向华沙和因斯特堡发动大规模向心攻势时，他们第一次遭受严重的阻击，在这两个地方的推进都变成了直接进攻。

不到两周，苏军就把德军赶出了白俄罗斯。到 7 月中旬，苏军已经占领了波兰东北部一半以上的地区，逼近布列斯特 - 立陶夫斯克和比亚威斯托克，包围了维尔纽斯，越过了涅曼河，逼近东普鲁士的边界。在这里，苏军的推进超出了林德曼领导下的德军北方集团军群的侧翼两百多英里，该集团军仍防守着波罗的海国家，沿着纳尔瓦和普斯科夫之间的前线——前后颠倒，实在不利。

7 月 14 日，苏军在普里佩特沼泽以南发起了准备已久的进攻，冲击德军在科韦利和塔尔诺波尔之间的防线，那里的德军在此之前就已经开始撤退。十天之内，他们到达了华沙东南方一百英里处的利沃夫和卢布林。要塞城市普热梅希尔，布列斯特－立陶夫斯克和比亚威斯托克在同一周内被苏军攻占。在北侧，苏军越过德文斯克，向里加后方的波罗的海海岸推进。这威胁到了林德曼的部队，然而他们撤退得出奇的慢。到7月底，苏军已经到达了里加湾，同时在中心地区推进到了华沙的郊区。

但现在的情况表明，德军正从惊慌之中恢复过来，并重新控制了局势。他们撤退到了一条新防线上，足以让他们摆脱眼前的危险，并耗尽追击他们的苏军的补给。另一方面，战略过度延伸的自然法则开始生效。局势很快变得明朗，德军仍然有能力阻止苏军前进，而苏军需要时间来修复他们已经占领的大片土地上的交通路线，然后才能恢复他们的势头。

8月初，德军通过反击重新打开了北方的撤退线，也将苏军从华沙赶了出去。此前，当苏军接近华沙时，波兰人开始起义反抗德军，而这次德军证明了自己有足够的力量来镇压波兰人。在华沙以南，苏军成功地建立了横跨维斯瓦河的桥头堡，但随后受阻。在8月剩下的时间里，局势没有发生任何重大变化。

随后，苏军对南方罗马尼亚前线发起新的攻势，打破了短暂的僵局。几乎与此同时，罗马尼亚在8月23日宣布其已经准备议和。这为苏军越过雅西，沿着普鲁特河和锡雷特河之间的走廊向加拉茨峡谷快速推进扫清了障碍。同时这也有助于苏军包围留在普鲁特河以东的德军。在他们背后，苏军继续扫荡，27日占领了加拉茨和福克沙尼，30日占领了普洛耶什蒂油田，31日进入布加勒斯特。在12天的时间内，坦克行驶了250英里。

苏军随后向北、向西和向南呈扇形散开。他们穿过特兰西瓦尼亚阿尔卑斯山向匈牙利推进，到达南斯拉夫—斯拉维亚边境，切断了驻扎在希腊的德军与外部的联系，并越过多瑙河向南推进到了保加利亚——苏联政府现在已经向保加利亚宣战。

意大利的僵局

罗马陷落后，德军的抵抗并没有像预想的那样迅速瓦解。凯塞林使他的部队摆脱了严重的混乱局面，并熟练地指挥撤退，成功地对盟军的北进发动了一系列阻击。七周过后，盟军才到达罗马以北160英里处阿尔诺河畔的比萨和佛罗伦萨郊区。又过了三周，凯塞林才放弃了佛罗伦萨，从阿尔诺河撤退到后面山区中的主要防御阵地——哥特防线。

亚历山大将军意识到这一防线难以突破，于是设计了一个新的迂回行动。他将第八集团军的重心转移到了亚得里亚海的侧翼，于8月底在佩萨罗附近攻击德军哥特防线的东海岸部分，并向里米尼推进。

但凯塞林设法避开了威胁，关上了北进的大门。亚历山大不得不尝试强攻。虽然通过不断努力，亚历山大进入了波河流域的东端，但那里地形平坦，到处是葡萄园，土壤是黏土，雨天很快就会变泥潭，不利于快速推进。秋雨拯救了疲惫不堪的德军，在他们濒临崩溃时，新的僵局形成，直到第二年春天才被打破。

8月，亚历山大的部分兵力被调走，执行进攻法国南部的任务。这种调动对法国北部的主要战役几乎没有影响，因为在登陆前的两周，法国北部的战役就已成定局。同时，这也使得亚历山大失去了人数优势，而这种优势对于赢得意大利战役可能具有决定性。然而，就像历史上经常发生的那样，劣势也带来了补偿优势。虽然亚历山大的秋季攻势在该地区没有产生决定性结果，却阻止了德军撤退到阿尔卑斯山的山麓地带。当时的天气条件有利于德军撤退，如果他们成功撤退到那里，他们的兵力足以支撑他们长期抵抗。

1945 年初，为了加强西线防御，凯塞林的四个师被调走，而希特勒依然禁止德军向阿尔卑斯山紧急撤退。与此同时，德军更加缺乏物资。到了春天，他们极度缺乏飞机、坦克、运输工具和汽油——缺乏一切能快速撤退到阿尔卑斯山所必需的东西。而当盟军在 4 月发起进攻，突破德军的薄弱防线时，他们能够迅速开到德军的后方，在那里呈扇状散开，堵住德军所有的退路，而德军则在混乱中挣扎或徒步跋涉。

最终，盟军在意大利取得了胜利，他们的长期努力得到了应有的回报，一雪前耻。德军在意大利的溃败早于他们在主战场的溃败，这与第一次世界大战的最后阶段有着惊人的相似之处——当马其顿的协约国军队在战略上被围困时，他们的成功突围使一战走向结束。但是这一次，敌军的全面崩溃更主要的是因为其在主战场上的失败。盟军在诺曼底突破德军防线后，1944 年 8 月，那里的战事进入了最具决定性的阶段。

诺曼底突破

7 月，诺曼底的战况异常胶着，双方都死伤惨重，没有取得什么成效。但是，德军承受不住如此严重的消耗，而在几乎静止的战线之后，盟军的资源却在不断增加。

7 月 3 日，攻占瑟堡后重组的美国第一集团军开始向南推进，试图冲出半岛的基线。但是他们的迂回空间有限，进展缓慢。8 日，邓普西将军率领的英国第二集团军推进到了卡昂，但在奥恩河的渡口受阻，其他连续的侧翼进攻也被挡住。18 日，他们发动了一次更具野心的进攻，名为"古德伍德行动"。三个装甲师组成的方阵一前一后从卡昂东北的桥头堡出发，穿过猛烈空袭在战线上轰开的 3 英里长的狭窄缺口，到达德军卡昂防线的后方。乍一看，盟军的突破似乎指日可待，但可惜他们速度太慢，下层军官在绕过防守的村庄时太过犹豫不决，德军则趁机迅速在道路上布置坦克和反坦克炮形成屏障。错失良机之后，英军和加拿大军队的新一轮攻势进展甚微。但是他们牵制了敌军，将敌军最优良的部队钉在了卡昂地区。敌军九个装甲师中有七个都在那里。

在诺曼底桥头堡的西端，布莱德雷将军率领的美军在 7 月的前三个星期里将战线推进了 5—8 英里。与此同时，巴顿将军的美国第三集团军已从英国调至诺曼底，准备发动更大的攻势。

这次"眼镜蛇行动"开始于 7 月 25 日，最初由六个师进攻四英里长的正面战线，在此之前还进行了一次比"古德伍德行动"更猛烈的空袭。地面上被炸的坑坑洼洼，这有助于人数稀少、头昏眼花的守军遏制住美军的进攻。头两天，美军只走了五英里，但后来裂口逐步扩大，朝着半岛的西南角的推进速度加快。决定性的突破发生在 7 月 31 日。这得益于英国第二集团军的重心突然从奥恩河以东转移到巴约以南的中心地区，于 30 日在科蒙附近发起进攻。当敌军从卡昂调来部队加固这一危险地区时，美军在瑟堡半岛西海岸附近的阿夫朗什强行踢开了大门。

巴顿的坦克从缺口蜂拥而入，先向南推进，然后向西，很快占领了布列塔尼半岛的大部分地区。然后他们转向东方，横扫卢瓦尔河以北的地区，向勒芒和沙特尔进发。桥头堡狭窄的 70 英里战线立即扩至 400 英里。由于空间太大，敌军现有的兵力无法阻止他们前进。

这股越发汹涌的洪流存在一个危险，那就是德军可能会发起反攻，切断阿夫朗什的咽喉要道，而盟军的补给必须经过那里。在希特勒的坚持下，德军在 8 月 6 日晚上发动了一次这样的进攻，为此向西调了四个装甲师。希特勒远在东方的总部，在地图上选择了一条过于直接的路线，结果正面撞上了美军的侧翼盾牌。正如布莱德雷所言："如果敌军把装甲部队向南侧移几千码，他们可能在第一天就能突入阿夫朗什。"受阻后，盟军空军的迅速行动立即打断了这次进攻。对德军来说，进攻失败后，他们将陷入险境之中——他们将重心西移时，美国装甲部队向东推进，到达他们的后方。美国左翼向北推进到阿尔让唐，与克勒拉尔将军的加拿大第一军形成钳形攻势，从卡昂向法莱斯推进。虽然钳形攻势未能及时合拢，未能将敌军的两支军队完全包围，但仍有五万名敌军被俘，战场上留下了一万具尸体，而逃跑的所有师都遭到了重创。他们的车辆比人员受损更为严重，因为他们在越来越狭窄的空间里遭受了持续的空袭。德军在"法莱斯包围圈"中的损失使他们没有兵力或车辆来阻止盟军继续向东横扫塞纳河及越过塞纳河。

每次德军从陷阱中挣脱出来，都会发现自己又陷入了另一个更大的陷阱。在这段时间里，他们的内陆侧翼一直被巴顿的右翼装甲部队所牵制，后方也日益受到威胁。巴顿的装甲军在路上不断绕过德军的据点，因而速度极快，使德军主力反复受到迂回包抄的威胁。[1]

空间和速度是盟军打开西线大门的两把钥匙。在直接进攻屡遭挫败的地方，迂回行动取得了胜利。一旦获得了无限的迂回空间，

1　当巴顿的部队在巴黎渡过塞纳河时，负责指挥其第四装甲师的伍德将军给我发来了一份他从阿夫朗什突围后的路线概要，他说这"证明需要遵循以下原则……（1）大胆行动；（2）采用间接路线"。

机械化行动就能够使盟军充分发挥其巨大的力量优势。

这一广阔的侧翼迂回速度很快，导致德军在法国的地位迅速全面崩溃。因此，8 月 15 日在法国南部登陆的帕奇将军的美国（和法国）第七集团军就无须再进一步行动。对他们来说，这次行动轻而易举，因为德军已经被逼至里维埃拉海岸，除了四个残破的师几乎一无所有。随后向内陆和罗纳河谷的推进遇到困难也主要是由于补给原因，而不是战术原因。23 日，马赛被占领，穿过山区的部队也在同一天到达格勒诺布尔。

19 日，法国地下抵抗势力在巴黎起义。虽然他们的情况在最初几天比较危急，但 25 日盟军装甲部队到达了巴黎，形势得以扭转。与此同时，巴顿的军队正在向巴黎东北部的马恩河挺进。

下一个重要的发展是英国第二集团军的进攻。他们从鲁昂以东越过塞纳河，包围了仍在鲁昂以西与加拿大第一军作战的德国第七集团军的残余部队。大部分德军及时地撤过了塞纳河后，却发现英国装甲部队正沿着一条更宽更深的路迂回前进，以切断他们更远处的退路。邓普西的先头部队在两天一夜的时间里从塞纳河出发走了70 英里，于 31 日凌晨到达亚眠。他们穿过索姆河，快速驶过阿拉斯和里尔，到达比利时边境，来到了在加莱海峡海岸的德国第十五集团军的后方。在东面，霍奇斯的美国第一军也跃进到了伊尔松附近的比利时边境。

在更东边，巴顿的军队进行了一次更加令人眼花缭乱的推进。他们穿过香槟，经过凡尔登，到达了梅斯和蒂永维尔之间的摩泽尔河段，接近德国边境。但是由于汽油供应不足，推进规模逐渐减小，随后先锋部队由于汽油耗尽而被迫停下——尽管战略前景日益明朗。他们现在离莱茵河不到 80 英里。当他们得到足够的燃油可以继续前进时，遭遇的阻力越来越大。巴顿的迅猛推进在法国战役中产生了决定性的影响，但是在进军德国的战役中，补给的限制阻止了其再次发挥决定性作用。过度延伸的战略法则再次起效，导致决定性战斗迟迟不能出现。在这一地区，巴顿决定直接进攻梅斯这座著名要塞城市，进行了一场旷日持久的近距离争夺战，使迂回战术的大好前景烟消云散。

在 9 月初，左翼的推进速度最快，于是最早获胜的希望就转移到了这一侧。英国装甲部队在 3 日进入布鲁塞尔，4 日进入安特卫普，然后深入荷兰。通过这一大范围迂回行动，蒙哥马利切断了德军在诺曼底和加莱海峡的余部——这是德军在西线的主要力量。美国第一集团军占领了纳穆尔，并在迪南和日韦渡过了默兹河。

在这次危机中，莫德尔将军接管了德军在西线的指挥权。莫德尔将军此前在苏联前线赢得了"能凭空变出预备队"的声誉，此次创造了更大的奇迹。正常来说，由于德军有超过 50 万人在穿越法国的过程中被俘，德军似乎无法找到足够的预备队来有效防守本国边境，毕竟他们在瑞士和北海之间的防线足有 500 英里宽。可是，莫德尔却再次召集了数量惊人的预备队，使战争延长了八个月。

盟军的补给困难极大地帮助了德军恢复。由于补给困难，盟军的第一次攻势并不凶猛，德军只通过仓促的临时防御便挡住了，阻碍了盟军集结更多兵力发起有力进攻。补给困难的部分原因是盟军自身推进的时间太长，另一部分是因为德军采取了留下驻军控制法国港口的战略，盟军无法使用敦刻尔克、加莱、布洛涅、阿弗尔以及布列塔尼的大港口，这一事实间接阻碍了他们的推进。尽管他们占领了规模更大、完好无损的港口安特卫普，但是德军仍然牢牢地控制着斯海尔德河口，阻止了他们使用安特卫普港。

在诺曼底突破前，为了补充突击部队，他们的补给只能运送至离基地不到 20 英里的地方，而现在则不得不运输近 300 英里。由于法国铁路网已被先前的空袭摧毁，盟军几乎只能依靠汽车运输。空袭对于扼杀德军的反击非常有效，但当盟军需要保持追击势头时，此前的空袭却造成了阻碍。

9月中旬，盟军进行了一次大胆的行动，派三个空降师降至在荷兰的德军右翼后方，削弱了德军的顽强抵抗，为英国第二集团军向莱茵河下游推进并渡河扫清了障碍。通过在德军战线后方60英里的地带连续空投空降部队，盟军要在全部四个战略要地上都获得了一个立足点：埃因霍温的威廉敏娜运河渡口，格拉夫的默兹河渡口，奈梅亨的莱茵河支流瓦尔河渡口，以及阿纳姆的莱茵河支流列克河渡口。盟军已经夺取和通过了这四个立足点之中的三个，但是德军反应迅速，使得盟军在夺取第三个立足点时受到打击，无法再夺取第四个。

德军的阻击导致盟军的陆上进攻被挫败，在阿纳姆的英军第一空降师产生了重大伤亡。但是盟军也获得了侧翼进攻莱茵河防线的机会，这是一个战略奖励，证明冒险在前线后方如此远的地方空投空降部队是合理的。第一空降师被围困在阿纳姆后坚持了十天，而不是德军预想的最多两天。但是，由于空降部队在这四个地点连续直线降落，反而向德军指明了第二集团军的推进方向，盟军通过侧翼进攻取胜的可能性就大大减少了。

由于得知了盟军的确切目标，德军可以集中所有可用的预备队防守最后一个立足点，并在第二集团军的先头部队前来支援前，击溃英国的空降部队。荷兰的地形条件和纵横交错的运河也有助于防守的德军阻挡盟军，而后者没有进行更广泛的活动以掩盖直接进攻和分散德军的注意力。

⚔ 莱茵河之战

盟军在阿纳姆的冒险失败后，就几乎丧失了尽早夺取胜利的可能了。他们只得在德国边境集结兵力，以发动大规模进攻。集结肯定需要时间，但由于盟军司令部决策失误，他们耗费了更长的时间。他们集中力量强攻亚琛，试图从那里进入德国，而不是沿斯海尔德河岸推进，开辟一条新的补给线。结果，由于美军在亚琛的推进过于直接，他们反复受阻。

在 9 月和 10 月间，盟军沿着西线的其余部分缓慢推进。与此同时，德军的防御力量不断增强——除了从法国撤退的部队，还有从其他地方抽调的后备力量和新征集的部队。尽管德国在物资上的劣势极为明显，但德军比盟军在前线的集结速度更快。直到 11 月初，把守斯海尔德河口的德军才被清除。

11 月中旬，盟国的全部六支军队在西线发起了总攻。但是，他们付出了沉重的代价却收效甚微，不断的进攻使他们筋疲力尽。

对于这次进攻的基本模式，美国和英国的指挥官意见不一。英国指挥官主张集中打击，而美国指挥官希望在非常广阔的区域内冲击德军的防线。进攻失败后，英国指挥官批评该计划分散了兵力，但是若进一步分析，可以发现这一计划失败的根本原因在于行动过于明显。虽然几个军分布在广阔的区域内，但每个军都只在自己的狭窄区域内集中攻击。他们的目标是打开通往德国的天然通道，因而他们的每次进攻都在德军的预料之中。此外，主要进攻发生在平坦的地区，那里在冬天容易变成沼泽。

12 月中旬，德军发起反攻，使盟军及其人民大吃一惊。德军在没有动用机动预备队的情况下，就挡住了盟军的进攻，并使其推进极其缓慢。因此，当美军逐渐无望突破德军防线时，德军就有可能发起猛烈反击——考虑到德军在 10 月这一平静期从战线上撤回了许多装甲师，并为其配备了新坦克，这种风险就更明显了。但是盟国被对胜利的渴望冲昏了头脑，对德军反击的风险视而不见，因此德军的反击形成了奇袭的效果，使德军从中获益。

无论反攻规模是大是小，最佳时机通常都是进攻方精疲力竭却仍未达成目标之时。在那时，进攻的部队会因为长期作战而疲惫不堪，且指挥官也没有足够的预备队迎接反击——尤其是当反击来自不同的方向时，他们更会措手不及。

在决定作战地区时，德军指挥部的选择与盟军截然不同，并从中获益。他们把反攻的地点选在多丘陵、树木繁茂的阿登地区。这一地区向来被认为难以行军，因而在此地发起一场大规模的进攻，很可能使思想传统的盟军措手不及。同时，这一地区茂密的树林为部队集结提供了遮蔽，而高地则保证了地面的干燥，便于坦克行动。

他们面临的主要危险是盟军的空袭。莫德尔总结道："我们的头号敌人是敌方空军。他们具有绝对优势，试图使用战斗轰炸机发动攻击和地毯式轰炸，以摧毁我们的先锋部队和炮兵，并使我们无法从后方发动袭击。"因此，当气象预报显示会有浓雾和大雨时，德军利用这一有利条件迅速发动了进攻。在最初的三天里，恶劣的天气使盟军空军无法出动，为德军提供了便利。

德军需要努力争取他们所能获得的一切有利条件。他们用极为有限的资金进行高风险的赌博。他们知道这是一场孤注一掷的赌博，成败在此一举。突击部队由第五和第六装甲集团军组成，他们得到了大部分可用的坦克。

就进攻而论，阿登高地有一个尴尬的特点，即高地与深谷交错，道路狭窄，易被阻断。德军的坦克很容易被拦截。德军指挥部本可以派遣伞兵部队占领这些战略要道，规避这种风险。但是自从1941 年 5 月克里特岛被攻占后，他们只使用了几次伞兵部队，导致这支专业军队逐渐萎缩，技术也变得生疏。

德军的反攻目标是长远的——使用间接路线夺取安特卫普，切断英军的补给及其与美军的联系，然后粉碎孤立无援的英军。第五装甲集团军现在由曼陀菲尔率领，将在阿登地区突破美军的战线，转向西方，然后向北越过默兹河，经过纳穆尔到达安特卫普。随着部队的推进，第五装甲集团军将建立一个防御性的侧翼障碍，阻止美军进一步南下作战。第六装甲集团军在党卫军指挥官塞普·迪特里希的指挥下，斜线向西北推进，经过列日到达安特卫普，在英军后方和更靠北的美军之间形成了一个战略阻塞。

由于出其不意，德军的反攻在头几天里取得了惊人的进展，在盟军中造成了恐慌和混乱。曼陀菲尔的第五装甲集团军推进得最深。但是由于盟军的空袭，德军汽油短缺，丧失了时间和机会，虽然他们几乎就要推进到默兹河边了，但这并非好事。德军受挫在很大程度上是因为被包抄的美军小分队顽强地守住了阿登地区几个最重要的"瓶颈"，同时控制了北翼局势的蒙哥马利迅速将预备队向南转移，以阻止德军渡过默兹河。

在下一阶段，当盟军集中力量，试图围歼冲进他们防线内的德军时，德军巧妙地撤退了，没有落入包围之中。

就其本身来看，德军的反攻取得了一定的成效。尽管德军没能达到目标，但他们却以较小的代价，打乱了盟军的准备，使其损失惨重。然而，希特勒却下令不许德军撤退，这造成了不少损失。

就整体形势来看，这次反攻对德军来说是致命的。在这一过程中，德军消耗了过多的力量，超出了在困境中的他们所能承受的范围。若盟军恢复进攻，他们将无法进行持久抵抗。此后，德军意识到他们无力扭转局势，长久以来的希望破灭了。简而言之，这场反击宣告了德国的军事破产。从那以后，德国的军民都意识到了他们已经资源告罄、无路可走，只能在一场绝望的战斗后死去。

最后阶段

从 8 月到年底，苏军的主要战线一直处于静止状态，停在波兰中部。苏军用这段时间修复了他们夏季横扫而过的地区的交通路线，并积蓄力量。秋季，他们试图强行攻入东普鲁士，但未能突破德军防线。

与此同时，从罗马尼亚和保加利亚出发的苏军左翼军队，进行了一次大规模的侧翼迂回，逐渐包围了匈牙利和南斯拉夫。这一行动目标长远，在大战略和战略层面都富有意义。由于在推进的过程中苏军需要控制他们所经过的区域，以及该地区内的交通路线稀少，他们的速度减慢。但是随着他们继续推进，他们在战略上对共同的目标形成了向心进攻之势，而德军专注于阻碍苏军的这一行动，受到了严重的牵制，削弱了其在主要东西防线上的抵抗能力。

1 月中旬，科涅夫的军队从他们在桑多梅日附近的维斯瓦河的桥头堡出发，向波兰南部的德军防线发起了一次大规模进攻。在他们突破了德军的防线，并对中部形成侧翼威胁后，朱可夫的军队从华沙附近的桥头堡向前突进。尽管当时是冬季，但在第一个星期里，他们的推进速度几乎和夏季攻势的速度不相上下。

在波兰西部战线的后面，地形非常开阔，以至于很难防守——德军在 1939 年的进攻中就发现了这一问题。本质上，如果机动的进攻部队拥有力量优势，可以来充分利用广阔的空间迂回行动，这种地形条件将对他们极为有利。现在德军处于守势，力量和机动性都不足。

在第二周，苏军的推进速度不变，而俘虏的德军人数却在上升。这意味着，德军指挥部的全面撤退命令下达得太迟，苏军先头部队已经超过了德军。而平民从德国境内各大城镇的仓促撤离，表明苏军推进的速度和力量再一次打乱了德军指挥部的计划，把德军挤出了他们曾希望守住的中间阵地。

科涅夫的军队从克拉科夫和罗兹之间的广阔空间穿过，横扫波兰西部边境，进入西里西亚。克拉科夫和罗兹都在 1 月 19 日陷落，后者是因为朱可夫的侧翼包围。23 日，科涅夫到达了布雷斯劳附近的奥得河，进攻长 40 英里的防线，夺取了几个渡口，越过了这道障碍。在这次快速推进中，他占领了上西里西亚的重要工业区，从而重创了德国的军工生产。但是，德军随后在奥得河后面集结了大量兵力，阻止了他的桥头堡向河对岸延伸。

在苏军右翼，罗科索夫斯基的方面军从华沙东北的纳雷夫河向前突进，对东普鲁士实施了一次迂回包抄。他们在西端突破了边境防线，冲过了著名的坦能堡战场——1914 年，俄军在那里几乎全军覆没。26 日，罗科索夫斯基抵达但泽以东的波罗的海。东普鲁士的大部分德军被切断，被围困在柯尼斯堡。

与此同时，在苏联中部的朱可夫正在向西北方向的托伦和波兹南推进，这是两个重要的交通枢纽。他绕过这两地，冲到了德国边境，把这两地像小岛一样孤立在涌来的潮水之中。29 日，他越过了边界，接着向比西里西亚更靠西的奥得河推进。由于他的目标显然是奥得河外不到 50 英里的柏林，他自然遇到了顽强的抵抗。虽然他的坦克在 31 日到达了科斯琴附近的奥得河，但是过了一段时间他才能够以一条宽阔的战线推进到河边，连续几次试图强行渡河都被德军击退。

科涅夫的部队试图强行渡过奥得河的远岸，向西北方向迂回推进，但是他们反而被德军利用河流阻挡在了尼斯河边。过度延伸法则再次生效。苏军在东线受到牵制，直到他们在西线取得最终的胜利。

当苏军正在奥得河作战时，艾森豪威尔的军队在 2 月初发起了另一场大规模的进攻，目的是在德军撤过莱茵河之前围歼他们。第一次进攻由加拿大和英国的第一集团军在左翼发起。他们沿着莱茵河西岸向上推进，以威胁在科隆以西正对美国第九和第一集团军的德军的侧翼。但是，由于德军在阿登地区的攻势，他们直到天气变暖、土地解冻软化后才得以进攻。这有助于德军进行抵抗。德军炸毁了鲁尔河上的大坝，改变了他们的危险处境。结果，美军对这条河流的进攻推迟了两周，并遭到了强烈的阻击，直到 3 月 5 日才进入科隆。德军赢得了时间，将他们消耗殆尽的部队和大部分装备撤过了莱茵河。

但是德军投入了很大一部分兵力阻击盟军的左翼，使得他们自己的左翼变得薄弱，为美国第一和第三集团军创造了机会。美国第一集团军的右翼在波恩推进到了莱茵河，同时一个分遣队出其不意地在雷马根占领了一座完整的莱茵河大桥。艾森豪威尔没有立即扩大战果，因为如果那样，他需要调动预备队，并大幅改动下一个阶段（也是决定性阶段）的计划。但是他在雷马根的威胁已经分散了德军有限的预备队。

第三集团军在艾费尔山——阿登山脉延伸至德国境内的部分——的突破获得了更大的优势。第四装甲师像诺曼底登陆那样，再次成为巴顿的先锋部队，在科布伦茨突进到莱茵河边。巴顿随后将他的部队向南推进，越过摩泽尔河下游，进入普法尔茨，切断了抵抗帕奇的第七集团军的德军退路，到达莱茵河西岸。通过这一击，他切断了德军与莱茵河之间的道路，俘虏了一大批德军，而当他再次向东转向时，他未受任何阻击就渡过了莱茵河。22 日夜间，他在美因茨和沃尔姆斯之间渡河，并很快深入巴伐利亚北部，扩大战果。这打乱了德军的整条战线，并使得德军再也无法全面撤退到他们在南部的山区据点。

23 日晚，蒙哥马利的集团军在靠近荷兰边境的下游对莱茵河发起进攻。夜间，他们在四个地点渡过了莱茵河，第二天早上，两个空降师被空投到了更远的地方，以减轻新占领的桥头堡所面临的压力。德军的抵抗在各处土崩瓦解，最终全面崩溃。

即便如此，战争还是直到一个多月后才结束。这并非因为德军的抵抗——除了南北两端的几个地方，四分五裂的德军已经无力进行抵抗，而是因为盟军在越过莱茵河继续推进时面临补给问题；因为他们的空袭导致到处都是残垣断壁，挡住了前进的道路；复杂的政治因素也影响了他们。

盟军渡过莱茵河后，战争的胜负已分。实际上，在此前很久就已经可以预见到德军的失败，他们过度紧张，就像一根过度拉伸的橡皮筋一样，断裂是迟早的事，只不过是时间长短罢了。

虽然德军由于四面八方的压力，此前巨大的防线已经向中心收缩，但德军的兵力减员得更严重——这是希特勒坚持严防死守的防御战略，导致德军伤亡惨重。希特勒在防守时过于僵硬，与他在被胜利冲昏头脑之前，采用的灵活进攻方法形成了鲜明的对比。

考虑到德军损伤惨重，规模大幅缩减，以及物资短缺，他们能够在如此广阔的范围内坚持抵抗那么久，简直是一个奇迹。这部分是因为他们具有非凡的意志力和耐力，在很大程度上也是因为盟国要求其无条件投降——这在大战略层面过于直接，将他们逼上了绝路。但最重要的是，这证明了现代防御的巨大力量。任何正统的军事计算都表明，德军在面临如此大规模的进攻时，难以撑过一个星期，然而他们却坚持抵抗了数月。当其战线与其力量的比例合适时，他们经常能够击退人数是他们 6 倍甚至 12 倍的进攻者。他们最终失败的原因是作战范围过于宽广。

如果德国的敌人事先认识到这一点，以最适合的方式提前部署，充分利用防御优势应对德国的侵略，那么这个世界就可以避免许多灾难与悲剧。

很久以前，著名的拳击手杰姆·梅斯用一句格言总结了他在拳击场上的经验："等他们先向你出拳，然后他们就会打败他们自己。"另一名拳击手基德·麦科伊后来在教授技术时也说过类似的话："让你的对手发起攻击，趁他腾不出手而你还有一只手空着时，将其击倒。"

杰姆·梅斯的格言也是我们能从非洲、苏联和西欧战场上获得的突出战术教训。任何有经验和有智谋的指挥官都会利用防御的力量获益，即使在进攻中也是如此。

这也是整场战争留给我们的主要的教训。德军推进得太远，超过了其承受能力，以致一败涂地。如果他们没有那样做，敌人将很难打败他们。为了追求胜利，德国人采用的路线过于直接，为敌人创造了使用间接路线打败他们的条件。德国的过度扩张和不断受挫加速了自身的崩溃，缩短了战争的进程。但是，如果盟国在最初就能清楚战争的基本条件，以非常规的方式准备作战，那么也许第二次世界大战的持续时间将大幅缩短，造成的损失也必然少得多。

第四部分

战略与大战略的基础

第十九章

战略理论

　　从历史中，我们已经得出了诸多结论，现在似乎应在这一新基础之上，建一座战略思想宝库。

　　首先，我们要清楚战略是什么。克劳塞维茨在他的巨著《战争论》中将战略定义为："一种以战斗为手段，以达成战争目的的艺术。换句话说，战略形成战争计划，指定了战争中每场战役的路线，并规定了每场战役中要进行的战斗。"

　　这一定义有两大缺陷：一是它将政策或更高层次的战争行为纳入了战略的范畴，可这本应该由政府决定，不该是军事领袖的职责。军事领袖的任务是指挥作战。二是它将"战略"的含义窄化为纯粹利用战斗，从而传达出这样一种错误思想——战斗是达到战略目的的唯一手段。倘若学习克劳塞维茨的人们思想不够深刻，便很容易混淆手段和目的，并得出如下结论：在战争中，唯一的目标就是进行决定性战斗，一切都应该为这一目标服务。

战略与政策的关系

如果战略和政策通常由同一人来制定，像腓特烈大帝或拿破仑那样，那么对它们进行区分确实没有多大意义。但是，这种集军权和政权于一身的独裁统治者在现代很少见，到 19 世纪更是根本就不存在，因此倘若不对战略和政策加以区分，势必会产生有害影响。因为那样一来，军事领袖们可能会提出荒谬的要求，认为政策应该服从于他们的作战行动。而政治家们，特别是民主国家的政治家们，则又会超越其职权范围，干涉他们的军事雇员们对作战工具的实际使用。

毛奇为战略下过一个更清晰且明智的定义。他指出，战略就是"将军为实现既定目标而对所拥有的工具进行的实际运用"。

这一定义明确指出了一位军事指挥官对政府（他的雇主）的责任。他的职责就是在指定的战区内，最有效地使用分配给他的兵力执行战争政策，争取最大的利益。如果他认为所得的兵力不足以完成指定的任务，他有权指出这一点，如果意见被否决，他也可以辞去指挥官一职。但是，如果他试图对政府发号施令，强求政府分配给他多少兵力，便是超出了自己的权力范围。

另一方面，制定战争政策的政府，必须使战争政策能够适应瞬息万变的战争形势。政府有权干预战役中的战略，不仅可以撤换已经失去信任的指挥官，而且可以根据战争政策的需要修改其目标。政府应该清楚地指出作战任务的性质，但不应该干涉指挥官对军队的指挥调度。因此，战略的目标并不一定只是单纯摧毁敌人的军事力量。当政府发现敌人拥有军事优势时，无论是在总体上还是在特定的战场上，政府都应明智地下令采取目的有限的战略。

政府有时可能会等待，等待盟国的作战或者从另一个战区调来的援军改变敌我力量对比。政府有时可能不仅会等待，还会限制陆上的军事行动，而通过经济手段或海军行动取得决定性胜利。若政府认为自己无力摧毁敌人的军事力量，或者认为这样做得不偿失，此时为达到战争政策的目的，政府可以选择夺占敌人的领土。这些领土既可以永久收归己有，也可以在和谈时作为讨价还价的筹码。

诸多历史证据可以证明这种政策的合理性。它并不像一些反对者所声称的那样在本质上是一种软弱的政策。在历史上，这一政策为大英帝国的辉煌做出了重要贡献，并多次拯救了英国的盟友，也为英国带来了永久的益处。这种"保守"的军事政策，难道没有资格在战争理论中占有一席之地吗？

采取目的有限的战略通常是为了等待力量对比发生变化。一般的方法是消耗敌军的力量，手段是多次小规模袭扰敌军而不是冒险发动大规模打击。这种战略的基本要求是使敌军的损失远远大于己方的消耗。有多种方式可以实现这一目标：突袭敌军的补给；通过局部攻击，消灭敌军或使敌军遭受惨重损失；引诱敌军发动徒劳无益的攻击；使敌军分布过于广泛；在物质和精神上耗尽敌军的力量。

毛奇的定义在某种程度上回答了以前提出的问题：一个将军在他的战区内执行战略时，应具有多大的独立决定权。如果政府决定采用目的有限的战略，或者是费边式的大战略，那么一个将军即使只在他的战略范围内试图击溃敌军，对于政府的战争政策来说，可能也是弊大于利。通常来说，一个目的有限的战争政策决定了战略的目的也是有限的。若想追求决定性的目标，那么必须先征得政府的同意，只有政府才能决定其是否值得追求。

现在，我们可以得出一个更简明扼要的战略定义：战略就是

"分配和运用军事工具以达到政策目的的艺术"。因为战略不仅关系到兵力的调动——一般的定义都将它的作用局限于此，而且也关系到兵力调动的效果。而实际战斗中的军事手段运用，即作战部署和直接行动的指挥，则被称为"战术"。虽然为了便于讨论，我们将其分别称作"战略"和"战术"，但二者实则没有明确的界限，不可分割。它们不仅相互影响，而且彼此交融。

高级战略或大战略

正如战术是战略在较低层面上的应用一样，战略也是"大战略"在较低层面上的应用。实际上，"大战略"与指导战争行为的政策是一样的，但与决定战争目的的基本政策有所区别。它具有"政策在执行中"的含义。大战略（高级战略）的作用是协调和指挥一国或多国的所有资源，以实现战争的政治目的——它由基本政策决定。

大战略首先应该清楚国家的经济资源和人力资源有多少，并设法使其得到发展，以维持作战行动。同样还应考虑到精神资源，因为人民的意志往往和物质力量同样重要。大战略也应该负责各军种之间的力量分配，并协调军事与工业生产之间的关系。此外，军事力量只是大战略的工具之一。大战略还应该注意运用经济压力、外交压力、商业压力以及同样重要的精神压力来削弱敌人的抵抗意志。一个好的作战理由既是一把剑也是一块盾牌。同样，战争中的骑士精神是最有效的武器，既可以削弱敌人的抵抗意志，又可以提振己方的士气。

此外，战略只研究与战争相关的问题，但大战略则需想得更长远，要着眼于战后的和平。大战略不仅应该把各种工具结合起来使用，而且在使用时必须有节制，以免损害战后的和平。也就是说，要确保战后的和平安全稳定，各国能够恢复发展。大多数战争结束后，交战双方都无法享受稳定的和平，这一可悲的结果是因为以下事实：大战略与战略不同，其领域内的一大部分仍然是未知的，有待我们去探索和研究。

纯粹的战略或军事战略

清扫了场地后，我们就可以在合适的平面和原始的基础上建立起我们的战略概念——以"统帅的艺术"为基础。

战略要想获得成功，最重要的是对目的和工具进行合理的计算，并使其相互协调。制定目的时，必须依据工具的总量来制定，切忌好高骛远。在追求每个中间目的时，所用的工具必须与中间目的的价值和需要成比例——无论是夺取一个目标，还是完成其他有助于达成最终目的的任务。过量和不足同样有害。

若想使目的和工具真正协调，则需要深刻理解"经济用兵"这一常常被曲解的军事术语，并做到真正的经济用兵。然而，由于战争的性质和不确定性——科学研究的匮乏更增强了这种不确定性，即使是最睿智的军事统帅也无法实现真正的协调，但是越接近这个标准，就越有望成功。

这种相对性是必然的，因为无论我们对战争科学的认识有多么丰富，战争的胜负都取决于其运用艺术。艺术不仅能使目的与工具更协调，而且可以通过赋予工具更高的价值，使目的得到延伸。

这就使计算变得复杂，因为没有人能够精确计算出人类有多聪明或愚蠢，也没有人能够精确计算出人的意志力有多强。

![icon] **要素和条件**

其实，战略与战术相比，计算起来更为简单，也更容易接近真理。因为在战争中，最不可估量的是人的意志，这种意志表现为战术上的抵抗。战略则不需要克服除自然障碍外的其他抵抗。它的目的是尽可能减少抵抗的可能性，为达到这一目的，需要利用运动和出其不意这两个因素。

运动是物质领域的问题，需要对时间、地形和运输能力等条件进行计算。运输能力既包括运输兵力的能力，又包括运送物资的能力。

出其不意是心理领域的问题，需要考虑各个可能影响敌人意志的条件，而这些条件在每种情况下又有所不同。这比物质领域的计算要难得多。

战略可能要么更多地利用运动而轻视出其不意，要么更注重出其不意而轻视运动，但实际上这两个因素相互作用、相辅相成。运动产生出其不意，出其不意又可以增强运动的冲击力。如果在行军时速度加快，或者改变方向，即使不加以掩饰，也一定会在某种程度上使敌人吃惊。而一旦敌人感到惊慌，他们就无法及时有效地抵抗和反击，为我们进一步运动铺平了道路。

关于战略和战术的关系，在执行时，界线常常是模糊的，很难确定战略行动在哪里结束，战术行动又从哪里开始。但是在概念上，两者又是界限分明的。战术只与实际的作战相关，而战略则不仅限于前线作战，还以尽可能减少战斗为目的。

⚔ 战略目的

一些人认为，战争中唯一合理的目的就是摧毁敌人的武装力量，一些人则认为战略的唯一目标是战斗，还有一些人痴迷于克劳塞维茨所说的"取胜势必要流血牺牲"。这些人可能不会同意"战略要以尽可能减少战斗为目的"这种说法。然而，如果理性地思考，就会发现这种说法是不可动摇的。因为即使目的是进行决定性的战斗，战略的目标也必须是在最有利的情况下进行这场战斗。环境越有利，战斗也就相对越少。

因此，完美的战略是在不进行任何激烈战斗的情况下取得决定性的胜利。正如我们所看到的，在历史上，在有利条件的帮助下，很多战略都取得了这样的成就，例如恺撒的莱里达战役、克伦威尔的普雷斯顿战役、拿破仑的乌尔姆战役、毛奇1870年在色当对麦克马洪军队的包围战，以及艾伦比1918年在撒玛利亚丘陵地带对土耳其军队的包围战。近来最引人注目、最具灾难意味的例子，便是1940年古德里安的奇袭在色当的中部突破后，德军在比利时围歼了盟军的左翼，导致盟军在欧洲大陆全面崩溃。

虽然在这些例子中，一方使用非常经济的方法迫使敌人投降，从而摧毁了敌人的武装力量，但是，对于取得决定性胜利或达到战争目的来说，这种"摧毁"可能也是不必要的。如果一个国家的目的不是征服他国而是自保，那么只要使敌人放弃行动，解除自身所受的威胁，其目的就实现了。

贝利撒留在苏拉遭遇失败，是因为他刻意放任部队去追求"决定性的胜利"，放纵他们追赶已经放弃入侵叙利亚的波斯军队。这种多此一举造成了不必要的损失。相比之下，后来他挫败了波斯更危险的入侵，并把波斯军队赶出叙利亚的行动，也许是有记录以来最杰出的行动，他纯粹使用战略就取得了决定性胜利，在真正意义上实现了国家目的。在该行动中，心理作用效果显著，以至于根本无须作战，敌人就自动放弃了其目的。

虽然这种不流血的胜利非常罕见，但正因其罕见，其价值才更高，因为它证明了心理战在战略和大战略层面具有极大的潜力。尽管人类有数千年的战争经验，但直到近些年，我们才开始研究心理战。

通过对战争的深入研究，克劳塞维茨得出了这样一个结论："智慧决定了所有军事行动及其效果。"然而，国家在战争中总是被狂热的欲望冲昏了头脑，无视这一结论。他们不运用智慧，而是选择硬碰硬，用头去撞最近的墙。

通常来说，负责制定大战略的政府，需要决定战略的目的是取得决定性的军事胜利，还是发挥其他作用。正如外科医生的手术箱中有许多工具那样，军事手段只是实现大战略目的的工具之一，战斗也只是达到战略目的的工具之一。如果条件有利，战斗通常最快起效，但如果条件不利，强行使用这件工具便是愚蠢之举。

现在，我们不妨假设，政府授权一个战略家在军事上取得决定性胜利。这位战略家的责任是在最有利的情况下达成这一目的，以获得最有利的结果。因此，他的真正目的与其说是寻求战斗，不如说是寻求一种战略形势，这种战略形势极为有利，以至于如果其本身不能产生决定性结果，那么紧接着再进行一场会战就一定能获得这种结果。换句话说，战略的目的是使敌人失去平衡，陷入混乱之中，这样一来，敌人可能会自动崩溃，或在战斗中更容易被击垮。为了使敌人自动崩溃，可能需要进行一定的战斗，但从本质上来说，这和直接的会战是两回事。

⚔ 战略行动

如何在战略上使敌人失去平衡呢？在物质领域，可以采取如下行动：扰乱敌人的部署，迫使敌人突然改变战线，以打乱其部队的分布和组织；将其部队分隔开来；阻止其获取补给；威胁其撤退路线，使其无法撤退到基地或本国内重整旗鼓。

以上行动中的任何一种都可能使敌人陷入混乱，但更常见的是几种行动共同发挥效力。事实上，这些行动很难被区分开来，因为向敌人后方行军往往会将这些行动结合起来。然而，它们各自的影响是不同的，历史经验表明，它们根据军队的规模和组织的复杂程度而变化。对于"就地取食"的军队来说，他们通过掠夺或征用，在当地获取补给，因而交通补给线对他们来说似乎并不重要。同时，在军事发展程度较高的情况下，部队规模越小，对补给线的依赖也就越小。一支军队越庞大，组织越复杂，一旦其交通线遭到威胁，该军队受到的影响就越迅速和严重。

如果军队不太依赖交通线，那么战略运用也会相应地受到阻碍，战术就变得更加重要。然而，即使受到阻碍，有才能的战略家通常会在战斗前，通过威胁敌人的撤退线打乱其部署平衡，或威胁其本地补给使自己占据明显优势，然后发动战斗夺取决定性胜利。

为了能够产生效果，实施这种威胁时，必须尽早进行，在空间上也要更接近敌人的军队，而不是威胁敌人的交通线。因此，在古代的战争中，通常很难区分战略机动和战术机动。

在心理上，敌人失去平衡通常是因为上述各种物质手段对其统帅产生了影响。如果敌人突然意识到自己处于劣势，深感无力反击，这种影响就会更强烈。从根本上说，在心理上失去平衡，源于这种深陷困境的感觉。

这就是为什么从后方攻击敌人常常可以产生这种效果。一支军队就像一个人，如果遭遇从后方而来的打击，必须调转方向才能有效地使用武器进行防御。而转身时，军队就像人一样，会暂时失去平衡；且比起一个人，一支军队恢复平衡所需的时间要长得多。因此，大脑（军队的统帅们）对任何后方威胁都非常敏感。

与之相反，直接攻击敌人会巩固敌人的物质和心理平衡，并增强其抵抗力。因为敌人会朝他们的预备队、补给和增援部队撤退，所以尽管敌人的前线防御变弱，其后方却更加坚固。这样的进攻也许会让敌人感到紧张，但无法使其陷入混乱。

因此，绕过敌人的前线，从后方发动攻击，不仅是为了尽量避开敌人的抵抗，也是为了取得决定性结果。从根本上说，就是要选择阻力最小的路线。在心理方面，就是要选择一条最出乎敌人意料的路线。它们就像是一枚硬币的两面，理解这一点可以拓宽我们对战略的认识。因为，如果我们选择的路线在阻力最小的同时却非常明显，那么敌人也会被吸引过来，这样一来，这条线就不再是阻力最小的路线了。

在研究物质因素时，我们绝不能忽视心理因素。只有将二者结合起来的战略，才算得上是真正的间接路线，才能打破敌人的平衡。

倘若仅是迂回到敌人的后方，是不能算作战略上的间接路线的。战略艺术没有那么简单。也许在开始时，这种路线是间接的，避开了敌人的前线；但由于它直捣敌人后方，敌人很可能会发现，并改变部署，以新的正面迎战，这样该路线的间接性就不复存在。

由于敌人有可能改变战线，因此通常有必要在向敌人后方进攻之前，实施一个或多个迷惑性行动，分散敌人的注意力和兵力。其目的是在物质和心理两个层面剥夺敌人的行动自由。在物质层面，这会导致敌人的兵力被分散，身心俱疲，以至于没有足够的力量应对随后的主要进攻，从而遭遇决定性的失败。在心理层面，要设法欺骗敌人，使其感到困惑和恐惧。对于这种战略，"石墙"杰克逊曾有过如下名言："先迷惑敌人，使其误入歧途，随后再发动奇袭，令其大吃一惊。"迷惑和误导可以分散敌人的兵力，而奇袭可以导致敌人陷入混乱。一旦敌军指挥官的注意力被分散，他的部队也会随之分散。丧失心理自由的后果便是随之丧失行动自由。

心理因素贯穿并支配物质领域。如果对此有更深刻的理解，就能更好地制定间接路线。因为这警告我们，试图从数学角度对战略进行分析研究是错误和浅薄的。认为在一个特定的地方集中大量兵力，占据人数优势便能取胜，实在是错得可笑。从过去那种几何角度来思考这个问题也一样错误，其不仅与线条和角度有关。

军事教科书存在一种错误倾向，即认为战争主要与集中优势兵力相关，这与事实相去甚远。在实践中，它通常会导致使用者走进死胡同。福煦对"经济用兵"下过一个著名的定义："经济用兵即是将所有的兵力，在一个特定的时间，投到一个特定的地点上。要想做到这一点，需要使所有部队永久保持联系，而不能把它们分开，使每个部分的功能固定不变。此外，一旦取得了一个结果，就要再次部署军队，集中打击一个新的目标。"

一种更确切、更清楚的说法是：军队的各个部分之间应该可以相互支援，并能够及时快速集合，在一个地方集中尽可能多的兵力。至于辅助主要行动的其他行动，只应使用最低限度的必要兵力。

集中全部兵力是一个不可能实现的理想，即使是口头上说一说也极为危险。此外，在实践中，"最低限度的必要兵力"加起来可能比"尽可能多的兵力"在总数中所占的比例更大。我们甚至可以说，用来有效分散敌人注意力的兵力越多，集中打击取得决定性的机会就越大。否则，敌人的防御很可能坚不可摧，集中力量进攻只会徒劳无功。

仅在选好的地点集中大量兵力，在人数上占优势还不够，必须确保敌人不能及时获得增援，否则也无法取得决定性胜利。此外，想要取胜，敌人必须在人数和精神上都处于劣势。拿破仑之所以会遭受数次严重的挫败，正是因为他忽视了这一点。由于武器不再像从前那样能有力地阻止敌人行动，分散敌人注意力的策略就显得愈发重要。

⚔ 战略基础

福煦和克劳塞维茨的其他门徒没能完全理解一个更深层次的真理：在战争中，每个问题和每个原则都是二元的，像硬币一样，都有两面。为了使二者相协调，需要适当地妥协。这是必然的结果，因为战争由双方共同参与，所以一方在进攻时也要注意防御。想要有效地打击敌人，必须削弱敌人的防御。只有当敌人兵力分散时，你才能有效地集中自己的兵力。通常情况下，为了诱导敌人分散兵力，你自己的部队也必须广泛分布。因此，存在一个从表面上看似乎很矛盾的说法：只有分散才能实现真正的集中。

此外，战争双方互相影响的另一个结果是，为了确保夺取一个目标，应该同时威胁多个目标。这一点与19世纪福煦和他的门徒们的学说形成了鲜明对比。这也是实践与理论的对比。因为如果敌人清楚你的目标，他就可以采取防御措施保护自己，并削弱你的力量。而如果你的路线同时威胁到多个目标，你就分散了敌人的注意力和兵力。这是最经济的分散敌人注意力的方法，因为它使你可以将大部分力量集中在真正的作战线上，从而既集中了最大的兵力，又保证了必要的分散。

倘若路线只有一个目标，便违背了战争的本质，违背了布尔塞在 18 世纪所说的精辟格言："每个作战计划都应该有几个分支，制订时需要经过深思熟虑，保障其中至少有一个能够成功。"年轻的拿破仑完全继承了这一思想，并在战斗中加以运用。用拿破仑自己的话来说，即"作战永远应该有两个方案"。70 年后，谢尔曼经过反思，重新从经验中吸取教训，并说出了他的著名格言："将敌人置于进退两难的境地。"在任何情况下，只要存在我们无法控制的敌人，我们就必须预设多个方案。无论是在战争中，还是在日常生活中，适应都是最重要的生存法则。战争只不过是人类与环境斗争的一种集中表现形式。

为使计划可行，在制订任何计划时，都必须考虑到敌人的反抗力量。想要克服这种障碍，需要制订一个可以顺势而变、适应实际情况的计划。为了在掌握主动权的同时具有这种适应性，最好的方法是沿着可以同时威胁多个目标的路线行动。因为这样一来，你就把敌人置于了进退两难的境地，确保自己至少能夺取一个目标——防御最弱的那一个，甚至可能接二连三地夺取一连串目标。

在战术领域，敌人很可能基于地形进行部署，因而比起战略领域，可能更难威胁多个目标，使敌人进退两难。因为在战略领域，敌人必然会保卫重要的工业中心和铁路枢纽。但是，你可以根据敌人的部署，利用敌人的弱点，选择阻力最小的路线行进，并获得类似的优势。一个计划就像一棵树，如果想要结果，就必须分叉。一个目标单一的计划很容易一无所获。

切断交通线

在计划打击敌人的交通线时，无论是通过侧翼迂回，还是在正面打开缺口快速突破，都需要找到最有效的目标——是应该在紧靠敌军后方的位置发动进攻，还是袭击其更远的后方？

当我开始研究这一问题时，实验性的机械化部队刚刚建立，它们的战略用途还正在考虑之中。通过分析过去的骑兵突袭，尤其是铁路投入使用后的几次战争中的骑兵突袭，我得到了启发。虽然在我看来，骑兵突袭的潜力比机械化部队的深入战略渗透更有限，但这种差异更加凸显了其意义。进行必要的修改后，可以得出以下推论。

一般来说，打击离敌军越近，起效越快。离敌军的基地越近，影响越大。无论是在哪种情况下，如果敌军在运动之中，或正在执行作战行动，那么比起他们驻扎在一地不动，效果总是更大也更快。

突袭的方向很大程度上取决于敌军的战略位置和补给条件，即他们补给线的数量、换用其他补给线的可能性，以及他们前线后面的仓库中可能储备的补给量，等等。在考虑了这些因素之后，还应该权衡夺取各个目标的成功率，将距离、自然障碍及可能遇到的敌军抵抗强度考虑在内。一般来说，要走的距离越长，遇到的自然障碍就越多，但敌军的抵抗力也会越小。

因此，除非自然障碍非常难以克服，或者敌人不怎么依赖基地的补给，否则应尽可能在敌人后方很远处切断其交通线，这样取得的效果更大，也更有望获胜。

此外，虽然在接近敌军后方的地方发动打击可能会对敌军的士气产生更大的影响，但在后方更远处进行打击，往往可以对敌军指挥官的心理造成更大影响。

在过去，骑兵突袭往往因为不注重进行破坏而未能达到应有的效果。因此，许多人也过分低估了使用机动突袭切断敌军交通路线的价值。应该认识到，想要切断敌军的补给，不仅可以毁坏其运输路线，也可以实际拦截或威胁其火车和卡车车队。随着机械化部队的不断发展，灵活性和越野机动能力不断增强，这种形式的拦截方法就更有可能成功。

这些推论在第二次世界大战中已经得到了证实。最突出的例证是古德里安的装甲部队，该部队当时远远领先于德军的主力，在亚眠和阿布维尔越过索姆河，到达盟军的后方远处，切断了盟军的交通线，使他们在物质和心理上都遭受重创，陷入瘫痪。

前进的方法

直到 18 世纪末，无论是在战略方面（开赴战场），还是在战术方面（在战场上），都普遍采用集中推进的原则，直到拿破仑时期才发生改变。拿破仑根据布尔塞的想法和新的师制，开创了在战略上分散推进的先例，也就是军队分成数个独立的部分行军。但是总的来说，在战术上仍然采用集中推进的方法。

到 19 世纪末，随着火力武器的发展，为了减少火力造成的伤亡，战术上的推进也变得分散。然而，战略推进却再次变得集中——部分是因为铁路的影响和军队规模扩大，部分是因为当时的人误解了拿破仑的思想。

为了复兴战略的艺术和效果，需要回归分散式的战略推进。此外，空中力量和摩托化力量等新因素，更表明未来的趋势是分散式战略推进。为了躲避危险的空袭，迷惑敌人，以及充分发挥机械化部队机动性的价值，前进的部队不仅应该在不影响联合行动的情况下尽可能广泛地分布，而且应该在不影响整体凝聚力的情况下尽可能分散。尤其是在面对核武器的威胁时，这至关重要。无线电的发展更为分散行军提供了便利，确保了命令的传达和彼此之间能够保持联系。

我们不应简单地集中兵力以发动集中打击，而应该根据实际情况从以下方案中选择最合适的一种：

1. 分散推进，但都针对同一个目标。

2. 分散推进，但依次集中进攻一系列目标。

（夺取每一个目标前，都需要预先采取行动分散敌人的注意力和兵力。但如果作战路线同时威胁了多个目标，导致敌人已经颇为困惑，兵力大大分散，那么就无须多此一举了。）

3. 分散推进，同时分开进攻多个目标。

（在新的战争条件下，在若干地方取得部分胜利，甚至仅仅是威胁若干个点，其累积的效果可能比在某一点上完全成功的效果还要大。）

军队行动的效果，取决于新方法的发展程度。这些方法的目的，一是突破敌军防线，控制敌人的部分领土，但并不完全击溃敌军的防线；二是使敌军的行动瘫痪，而不是好高骛远，试图彻底粉碎敌军兵力。兵力集中可能会导致僵化，造成危险，而兵力的流动则可能会助力取胜。

第二十章

战略与战术的精华

本章内容较短但干货十足，是我们试图从战争史中总结出的一些经验性真理。这些真理普遍适用，是战争的基本规律，称之为公理也不为过。

它们是实用的行动指南，而不是抽象的原则。拿破仑当初就意识到，只有实际的东西才是有用的，所以他留给我们的格言也都是切实可行的。但是现代人们却倾向于寻找可以用一个词表达的原则——然后需要用上千个词来阐释。这些原则太过抽象，以至于不同的人对它们有不同的理解，而且其价值也完全取决于个人对战争的认识。一个人对这种万能的抽象概念搜寻的时间越长，它们就越像是海市蜃楼，既无法到达，又毫无用处，只能勉强当作一种智力训练罢了。

几乎所有的战争原则（而不仅是某一条原则），都可以浓缩成一个词——"集中"。但事实上，这个词应被展开阐述为"集中力量打击敌人的弱点"。需要注意的是，这个原则能在多大程度上发挥价值，取决于敌人的力量有多分散，而敌人力量的分散程度又是由你自己的兵力分布决定的。你可以先在表面上佯装分散，诱惑敌人随之分散兵力，然后你再突然集中力量。这一连串行动环环相扣。缜密谋算后分散兵力，方能实现真正的集中。

现在，我们清楚了一个基本原则，就可以避免犯一个最常见的根本错误：给你的敌人自由和时间来集中兵力以对付你的集中兵力。然而，倘若仅记住"集中"二字，将其作为金科玉律，在作战时其根本起不到实际作用。

上述公理不能浓缩成一个词，但可以用最少的词来传达最实用的信息。到目前为止，总共有 8 条公理，其中 6 条是主动的，2 条是被动的。除特殊说明外，它们既适用于战略，也适用于战术。

主动的

1. 量入为出。在设定目标时，应目光长远、思维清晰，进行缜密冷静的计算。贪多求全是极为愚蠢的。军事智慧的发端是清楚现实情况并根据事实做决定。因此，我们应学会面对事实，同时坚定信念。在开始作战时，信念非常重要，有时甚至可以使你实现看似不可能完成的目标。信心就像电池中的电流，切忌肆意挥霍浪费。记住，如果你的电池中的电力，即你所拥有的兵力耗尽了，即使你仍保有信心，也毫无用处。

2. 时刻牢记你的目标，同时根据实际情况调整计划。实现一个目标的方法不止一种，但是要注意每个中间目标都应该有助于你实现最终目标。在选择可能的目标时，要权衡夺取它们的可能性，以及考虑占领它们对最终目标的贡献——偏离目标很糟糕，但走进死胡同更糟。

3. 选择最出人意料的路线。试着站在敌人的角度思考问题，采取敌人最不可能预料到的路线。

4. 沿阻力最小的路线推进，只要它能将你引向任何有助于你实现最终目的的目标。（在战术中，这句格言适用于分配预备队。在战略上，它适用于利用任何战术上的成功扩大战果。）

5. 选择一条可以威胁到多个目标的作战路线。因为这样会把敌人置于进退两难的境地，使你至少能够有机会夺取一个目标——敌人防御最薄弱的那个目标，甚至可能会让你接连夺取一串目标。

若你的作战路线可以威胁多个目标，你便总有机会至少夺取一个目标。然而，若是只有一个单一的目标，除非敌人处于极大的劣势，否则一旦敌人确定了你的目标，你就肯定无法夺取它。最常见的错误莫过于将单一作战路线与单一目标相混淆。前者通常是明智的，而后者通常徒劳无益。（尽管这一公理主要适用于战略层面，但在可能的情况下，它也适用于战术层面，并且实际上构成了渗透战术的基础。）

6. 确保计划和部署都是灵活的，根据实际情况进行调整。你的计划应该有远见，考虑到下一步行动，无论是成功、失败还是部分成功——战争中最常见的情况就是部分成功，都应该有应对之策。你的部署或军队组织也应该足够灵活，只需很短的时间就可以完成调整或扩大战果。

被动的

7. 当敌人有所防备时，切勿试图集中力量强攻，因为那时敌人处于有利位置，可以击退或避开你的进攻。历史经验表明，除非敌人比你弱得多，否则在敌人丧失抵抗或躲避能力之前，你绝不可能一击获胜。因此，在确定敌人已经逐步走向瘫痪之前，任何指挥官都不应该对敌人的阵地发动真正的进攻。要使敌人陷入瘫痪，就要打乱敌人的部署及使其士气低落。

8. 在一次进攻失败后，不要沿着同一路线或以相同的形式再次进攻。仅仅增加兵力是不够的，因为敌人很可能在这段时间里也增强了自己的力量。更有可能的是，由于敌人曾成功将你击退，他们在士气上更占优势。

这些格言背后的基本真理是：要取得成功，必须解决两个主要问题——扰乱敌人和扩大战果。前者发生在实际进攻之前，后者发生在实际进攻之后，且相比前者更为简单。除非你先创造机会，使敌人陷入混乱之中，否则便无法有效地打击敌人。除非你在敌人恢复前充分利用机会，再次行动，否则便无法取得决定性成果。

这两个问题的重要性从未被充分认识到。这一事实很好地解释了为什么战争常常缺乏决定性。军队的训练重心是提高进攻行动的效率，专注于战术技术，因而往往会忽视心理因素的作用。它使得军人崇尚稳妥行动，而非奇袭。如此一来，指挥官只知道依据军事教条行动，一心避免犯错，而忘记了让敌人犯错的必要性，结果就是计划毫无收获。在战争中，往往只有一方犯下严重错误，战争局势才会逆转。

明智的指挥官会避开明显的事情，而通过出人意料的行动取得决定性结果——除非运气不佳。战争与运气总是分不开的，因为战争也是生活的一部分。因此，出人意料也不保证一定能成功，但可以让我们拥有最大的成功机会。

第二十一章

国家目的与军事目标

在讨论战争中的"目的"问题时，必须明确政治目的和军事目标之间的区别，并且始终牢记这种区别。两者不同但又不可分割。因为国家不是为了作战而发动战争，而是推行政策而进行战争。军事目标只是达成政治目的的手段。因此，军事目标应该由政治目的决定，但必须符合一个基本要求，即政策不能要求军队去完成根本不可能完成的任务。

因此，对这个问题的研究，应该从政策开始，也应该到政策结束。

"目标"这个词虽然很常用，但并不是一个合适的词。它有一种物理和地理的意味，容易引起混淆。所以在讨论政治问题时，最好使用"目的"一词，而若是涉及军事，最好使用"军事目标"一词。

战争的目的是获得更好的和平——即使只是从你的立场上看起来更好。因此，在进行战争时，必须时刻想到你所渴望的和平。这既适用于想要扩大领土的侵略国，也适用于只为自保而战的爱好和平的国家。不过，这两种国家对于更好的和平状态有着相当不同的看法。

历史表明，获得军事胜利本身并不等同于实现了政治目的。但是，由于负责思考战争问题的大多数都是职业军人，因此出现了一种非常自然的倾向，即忽略基本的国家目的，并将其与军事目标画等号。因此，每当战争爆发时，政策往往受到军事目标的支配——军事目标本身被视为最终目的，而不仅仅是达到目的的一种手段。

更糟糕的是，由于不能正确理解政治目的和军事目标之间的关系，不清楚政策和战略之间的关系，军事目标往往被扭曲，也变得过于简单。

想要真正理解这个本质上较为复杂的问题，必须了解过去两个世纪内关于这个问题的军事理论背景，并清楚其演变过程。

曾经在一个多世纪的时间里，最重要的军事教条一直都是以"在战场上消灭敌人主力"作为战争的唯一目的。这一点被普遍接受，写在所有的军事教材中，并在所有参谋学院被传授给学生。如果任何政治家胆敢怀疑它是否在所有情况下都与国家目的相符，那么他就会被认为是离经叛道、罪大恶极。从参战国的官方记录和军事首脑的回忆录，尤其是第一次世界大战期间和之后的此类记载中，可以清楚地看到这一点。

这样一条太过绝对的规则，若是让 19 世纪以前的伟大统帅和战争理论家听到，他们定会颇为惊讶。因为他们非常清楚，在制定军事目标时，明智和必要的做法是根据实际的军事力量和政治目的来制定。

克劳塞维茨的影响

该规则之所以会成为刻板的教条，主要是因为克劳塞维茨的影响。在他离世后，他的书对普鲁士军人，特别是毛奇，产生了重大影响。普鲁士军队在 1866 年和 1870 年的胜利，更使这一规则广泛地影响了全世界的军人。各国军队纷纷效仿普鲁士军队。因此，研究克劳塞维茨的理论至关重要。

正如经常发生的那样，克劳塞维茨的门徒们曲解了他的教导，将其理论发展到了极端的程度，远远超出了克劳塞维茨生前的预想。

在每个领域中，大多数先知和思想家都有共同的命运，那就是他们的思想学说往往会遭到后人的误解。虔诚的信徒错误理解了原本的思想观念，对其造成的破坏甚至超过了持有偏见的盲目的反对者。然而，我们也必须承认，克劳塞维茨的学说比其他思想家的理论更容易招致误解。克劳塞维茨深受康德的影响，有一套哲学式的表达方法，却没有获得真正的哲学思维。他的战争理论阐述得太抽象，也太复杂，以致普通军人无法理解。他的论点经常绕来绕去，甚至还会突然折返，指向与表面上完全相反的方向。他的门徒们对他的理论印象深刻，但又如堕云雾、不得其解，只抓住了他生动的格言，仅看到表面意义，而不能深入理解他的思想。

克劳塞维茨对战争理论的最大贡献就是强调了心理因素。他高声呵斥当时流行的几何战略学派，指出人的精神比作战线和作战角度重要得多。他深刻地讨论了胆怯和疲劳的影响，以及勇气和决心的价值。

然而，对后来的历史进程产生了最大影响的却是他的错误。

他的视野过于狭隘，没有意识到海权的重要性。他的目光短浅，当机械时代已经拉开序幕时，他却仍持有旧的观念，宣称"数量上的优势日益变得更具决定性"。这样的信条强化了士兵们本能的保守性，使他们头脑僵化，不肯思考和利用机械发明所带来的新型优势。另外，其也促进了各国广泛使用征兵制，用这种简单的方式获得尽可能多的兵力。由于忽视了心理上的因素，通过这种征兵制组建起来的军队，一旦受到突袭，更容易陷入混乱和突然崩溃。而过去的方法，尽管制度化程度不高，但至少尽量保证了军队全部由受过良好训练的战士组成。

在战术和战略方面，克劳塞维茨并没有贡献多少新思想，也没有改进旧思想，只不过是把思想汇编到了一起罢了。他的战争理论，与18世纪产生的"师制"理论或20世纪的装甲机动理论比较起来，没能产生后两者那样的革命性影响。

但有一点值得注意。他在总结拿破仑战争的经验时，强调了战争的一种落后形式，结果导致了倒退——朝部落战争的方向退化。

克劳塞维茨的军事目标理论

在为军事目标下定义时，对纯逻辑的热情冲昏了克劳塞维茨的头脑。他写道：

战争中一切行动的目的都是解除敌人的武装，现在我们将证明这是不可缺少的，至少在理论上如此。如果要使我们的敌人服从我们的意志，就必须使敌人的处境比按我们的要求做出牺牲更为不利；而且，这种不利处境至少从表面上看不是暂时的，否则敌人就会等待有利的时机而不会屈服。因此，继续作战所引起的每一次形势变化，都必须对敌人更加不利。

作战的一方可能陷入的最糟糕的处境是被完全解除武装。因此，如果要使敌人屈服……就必须主动行动，解除敌人的武装，或者使其受到威胁，令其即将陷入无力抵抗的境地。由此可见，战争的目的必须始终是彻底解除敌人的武装或打垮敌人。

由于受到康德的影响，克劳塞维茨的思想具有二元论特征。他相信有一个完美的（军事）理想境界，但同时又认识到，在现实的世界里，这些理想绝不可能完美地实现。他对理想和现实之间的差异有清楚的认识，能够区分什么是军事上的理想，什么是"根据现实所做的修改"。因此，他写道：

在抽象的推理中，思考活动在达到极端之前绝不能停止。但是当我们从抽象走向现实时，一切就都变得不同了。

在理想层面，战争的目的是要彻底解除敌人的武装，但是，在实际情况中，这个目的很少实现，而且也不是获得和平的必要条件。

克劳塞维茨这种趋向极端的态度，再次表现在他关于战斗的看法中——他把战斗看成是用来达到战争目的的手段。他一开始就做了惊人的论断，指出"结束战争的唯一手段就是战斗"。为了证明这条"真理"，他进行了长篇大论，指出在一切军事活动中，"战斗的思想必须是基础"。通过详尽的论证，他的观点似乎可以说服大多数人，使他们诚心接受。可是，他又接着说：

战争的目的并不总是消灭敌军……不进行实际的战斗往往也可以达到目的。

此外，克劳塞维茨认识到：

在其他一切条件都相同的前提下，我们越想消灭敌军，自己的军事力量消耗也必然会越大。危险就在于此：我们追求的效果越大，一旦失败，遭受的反弹也会更厉害，结果会更严重。

在此，克劳塞维茨预判了遵循他的教义会产生什么样的后果。

在后来的两次世界大战中，这些的确十分灵验。因为他那些关于会战的理论，流传下来的只是理想化的想法，而不是实际方面的学说。他还曾强调只有为了避免战争的风险，才应该"采取其他手段"，从而导致这种误解和扭曲更加严重。由于他反复强调了理想化的想法，门徒对他的曲解甚深。

在他的读者中，能够理解他的逻辑的微妙之处，或者在这样的哲学迷宫中仍不迷失方向的人，大概一百个之中也找不出一个。但每个人都可以记住他那些响亮的格言：

"我们在战争中只有一种手段，那就是战斗。"

"战争的长子是血腥地解决危机，消灭敌人的军队。"

"只有大规模全面作战才能带来伟大的结果。"

"切勿听取那些不流血就获胜的将军们的言论。"

克劳塞维茨不断重复这些话，使他本来就不太清楚的哲学变得更加模糊不清，变成了一首进行曲——一首普鲁士的《马赛曲》，使人热血沸腾，头脑也不再清醒。这样一来，克劳塞维茨的哲学教条，就只能够培养下士，而无法造就将军。按照他的教义，只有战斗才是"真正的军事活动"。于是，战略的荣耀被剥夺，战争艺术被简化为大量屠杀的技术。此外，这些话还煽动将军们一有机会就去寻求战斗，而不是首先创造有利的机会。

克劳塞维茨还曾做过下述常常被后人引用的论断，更证明了对于统帅艺术的衰落，他难辞其咎：

慈善家幻想有一种巧妙的方法，不用大量流血牺牲就能征服敌人、使其投降，认为那才是真正的战争艺术。这是一个必须消除的错误观念。

很明显，当他写下这些话时，他没有停下来思索，因为他所谴责的东西被所有兵法大师——包括拿破仑本人——一致认为是统帅之道的正确目标。

后来，许多只知一味强攻、白白造成伤亡的人，往往用克劳塞维茨的言论做借口，甚至还理直气壮。

克劳塞维茨始终强调数量优势的决定性作用，这更增加了他的理论的危险影响。但他也曾深刻地指出：

出其不意是一切行动的基础，若是没有它，要在决定性的地点上取得优势简直不可想象。

然而，他的门徒们仍然迷惑于他频频强调的数量优势，认为只要使用大量兵力就能取胜。

克劳塞维茨关于政治目的的理论

更糟糕的是，克劳塞维茨推崇"绝对"战争理念，宣称通往成功的道路只有一条——无限制地使用武力。因此，他在一开始就把战争定义为"国家政策在其他方面的延续"，但后来却造成了矛盾结局，使政策成为战略的奴隶，而且这种战略还是一种糟糕的战略。

这种趋势又因为他的下述格言而加剧：

在战争哲学中引入适度原则是极为荒谬的。战争是一种极端暴力的行为。

该宣言为现代全面战争的极端荒谬奠定了基础。他提出的无限制、不计任何成本地使用兵力，只适合那些因仇恨而疯狂的暴民。这和治国艺术以及明智的战略完全对立，因为合理的战略必须为政治目的服务。

如果诚如克劳塞维茨所说的那样，战争是政策的延续，那么在进行战争的时候就必须考虑到战后的利益。一个国家如果真的把自己的力量消耗殆尽，那么它的政策也会随之破产。

克劳塞维茨本人对他那条"无限制使用兵力"的原则曾有所限制。他承认"由于政治目标是战争的原始动机，因此在确定军事力量的目标和用兵量时，都应该以其为标准"。更重要的是，他曾指出追求极端逻辑意味着"手段将失去与目的的一切联系，在大多数情况下，想要使用最多的兵力是不可能的，其内部会产生阻力，妨碍这一目标的实现"。

他的经典著作《战争论》是一部经过 12 年深思熟虑的作品。如果他没有中年离世，有更多的时间来考虑战争问题，那么他有可能得出更明智清晰的结论。随着思考的深入，他的思想有所变化，正在形成与以往不同的、更深入的观点。遗憾的是，他在 1830 年因霍乱而离世，致使这一过程戛然而止。在克劳塞维茨死后，他的著作才由他的遗孀整理出版。这些文稿被密封在一些包中，其中有一句颇有预言意味的重要附注：

倘若我过早逝世，没能完成这项工作，那么现有的一切东西只能被称为一大堆没有成形的概念。它们必然会不断引起误解。

如果没有患上致命的霍乱，那么克劳塞维茨的言论也许不会对后世造成诸多不良影响。因为有明显的迹象表明，他的思想正在逐渐演变。他已经到达了一个关键点，快要放弃原有的"绝对"战争观念，并准备在更加合理的基础修改上他的整个理论。可惜就在这时，他却不幸离世。

结果，他的著作不仅遭到了"无尽的误解"，远远超出他的预期，而且其无限战争理论被普遍采用，甚至严重破坏了人类文明。后人没有透彻理解克劳塞维茨的教导就盲目地加以使用，其在很大程度上影响了第一次世界大战的起因和性质，也导致了第二次世界大战的爆发。

不断变化的理论——第一次世界大战后的军事理论

第一次世界大战的进程和结局，给人们提供了充足的理由来怀疑克劳塞维茨理论的有效性，至少应质疑他的继任者们的解释。在陆地上，各方曾经进行无数次战斗，但都未能产生决定性的结果。可是，那些为此负责的领袖却不能及时根据实际环境调整其目标，或是发展新的手段使目标更有可能实现。他们不去研究自己面临的现实问题，只知遵从克劳塞维茨的理论，力求通过会战夺取完全胜利，结果无节制地消耗自己的力量，甚至到了自取灭亡的极端程度，永远不可能彻底获胜。

结果，在战争中，一方虽然最终崩溃，但其主要是因为受到海上封锁，粮食不足，军民饥肠辘辘，并不是因为战役导致伤亡过重。当然，德军在1918年那场攻势中损失了大量兵力仍一无所获，导致士气低微，对取胜失去信心，加速了他们的崩溃。正是由于这一原因，协约国才最终获胜，但是他们在获胜时，无论在心理还是物质方面，也已经过度消耗了自己的力量，疲惫不堪，以致他们这些表面上的胜利者无法巩固他们的地位。

由此可见，这个理论无论在战术、战略还是政策方面，都存在一定的问题，或者至少在实际运用上有问题。在追求"理想"目标的过程中，他们遭受了惊人的损失，而且名义上的胜利者在战后筋疲力尽，这些都表明需要彻底重审政治目的和军事目标的问题。

除了这些负面原因，还有几个积极的因素促使我们进行新的研究调查。其中有一条是，在没有任何决定性海战的情况下，英国通过使用制海权封锁敌人的物资运输，使敌人在经济压力之下彻底崩溃，获得了决定性胜利。这又产生了一个问题：英国在这方面是否犯了一个基本错误？其抛开了自己的传统战略和优势，浪费许多兵力，付出惨痛的代价，试图在陆地上赢得决定性胜利。

此外还有两条理由。由于空军的日益发展，我们不必先"在战场上消灭敌人的主力"就能打击敌人的经济和精神中心。空军可以用间接手段达到直接目的，避开敌人的抵抗，而不必与其硬碰硬。

同时，汽油发动机和履带都在升级，为发展高机动性的机械化地面部队开拓了广阔的前景。这反过来又提供了一种新的可能，即不经过任何激烈的战斗就造成敌军主力崩溃——通过切断他们的补给线，扰乱他们的指挥体系，或者突袭他们的后方，给其造成纯粹的精神冲击，致其崩溃。这种新型的机械化地面部队和空中力量一样，尽管程度较低，但也可以直捣敌国的心脏和神经系统。

若说空军可以飞越敌人的防御，使用这种特殊形式的间接路线对敌人进行直接打击，坦克则可以在地面避开敌军的阻击，采取间接路线方法完成这种打击。我们可以用国际象棋作比：空军的走法就像"骑士"，而坦克装甲部队的走法则类似"后"。当然，这种类比并不能完全反映出它们各自的价值，因为空军不仅像"骑士"那样可以隔跳，而且还具有"后"的灵活性，可以向四方行进。另一方面，一支机械化的地面部队，虽然不能隔跳，却可以"占领"他所在的区域。

空军和机械化部队的发展，必将对军事目标以及未来战争的目的产生深远的影响。它们增强了对非军事目标——无论是在经济方面还是精神方面——采取军事行动的能力，并使行动的效力加强。同时，它们也扩大了针对军事目标的军事行动的活动范围，通过使敌军陷入瘫痪，而不是通过激烈的战斗，给予敌军重创。比起通过硬战消灭敌军，采取使陷入敌军瘫痪的方式来削弱敌人的抵抗力更加节约兵力，因为硬战不仅非常耗时，代价也更大。空军除了能够避开敌军的阻拦，对敌国内部的非军事目标进行打击，还为解除敌人的武装抵抗提供了新可能。

地面和空中力量的机动性都在不断增强。二者的效果综合起来，使得战略相对于战术而言，具有更大的力量和重要性。在未来的战争中，高级指挥官与其前辈不同，将有望通过运动而不是战斗来取得决定性的结果。

当然，赢得决定性会战的价值也并不会消失，实际上，由于新的机动力量的出现，取得决定性胜利的机会还会增加。但是，这种会战与传统的会战相比，在形式上大大不同，更像是战略迂回行动的自然后果。因此，把这种自然产生的作战行动称为"会战"并不准确，名不符实。

不幸的是，在第一次世界大战后，各国的军事领袖对此反应迟钝，没有意识到由于战争工具和作战条件已经发生了变化，军事目标也应该有一个新的定义。

更不幸的是，那些空军将领一心要维持他们的独立地位，因此思想过于狭隘，只想打击非军事目标，而不考虑这样做的局限性及危害。他们对自己所属的新军种非常乐观，过分自信地认为，空军的打击足以迅速使敌国的军民精神崩溃，或者产生更强的效力，像海军那样以经济封锁的办法绞杀敌人，更快地取得决定性胜利。

第二次世界大战的实践

第二次世界大战爆发时，为数不多的新型机械化陆军部队不负众望，出色地完成了任务。例如，他们对敌人后方远处的战略目标发动突袭，发挥了决定性作用。

德军仅用了六个这样的师，就在几周内彻底占领了波兰。此外，还没有等到陆军的主力投入战斗，德军就用十个此类的师决定了所谓"法兰西战役"的结局。接着，西欧各国几乎都逃不过崩溃的下场。只用了仅仅一个月的时间，德军就完全征服了西欧，而且付出的代价小得惊人。以克劳塞维茨的观点看来，德军流的血很少，且即使到了决定性阶段，其伤亡也是微不足道。

针对军事目标发动袭击，德军能够快速大获全胜，主要原因是战略机动迂回，而不是战术机动。

此外，德军在深入推进的过程中，不仅切断了敌军的交通路线，扰乱了其控制系统，而且也动摇了敌方人民的士气，破坏了其民事组织。这两种效果很难分开。因此，至少部分地证明了，对于非军事目标采取行动，效果很明显。

1941 年 4 月，德军征服巴尔干半岛，行动更为迅速。这又一次表明，战争中的新型工具以及其战略应用，对敌人有着明显的瘫痪效果。相比之下，"会战"这种手段的作用微不足道，因而用"毁灭敌军"来描述取得决定性胜利的方式是不恰当的。

德军在入侵苏联时，尝试了一种略有不同的方法。许多德军将领，尤其是总参谋长哈尔德，抱怨希特勒过于重视经济目标而不是军事目标。但是倘若仔细分析希特勒下达的命令和这些将领的证词，这一说法并不成立。虽然希特勒认为打击经济目标更有效，但很明显，在1941年战役的关键时期，他顺应了总参谋部的意见，以会战为首要目标。然而，将目标改为追求会战后，德军虽然获得了几次辉煌的胜利，消灭了大批苏军，但并没能取得决定性胜利。

那么，专注于打击经济目标是否更容易取得决定性成果呢？这一问题至今无解。一些最杰出的德军将领经过反思，认为他们之所以未能征服苏联，是因为他们试图以"传统"方式赢得会战，而不是快速推进，直捣莫斯科和列宁格勒这类政治和经济中心。事实上，当时机械化机动战争新学派的代表人物古德里安曾提出过这一意见。可是，在这个关键问题上，希特勒站在了正统派一边。

在一连串的闪电战中，德国空军同地面的机械化部队相配合，使敌军和敌国陷入瘫痪，在精神上逐渐崩溃。其效果非常惊人，和装甲部队的重要性不相上下。二者不可分割，同等重要，共同造就了这种新型战争——闪电战。

在战争后期，英美两国的空军对同盟国的陆军和海军的成功做出了更大的贡献。首先，正是由于空军的力量，同盟国军队才能在欧洲大陆成功登陆，并发动进攻，夺取胜利。他们对德国军事目标的轰炸，特别是对德军的交通线的破坏，严重削弱了德军反击的力量，产生了决定性的影响。

可是，空军在配合地面部队作战时，远不如他们独自行动，打击敌国的非军事目标，也就是敌国的工业中心时那么热情。他们的目的是对敌国的经济和精神形成直接的打击，认为这样与联合作战攻击敌人的武装力量相比，收效更大，也能更快取得决定性的成果。

尽管空军参谋部称之为"战略轰炸"，但这个术语实际上并不恰当，因为这样的目标和行动属于大战略的范畴，所以更合适的说法是"大战略层面的轰炸"。或者，如果嫌这个术语冗长，也可叫做"工业轰炸"，这个术语既涵盖了精神影响，也体现了经济影响。

尽管进行了详细的调查，但仍然很难评估这种轰炸对胜利做出了多大贡献。因为在评判这些轰炸的作用时，各派看法不同，有些人赞同，有些人完全反对，影响了客观评价。除了由此产生的迷雾，还有许多因素无法进行估计。而空中轰炸中存在的这些因素，比其他任何军事行动都要多，所以几乎不可能得出正确的评判。

但似乎可以肯定的是，即使持相当乐观的看法，空军对于工业目标进行轰炸，效果也不如打击战略目标的行动那样具有决定性。在任何情况下，其决定性都没有那么明显。此外，在战争的各个阶段，其产生的效果都远低于指挥者的预期。

更为明显的是，工业轰炸还严重影响了战后的恢复。除了造成了大规模的破坏，难以修复，还产生了许多表面上不太明显却在很长时间内都难以消除的社会和精神影响。这种行动对于基础比较薄弱的文明社会来说，毫无疑问构成了极大危险。而且，原子弹出现后，这种危险更加严重。

在此，我们要谈一谈战略与大战略之间的根本区别。战略只关心赢得军事胜利的问题，而大战略则必须看得更远，因为它的任务是赢得稳定的战后和平。这样并非本末倒置，并不是说要把"车"放在"马"的前面，而是要弄清楚"马"和"车"要到何处去。

对非军事目标发动空袭是大战略层面上的行动。正因这个原因，其受到了质疑。从其本身的性质来看，非军事目标不应该遭到轰炸。即使这些目标可能对战争胜负具有决定性作用，将其当作军事目标轰炸也是很不合理的。

对理论的进一步修正

要想修正某种理论，使其达到更好的平衡，最好先对其背景有所了解。据我所知，在第一次世界大战后，我应该是第一个重新审视战争目的的人，批判分析了从克劳塞维茨那里流传下来的主流学说。我在军事刊物上发表了几篇文章后，在 1925 年又专门写了一本书，名为《巴黎，或战争的未来》，更全面地论述了这一问题。

在这本小书中，我在开篇就对第一次世界大战所追求的正统目标——"在战场上消灭敌人的主力"——提出了批评，指出其导致双方消耗殆尽，但不能取得决定性结果。接着，我强调了"精神目标"的重要性，并且指明了两点：一是一支装甲部队可以对敌军的致命弱点，即构成敌人神经系统的交通枢纽和指挥部，给予决定性的打击；二是除了在战略行动中配合其他军种作战，空军还可以对敌国的神经系统，即其工业中心实施决定性打击。

两年后，英国第一支实验性机械化部队成立时，总参谋部规定将我的那本书作为教材，供军官们学习。空军参谋部更充分地利用了那本书——这一点也不奇怪，因为当时有关空中战略的教科书非常匮乏，而且那本书的观点也与他们的发展趋势相符。于是，空军参谋长将那本书分发给了其他参谋。

经过长时间反思后，我认为有必要修正我在 25 年前所写的内容，当时的看法的确存在一些错误。毕竟，在调节平衡时，一个人很容易向另一侧过度倾斜。1928 年，劳伦斯曾给我写过一封信，就这一问题进行讨论：

克劳塞维茨的逻辑体系太过完全，容易把他的门徒们引入歧途，至少对于那些只愿意用手打仗而不愿意用腿跑动的人来说的确如此……在经历了上一场疯狂的战争后，你现在想凭一己之力矫正前人的错误，那些职业军人却对你少有帮助。可是，当你成功以后（也许在 1945 年左右），你的追随者又将越过你所规定的那些界线，而后来的战略家又会把他们赶回去。我们就是这样，曲折前进。

在 1925 年，我过分夸大了使用空军打击非军事目标的益处，不过我也强调了这样一种方式的危害，并指出在执行时要"尽可能将永久性伤害降到最低，因为今日的敌人，也许明天就会成为我们的顾客，未来甚至会是我们的盟友"。我当时坚信，"与现在的长期战争相比，决定性的空袭对战败国的消耗更少，造成的总体损失也更小，可以使其在战后更快恢复"。

在进一步的研究中，我逐渐意识到，对工业中心的空袭不太可能立即产生决定性的影响，而是会导致另一场新形式的、旷日持久的消耗战。与一战的形式相比，伤亡或许更少，但破坏力更强。但是，当我指出这一点后，空军方面却不太接受。他们更喜欢未修正前的结论！他们仍然坚信可以快速产生决定性结果，而当战争经验迫使他们放弃这种信念时，他们不再寄希望于工业轰炸，而是像第一次世界大战中的陆军参谋部那样，狂热地想要消灭敌军。

然而，认识到对非军事性目标进行轰炸存在缺点和弊端，并不意味着要重新把"会战"当作主要目标。克劳塞维茨公式的缺点在第一次世界大战中已经充分显现。相比之下，第二次世界大战却证明，针对军事目标采取间接路线行动，或者说是战略性行动，具有新的可能性，可以得到颇多益处，充分证实了我们在这方面的预测。甚至在过去，尽管那时的战争工具很有限，一些伟大的统帅也曾有效地实施过此类行动。而在现代，由于出现了新的作战工具，这种间接路线行动就更具决定性意义，尽管战术抵抗的力量也增强了。军队具有了新的机动性，因而也更灵活，可以迅速改变进攻方向，对敌人造成威胁，这样就"解除"了敌人的抵抗。

现在，根据近来的经验和目前的条件，是时候重新修正有关目的或军事目标的理论了。这项工作最好能以海陆空三军联合作战为基础，得出一致同意的解决方案——因为目前的多种军事学说存在着严重的分歧。

我希望，在讨论这个问题的过程中，我们已经对于如何修正理论有了大概的想法，使其与现代条件和认知相适应。关键是"战略行动"而不是"会战"。"会战"这个术语早已过时。会战可能仍会发生，但不应被视作目的。在此我要重述一个结论，其正确性在第二次世界大战中得到了充分印证：

真正的目的与其说是寻求会战，不如说是寻求一种战略形势，这种战略形势极为有利，以至于如果其本身不能产生决定性结果，那么紧接着再进行一场会战，就一定能获得这种结果。

第二十二章

大战略

本书研究的是战略，而不是大战略或战争政策。想要适当地研究这个更宽广的主题，不仅需要花更多的笔墨，而且要另写一册本单独讨论。因为虽然战略应受到大战略的控制，但大战略的原则通常与战略的主流原则恰恰相反。不过，正是由于这个原因，本书有必要在此章之中，对大战略研究的深层结论做一些说明。

战争的目的是获得更好的和平——即使只是从你的立场上看起来更好。因此，在进行战争时，必须时刻想到你所渴望的和平。这就是克劳塞维茨将战争定义为"以其他方式延续政策"的真正意思。必须始终记得，战争是为了将政策延续到战后的和平中。若一个国家在战争中耗尽全力，那么便会使自己的政策和未来通通破产。

如果你只专注于取胜而不考虑后果，你可能会精疲力竭，无法从战后的和平中获益。而且几乎可以肯定的是，倘若如此，战后的和平也将会很糟糕，蕴藏再次爆发战争的风险。历史经验充分证明了这一点。

倘若战争由多国联合进行，那么危险会变得更大。因为在这种情况下，取得彻底的胜利后，各国不可避免地要瓜分战果，这使得问题更加复杂。能否公平明智地分割利益，决定了战后的和平是否稳定。当敌人被打败后，若胜利者的胃口不受控制，盟友之间的利益冲突就无法避免。这种矛盾很容易变得非常尖锐，以至于使"患难之交"翻脸，相互仇视，在下一场战争中成为敌人。

这又引出了一个更深和更广的问题。盟友之间，特别是当各方力量不平衡时，强者总会想要兼并弱者，很容易产生摩擦。在历史长河之中，这种例子不在少数。可是，历史也告诉我们，虽然小集团并入大集团是一种自然趋势，但如果使用武力加速这一进程，那么建立广泛政治同盟的计划往往会破产。

此外，在理想主义者看来，下述事实可能有些令人遗憾：历史的经验证明，结盟，或者说形成统一体，并不会带来真正的进步，也不能保障真正的自由。因为要是盟友之间思想统一，这种统一往往会导致思想僵化，不利于新思想的发展。而如果这种统一是强行形成的，盟友之间意见并不一致，那么同盟迟早会四分五裂。

活力源于多样性。相互容忍才能取得真正的进步。我们已经认识到，试图压制异议可能比接受差异更糟糕。因此，当达成力量平衡，各方可以相互制衡时，就最有希望产生有助于进步的和平。无论是在国内政治方面，还是在国际关系方面，都是如此。

在国内政治方面，英国的两党制度，虽然在理论上存在诸多缺点，但它延续了数百年之久，充分证明了比起他国的体制，两党制度具有实际的优越性。在国际关系方面，只要力量平衡仍未被打破，"使各方力量保持平衡"就是一个合理的理论。不过，欧洲的力量平衡很难维系，因而常常会引发战争。于是，人们迫切地需要找到一种保持稳定的解决方案，要么实行兼并，要么组建联盟。组建联盟更有希望，因为彼此之间会合作，能够促进发展，而兼并则容易产生一方垄断权力的局面。历史多次证明，任何权力垄断都会导致腐败。正如阿克顿勋爵的名言一样："一切权力都会滋生腐败，绝对权力会滋生绝对腐败。"即使是组建联盟也难以避免这种危险。因此，必须特别注意保证各方相互制约和力量平衡，以避免这种自然后果的产生。

在整个历史背景下研究大战略，还可以得出另一个结论：从实际来看，一般的战略理论必须适当修改，以适应一个国家的基本政治性质。侵略征服型国家和保守防御型国家的目的有着本质的不同，采取的方法也必然不同。

考虑到这种差异，我们可以很明显地发现，第十九章所概述的那种纯粹的战略理论，只适合侵略征服型国家。对于只求守住自己的领土，只想保障自己的安全并维持现有生活方式的国家来说，他们必须对那种理论进行相应的修正。侵略型国家天生就不满足，总想通过赢得胜利来达到目的，因而不惜冒更大的风险发动战争。而防御型国家的情况则完全不同，他们只要让侵略者相信"这场行动得不偿失"，诱使侵略者放弃征服的企图，就达到了自己的目的。换言之，挫败侵略者的胜利企图，防御型国家就获得了胜利。由于侵略者总是贪多，他们往往会自讨苦吃，将自己消耗殆尽，以致无法抵挡其他敌人，或者由于过度扩张而无法克服内部危机，导致最终无法达成目的。在战争中，因为自己将自己搞得筋疲力尽而败亡的国家，比因外部进攻而败亡的国家要多得多。

通过权衡这些因素，可以看出，防御型国家需要找到一种战略，这种战略能够以最节省力量的方式实现其有限目标，使其在现在和将来都能够抵御外来的侵略。乍一看，似乎纯粹的防御就是最经济的方法，但这就意味着要采取静态防御。然而历史经验警示我们，依赖这种方法十分危险。想要既经济用兵，又产生最强的威慑效果，最好采用防御性进攻方法，使用高度机动的部队快速进行反击。

东罗马帝国就是这样一个例证。该国通过深思熟虑，采取积极防御的战略作为战争政策的基础。东罗马帝国的国祚如此绵长，大概正是因为这种战略。英国也是一个例子。从 16 世纪到 19 世纪，英国以海权为基础，在各次战争中都采取这种战略，尽管这可能更多是出于本能而非理智计算。在这段时期的战争中，英国的国力随着其成长而不断提高，但其敌国却因为狂热地追求彻底胜利，过度消耗了自身力量而接连崩溃。这个事实充分证明了这种战略的价值。

一长串破坏性战争（特别是"三十年战争"），使得参战国纷纷筋疲力尽。因此，到了 18 世纪，政治家们终于认识到，要想达到目的，就必须在战争中抑制自己的野心和欲望。一方面，这种认识使得参战方采取有限的军事行动，避免损害战后的恢复与发展。另一方面，这使各方在意识到胜利无望时，更愿意进行和平谈判。他们的野心和激情常常让他们走得太远，以至于战争结束重归和平后，他们发现国家变弱了——但他们已经学会了在国力衰竭之前停下。所以，最令人满意的和平解决办法，即使是对于较强的一方来说，也是通过和平谈判而不是通过进行决定性军事行动得来的。

这种有限战争的教育，一直在持续进行，但后来被法国大革命突然打断，因为法国大革命使得那些在管理国家方面仍是新手的人上台执政。法国的督政府，以及后来接管政权的拿破仑，在长达 20 年的时间内，为了追求持久的和平，一次又一次地作战。他们从未实现目标，反倒使自身消耗殆尽，最终崩溃。

拿破仑帝国的崩溃，再度证明了旧有教训的正确性。但是，由于拿破仑在彻底失败前曾取得辉煌的胜利，后人未能充分吸取这个教训。到第一次世界大战期间，人们已然忘记了这个教训，所以重蹈覆辙。然而，即使在第一次世界大战中损失惨重，到第二次世界大战时，政治家们也并没有变得更明智。

虽然战争本身就违背理性，是在谈判未能达成一致同意的情况下使用武力解决问题的一种方式，但若想实现战争的目的，在作战时就必须用理性控制行动。原因如下：

1. 战斗虽然是一种物质行为，但是指导它的却是智力因素。你的战略越高明，你就越容易占上风，付出的代价也就越少。

2. 相反，你浪费的力量越多，战局就越有可能逆转，使你处于不利地位。即使你最终赢得了胜利，由于你力量耗尽，你在战后也无法从和平中获益。

3. 你使用的方法越残酷，就会使你的敌人越仇恨你，结果自然会使其意志更加坚定，抵抗更加顽强，加大了你面临的阻力。因此，双方越是势均力敌，就越应该明智地避免极端的暴力行为，否则往往会使敌国的军民团结一心，坚定地与其领导人站在一起。

4. 你越是试图通过征服来获得你所希望的和平，你招致的麻烦也就越多，前行的阻力就越大。

5. 即使你实现了军事目标，你向战败方提出的要求越多，你遇到的麻烦也就越多，对方就越有可能奋起反抗。

武力是一个恶性循环，或者更确切地说，是一个螺旋，因此要对武力进行最仔细的计算，避免过度使用。战争爆发固然是因为理性丧失，但在战争的各个阶段，都必须用理性约束自己的行为。

战斗的本能是在战场上取得成功的必要条件，不过即使在这种情况下，能保持冷静和理性的人，也比冲动好斗的人更有优势。倘若一个政治家屈服于好斗的本能，无法保持理性克制，那么他便不适合掌管一个国家的命运。

　　真正意义上的胜利是，在战后，和平的状态和人民的生活都比战前更好。想要获得这样的胜利，办法只有两个：要么迅速取得决定性胜利，要么根据国家资源情况经济用兵，进行持久战。目的必须与手段相适应。如果无望夺取这样一种胜利，那么睿智的政治家绝不会错过任何和平谈判的机会。在僵局之中媾和，或者双方都认为彼此实力相当而媾和，比起在两败俱伤之后和谈，实在要好得多。这样产生的和平可能更加长久稳定。

　　比起为了获得胜利而在战争中将自己消耗殆尽，为了维护和平而冒险进行战争相对更明智。这一结论虽与常规观念相悖，却得到了历史经验的印证。只有当你确信有望取得好结果时，坚持作战才有意义。也就是说，只有战后的和平能够弥补人们在战争中所遭受的损失和痛苦时，才应该继续作战。若深入研究过去的经验，就可以得出这样一个结论：如果交战国能利用休战的时期进行谈判，而不是一味追求胜利，也许反而更接近自己的目的。

　　历史还表明，在许多情况下，如果参战国的政治家们能对心理因素有更深刻的理解，在进行和谈试探时，他们就更有望缔结一个有利的和平条约。但大部分情况下，政治家们就像是在家里争吵一样，每一方都害怕表现出软弱，从而不愿让步。结果，即使其中一方递出妥协的信号，也常常采用强硬的语言，导致对方迟迟不接受。这种拒绝既源于骄傲和固执，也是将对方的态度误解为示弱。但这可能只不过是理智回归的表现罢了。这样一来，他们就错过了最佳的媾和时机，战争继续进行，最终两败俱伤。只要双方还要在同一个星球上继续生活，坚持作战就几乎没有任何好处。对于现代战争来说更是如此，因为工业化已经使各国的命运紧密相连。政治家在追逐"胜利的幻影"时，永远不应忘记战后的恢复和发展。

　　当双方势均力敌，任何一方都难以迅速取胜时，明智的政治家会借鉴战略心理学，充分利用心理因素。战略的一个基本原则是，如果你发现你的敌人处于强势地位，硬碰硬会付出巨大代价，那么你就应该给他留一条退路——这是削弱敌人抵抗力的最快方法。同样，这也应该成为一项政策原则，尤其是在战争中，要为你的敌人搭一架梯子，方便他爬下去。

这里又出现了一个新问题：由于上述结论是通过研究所谓文明国家间的战争而得出的，它对于纯粹掠夺性的战争（例如野蛮民族进犯罗马帝国），或既有宗教目的又有掠夺目的的战争（狂热的穆斯林所发动的那些战争），是否也适用呢？在这种类型的战争中，通过谈判订立的和约比平常的更不可靠。（历史经验充分证明，国家之间很少守信用，除非他们的承诺与他们利益攸关。）但是，一个国家越是轻视道德义务，就越重视物质力量。因此，强大的力量足以形成震慑，防止对方轻率挑衅。这和人与人之间的关系是一样的。霸凌者或劫匪往往不敢轻易挑战力量和他们相当的人，遇到更强大的对手时更是如此，而若是遇到善良可欺者，便肆无忌惮。

对于侵略型的人或国家，如果想收买他们，或者用现代的话来说，想以"安抚"的办法应对，那实在是太愚蠢了。这种做法只会助长他们的贪婪，使他们的要求越来越过分。但是，侵略者是可以被威慑的。他们欺软怕硬，因而遇到比自己更强大的对手时，总会心生畏惧，不敢轻举妄动。这样就在一定程度上制约了他们。然而，如果面对的是狂热的宗教信徒，他们为了信仰而战，这种威慑可能就会失效。

对于那些嗜好掠夺的人，虽然很难与他们达成真正的和平，但是诱使他们接受休战状态却相对容易。这比起尝试彻底消灭他们要省力得多。因为一旦你试图消灭他们，他们就会像所有人类一样，在陷入绝境时拼命反抗。

　　历史上有众多案例证明，许多文明国家的崩溃通常不是由于外敌的直接入侵，而是因为自身的衰败和战争的消耗。悬而未决的状态固然难以忍受，甚至有可能使国家或个人走上自杀的道路，但是，比起为了追求"胜利的幻影"而耗尽力量，悬而未决还是较好一些。此外，暂时休战也有助于恢复和增强实力，但同时也必须保持高度警惕，随时准备继续作战。

　　然而，爱好和平也容易给国家招致不必要的危险。这是因为与侵略型国家不同，一旦被激怒作战，这些国家往往更容易走极端，誓要将战争进行到底。对于侵略型国家来说，发动战争是获取利益的一种手段，因此一旦发现敌人过于强大，难以轻易征服，他们常常会停止行动。但那些被感情驱使而不受理智支配的战士，最初可能是被迫参战，可随着战争的深入，反而变得坚决要战斗到底，因此，他们即使没有直接失败，也常常达不到自己的目的。因为野蛮的精神只有在停战时才能被削弱，而战争会使其变得更强，如同火上浇油。

第二十三章

游击战

30 年前，在为我自己的一本书作序时，我创造了一句格言：
"如果你渴望和平，就必须理解战争。"在我看来，这句格言合理
修正了一句古老而过于简单的格言，即"若希望和平，必须准备战
争"。"准备战争"不但往往会挑起战争，而且会让人们错误地重复
使用过时的战争方法，忽视了环境条件的根本变化。

在核时代，我那句修正后的格言可能应该再扩展，但不像一些
人所想的那样，仅仅在"战争"前加上"核"字那么简单。因为如
果现存的核武器被投入使用，而不仅仅是发挥威慑作用，那么将会
导致"混乱"而不是战争。战争是有组织的行动，不可能在混乱的
状态下持续进行。然而，核威慑无法震慑形式更微妙的侵略活动，
而且正因如此，它往往还会刺激和鼓励这种侵略的发生。因此，现
在我的格言有必要扩展为："如果你想要和平，就要理解战争，尤
其是游击战和颠覆形式的战争。"

在 20 世纪的斗争中，游击战比以往任何时候都更加重要，而
且也仅在这个世纪，它才在西方军事理论中得到更多的关注——尽
管在更早的时期，非正规部队的武装行动也时常发生。克劳塞维茨

在他的巨著《战争论》中用了很短的一章来讨论这个问题，在第六卷（讨论"防御"的各个方面）第三十章的结尾部分。他把"武装人民"视为抵抗侵略者的防御措施，阐述了其成功的基本条件及其局限性，但没有讨论其中涉及的政治问题。他也没有提到在那个时代的战争中最引人注目的游击战事例，即西班牙人民对拿破仑军队的抵抗。正因该事件，"游击"一词才成了军事术语。

一个世纪后，阿拉伯的劳伦斯在《智慧的七柱》中，对这一主题进行了更广泛深刻的论述。他对游击战理论的分析堪称杰作，他尤其关注游击战的进攻价值，这些来源于他在阿拉伯起义中的经验和反思。这场起义既是阿拉伯人民反抗土耳其的民族解放斗争，也是协约国军队对土耳其作战的一部分。在第一次世界大战期间，游击战仅在中东的这场外围战役中发挥了重要作用，在欧洲战场上没有起到什么效果。

然而，在第二次世界大战中，游击战非常普遍，几乎随处可见。在所有被德国侵占的欧洲国家，以及大多数被日本侵占的远东国家，游击战如火如荼地发展起来。它的发展在很大程度上可以追溯到劳伦斯给人留下的深刻印象，特别是给丘吉尔留下的印象。1940 年，德军占领法国，使英国陷入孤立，丘吉尔在战争政策中提到了应利用游击战作为反击武器。英国设立了专门的组织，在希特勒试图实施"新秩序"的地方煽动和扶持"抵抗运动"。随着希特勒征服了一系列地区，以及日本作为轴心国参战，游击战在越来越多的地区爆发，成功程度各不相同。其中最有效的是在南斯拉夫，铁托领导克罗地亚共产主义游击队取得了重大成就。

自那以后，游击战和颠覆战的结合在东南亚地区和世界其他地方越发成功：从非洲的阿尔及利亚开始，再到塞浦路斯，以及大西洋彼岸的古巴。这种战争形式可能会继续下去，因为它们与现代的条件相匹配，同时也可以充分利用社会不满、种族纠纷和民族主义者的狂热。

随着核武器威力的增强，特别是 1954 年热核氢弹的出现，以及同一时期美国政府决定采取"大规模报复"的政策和战略以威慑各种侵略，游击战争和颠覆战争得到了进一步发展。副总统尼克松随后宣布："我们采取了一项新原则。为了不让世界各地使用小规模战争将我们蚕食致死，我们将在未来依靠大规模的机动力量进行报复。"这一威胁实在荒谬，竟想用核武器来遏制游击队的发展，这就好比说要用大锤来驱赶一群蚊子一样。这项政策很不合理，只会刺激和鼓励各种侵蚀性的战争形式，而核武器无法威慑和阻止它们。

后果很容易预见，但艾森豪威尔总统和他的顾问们在采取所谓"新面貌"并决定依靠"大规模报复"时，毫无察觉。为了证明这一点，最简单的方法就是简要重述他们在当时所受到的批评。

我们现在需要澄清的最紧迫、最根本的问题，是所谓"新面貌"军事政策和战略。这个至关重要的问题与氢弹的出现密切相关。在某种程度上，氢弹降低了全面战争的可能性，但增加了大范围局部侵略引发有限战争的可能性。当被侵略者仍在犹豫是否要使用氢弹或原子弹进行反击时，侵略者可以利用各种技术取得进展。

他们的速度可能有限，逐渐侵蚀；推进的深度可能有限，但是每次都快速咬下一小块，很快就能逼迫敌人请求和谈；密度可能有限，却像无形的蒸汽般多点渗透。总之，氢弹的发展削弱了我们抵抗侵略的力量。这一后果非常严重。

现在，为了"遏制"这种威胁，我们变得更加依赖"常规武器"。然而这一结论并不意味着我们必须回归传统的作战方法。恰恰相反，我们应该与时俱进，想出新的作战方法。

我们已经进入了新的战略时代。这个时代和那些提倡空中核力量建设的人所想象的非常不同，即便在旧时代他们还称得上是"革新者"。现在，我们的敌人采取的战略是双管齐下：一方面躲避优势空中力量的袭击，一方面想办法回击使之瘫痪。讽刺的是，我们研究出的轰炸武器越具有大规模杀伤力，就越促进了这种游击型战略的发展和进步。

我们必须清楚地理解这一点才能更好地制定自己的战略。我们的军事政策也需要相应地调整。如果充分理解了敌人的战略，我们就有机会成功制定出有效的反击战略。

比起迄今为止的正规战争，谚语"预先警告就是预先武装"更适用于游击战争和颠覆性战争。要想为这类战争做好准备，则必须了解其理论和历史经验，清楚正在发生或可能发生的特殊情况。

游击战争必须永远是动态的，必须保持势头。静态间歇，比起常规战争，更不利于游击战的成功，因为这种间歇能使敌人加强对国家的控制，使其部队得到休息，同时也抑制了人民加入或帮助游击队的热情。静态防御不适用于游击战争，此外除了暂时埋伏，游击战也不可能有固定的防御阵地。

游击行动与正常的战争实践相反，在战略上努力避免会战，在战术上避免任何可能造成损失的战斗。战斗不同于伏击，在战斗中最好的领袖和士兵很可能牺牲，使游击队的总体力量锐减、斗志熄灭，导致整个运动陷入瘫痪。用"打了就跑"一词来形容会更好，但也稍显笼统。因为比起一些大规模的袭击，多次小规模的袭击和威胁会产生更大的影响，可以更加分散敌人的兵力，干扰敌人行动和打击其士气，同时也能够给更多人民留下印象。游击运动能够取得进展，一个基本秘密就是其既无处不在又行踪不定。因此，"轻轻打了就跑"往往是最佳的进攻方式，可以诱敌进入埋伏圈。

游击战也颠覆了正统战争的一个主要原则，即"集中"原则——对双方来说都是如此。分散是游击队生存和成功的必要条件。游击队永远不应集中在一起，给敌人一网打尽的机会，因此只能分成多个小组行动，但在某些时候可能会像水银球一样瞬间聚结，夺取防守薄弱的目标。对于游击队来说，"集中"原则必须被"兵力流动"原则所取代。正规军在面临核武器轰炸的威胁时，也必须采取和适当修改"兵力流动"原则。对于反游击队的一方来说，分散也是必要的，因为游击队像蚊子一样敏捷，集中兵力对付他们毫无作用。想要毁灭它们，就必须在尽可能大的范围内撑起一张细密而结实的捕蚊网。网覆盖的范围越广，反游击的效果就越好。

空间与兵力的比例是游击战的关键因素。劳伦斯关于阿拉伯起义的数学计算生动地证明了这一点：想要扼杀这场起义，土耳其人需要"每4平方英里设1个防御哨所，并且1个哨所不能少于20人驻守"，他们总共需要60万人，而他们只有10万人可用。所以劳伦斯说道："我们势必会成功。只要清楚空间和兵力的比例，我们就可以用纸和笔来算出成败。"这样的计算虽然过于简化，却体现了一个普遍的真理。空间与兵力的比例是一个基本因素，但地形条件、双方的相对机动性及相对士气状况，都会影响最后的结果。对于游击队来说，崎岖不平或森林密布的地区最有利，而随着机械化地面部队和飞机的发展，沙漠的价值已经下降。城市地区有利也有弊，但是总的来说不利于游击战争，不过它是进行颠覆活动的理想场所。

虽然对游击队来说，崎岖不平和林木茂盛的地区最安全，也便于发动奇袭，但也并非完全有利。这种地区往往难以运输补给，并远离关键目标。这些目标不仅包括敌军的弱点——特别是敌军的交通线，而且包括可以争取的人民。游击运动若把安全放在第一位，那么很快就会消亡。其战略目的应是使敌人在物质和精神上过度延伸。

空间与力量之比代表了数学和地理因素，但它们又不能与心理和政治因素分开。因为游击运动的前景和进展取决于战区的人民的态度，取决于他们是否愿意向游击队提供情报和物资，并不向敌人透露游击队的消息和行踪，帮助游击队藏身。游击行动成功的首要条件是敌人必须被"蒙在鼓里"，而游击队则能够高度了解当地情况，并获取关于敌人的部署和行动的可靠情报。这些条件非常重要，为了保障安全和发动奇袭，游击队的行动必须主要在夜间进行。他们获得情报的详细程度及速度，取决于当地居民在多大程度上支持他们。

在游击战中，实际参与作战的人数很少，但其需要依靠多数人的支持。虽然游击战本身是最个体化的作战形式，但只有在得到大众的集体支持时，才能有效运作并达到目的。因此，如果游击战能够充分利用群众抵抗外来侵略的呼吁、争取民族独立的渴望和对社会经济的不满，从而在更广阔的意义上成为一种革命，其往往会发挥出最大的效力。

在过去，游击战是弱者的武器，因此主要是防御性的，但在核时代，它逐渐发展成为一种侵略形式，适合利用核僵局。因此，"冷战"的概念已经过时，应该改称为"伪装战争"。

然而，这个宽泛的结论引出了一个更深刻的问题。对于西方国家的政治家和战略家来说，明智的做法是"以史为鉴"，在制定对抗这种战争的战略时，避免再犯过去的错误。

这种战争在过去20年间大规模扩展，在很大程度上是因为丘吉尔的战争政策。在他的领导下，英国政府为了对抗德军，于1940

年开始在德军占领的地区煽动和支持民众起义。这一政策后来扩展到远东以对付日本人。

这项政策得到了大多数人的热烈拥护和支持。当时，德国的征服浪潮已经席卷了欧洲的大部分地区，这似乎是动摇希特勒控制的唯一途径。这条路线也正合丘吉尔的思想和性情：他除了天性好战，一心只想打败希特勒而不顾后果，还和劳伦斯私交甚笃，并一直崇拜着劳伦斯。现在，他意识到时机已经出现，可以把劳伦斯在有限的阿拉伯地区使用的方法，引入欧洲进行大规模实践。

在那时，若有人质疑这一政策，可能会被视为缺乏决断力甚至被认为不爱国，因此即使有人认为该政策不利于欧洲在战后复兴，也几乎没有人敢质疑。在战争中，人们一边做着恶事，一边却希望能够产生好的结果，若要分辨是非，必然会动摇作战决心。此外，谨慎小心的路线在战斗中通常是一种错误，却常常被人们所采用；然而，在更高的战争政策层面，谨慎小心的路线往往不受欢迎，但事实上却是明智的。在战争的狂热中，公众渴望采取最激烈的措施，而不顾这些措施的后果。

那么结果如何呢？武装抵抗力量无疑给德军造成了相当大的压力。在西欧，尤其是法国，这种压力表现尤为明显。另外，他们也对德国在东欧和巴尔干半岛的交通构成了严重威胁。德军指挥官的表现充分证明了其效果。就像爱尔兰动乱期间的英国指挥官一样，德军指挥官敏锐地感受到了游击队的威胁，并因此疲惫不堪——游击队受到民众的支持和保护，可以突然发起袭击。

但是，仔细分析这些后方战役可以发现，游击队若想发挥效力，离不开正规军的作战。若没有强大的正规军发起攻势，正面牵制敌人主力并消耗敌人的预备队，对敌人构成迫在眉睫的威胁，游击队至多只能起到一点无关紧要的干扰作用罢了。

在其他时候，游击行动不如广泛的消极抵抗有效，并给本国人民带来了更大的伤害。他们会激怒敌人，使敌人将其损失加倍奉还，给敌军提供了实施暴行的机会，使其驻军得以发泄愤怒。游击队挑起的报复，使得本国人民直接和间接地遭受了巨大的物质损失，颇为痛苦，阻碍了国家在战后的重建与复兴。

但最大的障碍，也是最持久的障碍，来自精神层面。武装抵抗运动吸引了许多恶棍，允许他们放纵恶习，并打着爱国主义的旗号报私仇。正如约翰逊博士的名言，"爱国主义是恶棍最后的避难所"。更糟糕的是，它对整个年轻一代产生了不良影响。在与敌人的斗争中，年轻一代习惯了藐视权威，违背道德准则，以致在入侵者离开后，他们也不再尊重法律和秩序。

比起正规战争，暴力在非正规战争中扎根更深。在正规战争中，参战人员由于需要服从权威而受到约束；而在非正规战争中，参战者将蔑视权威和违反规则视为美德。非正规战争极大损害了一国的根基，使得在这样薄弱的基础上重建稳定的国家变得极为困难。

在与劳伦斯对他在阿拉伯的战役进行了一番讨论后，我意识到了游击战的危险后果。我曾写过一本书分析那些战役，概述了游击战理论。在上次战争中，许多突击单位和抵抗运动的领袖都将其当作指南。温盖特当时只是一名在巴勒斯坦服役的上尉，战争开始前不久他曾来见我，迫不及待地想要在更广泛的层面进行实践。然而，我却产生了疑虑——不是怀疑它的短期效果，而是担心其长期影响。作为土耳其的继任者，现在我们在当初劳伦斯进行阿拉伯起义的地区，遭遇了同样的麻烦。

在重新审视一个世纪前的半岛战争及随后的西班牙历史时，我的疑虑更深。在那次战争中，西班牙的正规军被拿破仑打败后，游击队取而代之，夺取了胜利。在历次反抗外来侵略的民众起义中，这次行动是最有效的起义之一。它不仅撼动了拿破仑对西班牙的控制，还动摇了拿破仑的权力根基，比威灵顿的胜利作用更大。但是，它未能给解放后的西班牙带来和平，而是使武装革命在随后的半个世纪内席卷西班牙，且在 20 世纪又再次爆发。

另一个不祥的例子是，1870 年法国为打击德国侵略者组建了游击队，但后来游击队却像回旋镖那样，对法国造成了伤害。对入侵者来说，法国游击队就像苍蝇那样，虽然惹人讨厌，但是造不成多大伤害。然而，入侵者撤退后，他们却自相残杀，导致巴黎公社之乱，使得法国动荡不安。此后，这些"非法"行为成了法国的顽疾，使法国在随后的岁月中始终不复之前那般强大。

那些计划将暴力叛乱纳入战争政策的人，对于上述历史教训实在过于轻视。在战后的几年内，它们严重破坏了西方同盟的和平政策——不仅是诱发了亚洲和非洲的反西方运动并为其提供了装备。以法国为例，很早就显而易见的一点是，游击队作为对抗德军的手段，军事效果甚微，却在政治和道德层面对法国造成了重大的负面影响。这一恶疾持续传播，加上对外部问题不切实际的看法和处理，法国的安定遭到严重破坏，北约的地位也岌岌可危。

现在吸取历史教训为时未晚。不管以牙还牙，通过伪装战争和类似反击对抗敌人的想法看起来有多么诱人，明智的做法是设计和实施一个更微妙和更有远见的对抗战略。无论如何，政策的制定者和执行者必须比前人更深入地理解这一主题。

附录

1940—1942 年北非战役中的间接路线战略

这是 1942 年，时任中东副总参谋长艾瑞克·多尔曼 – 史密斯少将在中东写给我的信。在 1946 年出版的本书中，这封信出现在前言部分。

亲爱的巴兹尔：

　　早些时候我同你说过，在 1940 年和 1942 年的埃及战役中，我们曾两度遭遇危机，多亏你的建议才扭转了战局。1940 年，正是得益于你的间接路线战略，我们才在西迪巴拉尼歼灭了格拉齐亚尼的军队，并击退了敌人对埃及的第一次入侵。1942 年 7 月，我们在阿拉曼成功挫败了隆美尔的入侵，所采用的防御战略和战术也是直接受到了你的间接路线战略的启发。我很早就想把事情的详细经过告诉你，但直到如今才写完这封信。在信中你会看到，每当我们忽视了间接路线原则，我们都会付出沉重的代价。

　　1940 年 9 月，我接到命令，不再担任印度军事训练部总监一职，前往新成立的中东参谋学院就任校长。10 月初，当格拉齐亚尼的侵略军在西迪巴拉尼附近被阻截时，我到西部沙漠与奥康纳的部队待了两个星期。奥康纳正在研究进攻的可能性，但格拉齐亚尼的陆军和空军都占据数量优势。我们分析了格拉齐亚尼的部署失误，探讨了两种方案的可能性：一是从悬崖南面绕一个大弯向塞卢姆和哈法亚发起进攻，并在敌人的战线后面形成你所说的"战略阻塞"；二是在西迪巴拉尼附近发动攻势。由于运输的限制，我们最终选择了第二条路线。

　　然而，由于在中东的空军本身就不多，部分还被调至希腊，我们不得不推迟进攻。11 月 21 日，韦维尔命我重访西部沙漠指挥部。在那里，奥康纳指出意大利军队在西迪巴拉尼南部有一个设防的沙漠营地，他想要派第四印度师对其发动进攻，正准备进行演练。他希望我对此发表一下个人看法。正如演练的那样，这次行动将完全从正面进攻，沿着"最符合敌人预期的路线"直接穿过一个雷区，而我们却没有办法扫清其中的地雷。那时时间都已确定，我们的炮兵在天亮后有四个小时的时间进行试射。这非常危险，因为在此停顿期间，由于敌人具有巨大的空中优势，我们的突击部队将处于敌人的空军威胁之下。总而言之，这个方法符合上级的指示，但不符合战术情况，势必会失败。那天晚上，奥康纳、盖洛维和我想出了一个非正统的、非常间接的迂回行动。我们把得出的结论写成了一篇报告，名为《进攻沙漠营地的方法》，将其作为行动的战术指导。该报告在方向、方法、时机和心理上应用了你的"间接路线"原则，效果惊人。

　　12月8日，我们开始行动，逼近敌人营地。那天晚上，我们的部队在敌人防线最南端的尼贝瓦营地以南集结，靠近该营地和索发弗营地群之间的缺口。这个缺口正对着敌人朝向陆地的侧翼。12月9日，破晓后，陆军坦克营（皇家坦克团第七营）和第四印度师的一些摩托化步兵立即从后方袭击并占领了尼贝瓦营地，随后又从后方占领了图马尔。这一次，炮兵没有进行试射就直接开火，不再有长时间的停顿。72门炮从与坦克攻势相反的方向狂轰意军的营地——后来我们称赞炮兵"沉重打击了敌军的士气"，事实也的确如此。与此同时，第七装甲师也快速穿过缺口，向西进入敌人整个前沿地区的后方，切断了敌军与增援部队的联系，并阻止了敌军向塞卢姆撤退。通过组合使用各种间接战术，我们完全打破了敌人的平衡，瓦解了敌军的抵抗，在悬崖以东围歼了大部分敌军。尽管敌军颇具人数优势，还掌握了制空权，但我们的伤亡却很少。正如韦维尔在给我的信中写到的那样："背离正统是一件危险的事情，但倘若严格遵循正统思想，你便很难赢得战斗。"

　　奥康纳的这次攻势有一个耐人寻味的特点：由于严重的运输限制，他被迫倒掉淡水，舍弃弹药，在格拉齐亚尼眼皮底下的流动前哨地带作战48小时。如果在这段时间内他的攻势没有成功，他将不得不因为缺水而撤退，并使用运送物资的车辆运送步兵。我想，除他之外，没有英国指挥官会在这种不利条件下发动攻势。在欧洲大陆，除俄国人之外，也几乎没有人会这么做。但是，奥康纳却两次这样行动（第二次是在贝达富姆）。他是一个有勇有谋的斗士，擅长运用间接路线，因而也是一个非常危险的对手。

　　在我们推进到昔兰尼加东部后，我在1月撰写了一份夺取巴迪亚和托布鲁克的作战报告。奥康纳向我阐述了他未来的作战计划，我有幸参与策划，并跟随第七装甲师对贝达富姆进行侧翼行军，切断了班加西以南的敌军的退路，阻止他们撤退到的黎波里塔尼亚。

这些事情都发生在你的《间接路线战略》再版之前。但很长一段时间以来，我一直沉浸在你从历史经验中萃取的精华里，而且这些精华中还注入了你自己的军事哲学。我惊奇地发现，在实际作战时，我们的行动完全证实了你的理论。

1941年末，我终于收到了你在夏天寄给我的再版著作。接下来的几个月里，我反复拜读，对战略原则有了全新的、更深刻的理解。北非战役的事实充分证实了你的理论，更加凸显了其重要性。毫无疑问，从1940年12月到1941年2月，奥康纳的行动在战略和战术方面都是运用间接路线的杰出例证。从西迪巴拉尼的良好开端，到贝达富姆的辉煌胜利，每一次行动都直接印证了你在书中所分析和阐述的真理。奥康纳的确是一流的指挥官，事实上也是本场战争中唯一一个"在开阔地带杀死狐狸"的英国野战军指挥官。

1941年春天，隆美尔突然出现，使用间接路线这一武器对付我们。我们这支规模较小、装备不良的部队仓皇向托布鲁克撤退，勉强逃过一劫。唉，不幸的是，在此期间奥康纳被德军俘虏了。此时我们做了一个大胆的决定，以四个半个旅的兵力在托布鲁克外27.5英里的地方安营扎寨，组织防御。我们想要从隆美尔手中夺回间接路线武器，虽然相较于宏大的目标来说，我们的兵力少得可笑，然而，我们已经拿出了在埃及所有能用的部队了。在整个夏季和秋季，敌人的力量勉强能够一面在托布鲁克牵制我们，一面把守他们在塞卢姆周围的阵地，阻止我们从陆路解托布鲁克之围。坚守托布鲁克的决定要归功于丘吉尔和韦维尔。4月10日，我飞赴托布鲁克，向莫斯黑德传达了坚守当地的命令。

1941年6月，我们对埃及边境发动攻势。虽然形势为"斜向进攻"提供了广阔的空间，但我们却选择从正面进攻，结果自然是惨败。同样地，因为直接进攻的路线太过明显，我们从巴勒斯坦向叙利亚的推进也遇到了激烈的阻击。我们原本可能惨败，但幸好我们转变方向，从伊拉克北部间接推进，并在奥金莱克的指挥下，进攻虚弱的维希－叙利亚政府军的东翼，从后方打败了他们。这再次证明了间接路线原则的正确性。到目前为止，每一次行动都证明了你的理论是正确的。

1941年6月，奥金莱克从印度赶赴中东，接管了中东的指挥权，重组了西部沙漠中有些萎靡不振的军队，重振士气，准备再次向在昔兰尼加的轴心国军队发动进攻。在此阶段，西部沙漠部队重组成了第八集团军。托布鲁克仍然被围，而隆美尔也开始集中兵力，打算对托布鲁克薄弱的防御发起决定性进攻。11月，在隆美尔准备夺取托布鲁克之前，我们发起了"十字军"行动。当时的战略形势对我们有利，为第八集团军司令坎宁安提供了一条良好的作战线，使其可以从马达莱纳附近一个隐蔽的沙漠补给区向北推进，并有两个目标可供选择：或是从后方进攻围困托布鲁克的敌军，或是从后方进攻在边境防御的敌军。另一方面，隆美尔背对大海，处境尴尬，既要围攻托布鲁克，又要保住他的哈法亚阵地，因此没有纵深。由于我们从马达莱纳进军，隆美尔被迫在与交通线呈直角的情况下和我们交战。尽管我们有如此大的优势，但这次行动还是没能摧毁隆美尔的部队，因为我们的战术计划是首先用装甲部队引出隆美尔的装甲部队，通过作战牵制他们，然后再进行间接行动，从后方攻击围攻托布鲁克的敌军或是在边境防御的敌军。隆美尔虽然在战略上未曾料想到，但是他凭借优越的技术和装甲部队，并协调其他兵种联合作战，在战术上使我们遭遇了失败。此后战斗完全成了军团指挥官之间的较量，直到里奇找到了一条通过古比井和阿德姆的间接路线，导致隆美尔将他的主力撤回到阿格海拉，牺牲了他在边境和巴迪亚的部队，我们才夺取了胜利。

此后，我们却抛弃了间接路线原则。隆美尔从阿格海拉发起突击，而我们的部队过于分散，仓皇撤退。有一次在姆苏斯，隆美尔同时威胁到了班加西和梅基利，让里奇陷入了进退两难的境地。里奇一溃千里，朝托布鲁克方向快速撤退，退至加扎拉—比尔哈凯姆防线后停了下来，直到那时他才摆脱追兵。从1942年2月到1942年5月，第八集团军据守在加扎拉—比尔哈凯姆防线进行休整，而隆美尔则高枕无忧地待在绿山，计划进一步击溃我们。那段时间，我到第八集团军的前线视察，思考如何吸取教训，改进现代军队的战术布局。格拉齐亚尼在西迪巴拉尼的部署存在许多缺陷，而里奇在加扎拉和托布鲁克的部署又重复了这些问题——第八集团军在1942年2月至5月期间的部署与意军在1940年10月和11月在西迪巴拉尼的部署惊人地相似，都缺乏深度，也不够灵活，而且重要的分遣队都无法及时得到战术支援。

在这里，我们遇到了沙漠战最大的问题，即正面与纵深的比例问题以及前沿部队与预备队的比例问题。在沙漠中，机械化机动部队可以快速行军，尤其是因为补给问题，野战军的规模大幅缩减，以至于"原地不动"的防守军队很容易被敌人包抄。为了应对这一风险，军队总是倾向于过度延伸战线，导致深度不够，预备队消耗也很严重。然而，这样做从来没能成功解决问题。当陆军缺乏机动部队或攻击性装甲兵力薄弱时，以及当指挥官对这种战争的基本性质一无所知时，这种趋势尤其明显。1942年秋，隆美尔本人也犯了这一错误，在7月的战斗中，他将战线过度延伸到了盖塔拉洼地，因此当蒙哥马利进攻时，他的防御几乎没有纵深。

格拉齐亚尼和里奇之所以会失败，是因为他们不曾遵循你在"战略行动"一节中提出的建议：应该合理部署军队，使之在遭遇敌人的后方突袭时，可以转到新的方向作战，这样不至于失去平衡，也不会惊慌失措。指挥官应该明白，"敌人向你的后方行军这一事实，并不构成一种间接路线战略"。这意味着，防御的军队必须能够在侧翼和后方安排足够强大的兵力，与正面的兵力不相上下。在所有战争中，有效的防御行动不仅要阻挡敌人前进，还要能够为全面反击创造条件。

事实上，一支守军只有三种可能的部署：一是线性部署，配有机动预备队；二是环形部署，即前方呈线形，但尾部封闭（又名"刺猬形"部署）；三是棋盘格子状部署，其中有许多抵抗枢纽，尽可能广泛地分布，以便预备队能在其中快速移动，且彼此之间可以用火炮相互支援。这一部署必须使得至少75%的机动火力能够集中投向敌人的进攻点，在敌人冲破防御之前击退他们。这意味着要放弃野战勤务规则中各师"各扫门前雪"的概念，因为它使得我们的指挥官产生了这样一种倾向：如果有多个师分布在既定的防线上，那么每个师都应只专注于防御自己的前线，并且只在自己也有可能受到威胁时才支援邻近的师。同时在此概念下，支援任何受到猛烈攻击的前方师，或者保护阵列免受后方攻击，都是预备队的任务。

规模较小的部队在开阔地带进行防御面临如下困难：防守的一方总是过度延伸防线，因此其防御几乎没有纵深，预备队也短缺。除非他意识到自己的人数、正面宽度和机动性存在问题，并相应地进行调整，否则极有可能失败。

解决这一问题的方法似乎是将罗马军团的部署加以现代化：处于守势的军队将防御力量分成几部分，每部分防守一个枢纽，各个枢纽之间的横纵距离为一万码左右。每个枢纽都配有一定数量的炮兵和步兵，而其余的炮兵、步兵和装甲部队可以在整个防守区域内自由移动，要么集中前去支援受到威胁的点，要么攻击试图绕过阵列的敌军的侧翼和后方。举例来说，如果一个军队由四个步兵师和一个装甲师组成，那么该军队可以部署在一个 24 英里长、18 英里宽的矩形区域内，这样装甲部队能够以此区域为支点作战，区域内各个枢纽之间也可以相互支援。机场应被置于后方，受到地面部队的掩护。这一矩形区域的两侧应该配有轻型机动部队，并给他们独立的补给维修区域。此外，重型装甲部队应置于略微靠后的位置，但仍要在火力掩护范围内——整个防御体系应灵活机动。在开阔地带，每一个枢纽都应占据高地，以便观察四周的情况和控制周围的行动区域。而如果该区域相对封闭又道路纵横，那么这些枢纽应占据道路的交会点，整体应该机动、灵活而又防御严密。还记得我刚从埃及回来时你曾给过我一份关于防御体系的研究报告吗？这个系统和你的想法完全一致。

如果第八集团军当时在托布鲁克以南按照这种方式进行部署，那么隆美尔必败无疑。但是正如我上文所说，第八集团军的实际部署是直线型的，无法阻挡传统的斜线战术攻势。5月

27日，隆美尔正是使用传统的斜线战术攻势发起了进攻。他的计划是一方面派非洲装甲军团中的大部分意大利部队牵制里奇的战线，一方面派规模相对较小的德国非洲军团带着几支精良的意大利部队，绕过比尔哈凯姆的自由法国哨所，袭击里奇在阿德姆和骑士桥之间的薄弱防线。虽然隆美尔的初次进攻没有完全成功，但这一巧妙的打击使里奇陷入瘫痪。首先，隆美尔摧毁了第五十师的一个孤立的旅，并占领了比尔哈凯姆孤立的自由法国阵地，从而消除了后方威胁。其次，在挫败了我们的几次正面反击，使我们损失惨重后，隆美尔对阿德姆发起新的进攻，再次使里奇陷入进退两难的境地，因为这一进攻同时威胁到了两个目标：一是我们在加扎拉地区驻守的部队的后方；二是我们在托布鲁克以东的阵地，那里是我们的铁路终点站，还有许多野战仓库。面对这一威胁，陆军司令将超过一半的第八集团军撤到了埃及边境，剩下的留在托布鲁克。在托布鲁克的部队没有战斗机的掩护，注定会被毁灭。

隆美尔的这些行动是间接路线的杰作。他的兵力规模很小，仅有约两个装甲旅和四个机械化步兵旅，却击败了里奇的整个第八集团军。他派人数众多但战斗力较弱的意大利部队从正面进攻，牵制了第八集团军的大部分兵力。

6月25日，奥金莱克接替里奇，直接指挥西部沙漠的作战行动，我也陪同奥金莱克去了第八集团军司令部。这时，第八集团军的残部在埃及边境躲过了隆美尔的围堵，正朝马特鲁港附近撤退。奥金莱克的到来给这场斗争带来了新变局，因为他将剩余的全部兵力集中在了马特鲁附近。作为总司令，他有权做出更广泛的战略决策，在这场危机中最大限度地集中兵力。他要解决的第一个问题是：是在马特鲁附近作战，还是向东撤退？马特鲁的防御阵地是出了名的坚固，乍一看似乎是很好的作战场地，但倘若想要守住马特鲁，防守的军队必须拥有足够强大的装甲部队，能够防止敌人从沙漠中绕行。如果没有这样一支部队，马特鲁和巴吉什防御工事就会变成缺水的集中营，因为敌人绕过侧翼后，将会快速冲至尼罗河三角洲。

由于我们在先前的战斗中损失了大部分装甲部队，总司令决定只在马特鲁以南进行机动战，阻碍敌军推进，以此争取时间，在阿拉曼附近组织主力防御，在那里"为埃及而战"。他还做出了另外两个决定以改变战争局势，使他的行动自然而然地具有了间接路线的价值。第一个决定是再次集中炮兵的更高指挥权，此前炮兵一直被分散到野战兵团的步兵旅。第二个决定是放弃之前在阿拉曼和盖塔拉洼地之间的防御工事，它们过于分散，不再适合他的战斗方式——这一决定使敌人大为困惑。此外，他还缩小了编队规模，这些编队包含太多易受攻击的非机械化步兵，不适合这场机动战。

我认为，历史将会证明，奥金莱克在1942年6月和7月对第八集团军的处理不仅挽救了盟军的命运，而且也为研究军事的学生提供了间接路线的经典例证。虽然他在战略上必然是防御性的，但在战术上的每一个行动都是进攻性的。他的残部回到阿拉曼后，他首先考虑的是粉碎隆美尔经由海岸向亚历山大港的快速行军。7月1日至3日，轴心国部队攻击了我们在阿拉曼以南的阵地，遭到了猛烈的炮轰和空袭，这是因为我们在阿拉曼至鲁韦萨特山脊间建立了弹性规避防线。这条防线的组织形式也很新颖，步兵和炮兵在这条防线上并排作战。事实上，这条防线以24磅炮为基础，步兵与其紧密相邻作为掩护，余下的坦克负责支援。面对这样一道防线，德国非洲军团难以取得突破，士气日颓，到 7 月 3 日，他们停止了进攻。

　　奥金莱克抓住机会，毫不迟疑地派左翼发动进攻。左翼由新西兰师的机动部队和第七机动旅组成，由戈特负责指挥。这次攻势旨在打击隆美尔的右翼卫队，当时他们大约在海岸和盖塔拉洼地的中途。这次进攻重创了意大利的阿瑞特师，隆美尔将手下的大部分德军调至右翼，将右翼延伸至盖塔拉洼地，留下意大利军负责沿海的左翼。7 月 10 日，莫斯黑德的澳大利亚第九师发起进攻，取得了极大成功。隆美尔凭借刚从克里特岛空运来的部队才勉强转危为安，并不得不把疲惫的德军火速撤到北方。奥金莱克立刻发起了第三次进攻，这一次由新西兰军队对抗在隆美尔战线中心的意大利军。

　　这三次精心策划的攻势使意大利军士气低落，隆美尔不得不将德国非洲军团打散，分散在大海和盖塔拉洼地之间整整 40 英里的防线上，导致具有强大进攻力量的非洲装甲军停滞不前。

　　因此，到 7 月中旬，轴心国的入侵被击败了。从那时起，由于战事和疾病，他们的伤亡日益惨重。因为他们在开阔的沙漠里有长达 40 英里的防线，完全暴露在猛烈的空袭和 300 多门野战炮的集中轰炸之下。隆美尔对尼罗河三角洲的进攻已经彻底失败，且从他到达阿拉曼以来，他手下已有 9000 名兵士被俘。但是隆美尔有相当强大的恢复能力。我们需要加强埃及的总体防御，并加固第八集团军的阵地，这样一来，如果隆美尔再次进攻，他必败无疑。我们还有必要为追击做好准备，一旦形势迫使隆美尔从他暴露的过长防线中撤退，我们就可以及时行动。不过，以他的性情，他似乎不太可能这样做。

　　当务之急是巩固第八集团军的阵地，该阵地位于大海和鲁韦萨特山脊之间的开阔地带，南侧完全暴露。我们已经看到，在这些战役中，有两次军队分布在开阔的沙漠中，结果被人数较少的敌人击毁（你的书中对此也进行了完整的描述）。奥金莱克面临的问题是要保证第八集团军不重蹈里奇的覆辙，防止隆美尔威胁他们的侧翼。他的解决方案是对我在前面提到的理论布局的实践。在放弃了1941年准备的不合适的阵地后，他立即在第八集团军的前线后不远处，建造了一个棋盘式阵地。阵地略微延伸至鲁韦萨特山脊南部一点，长达20英里，其间每个枢纽点横纵各相距一万码，每个点都有两个步兵营和一个25磅炮的炮兵连驻守。一个师有三个步兵旅，分管三个这样的枢纽点。点与点可以相互支援，没有一个点是孤立的。但是这些枢纽点仅构成了全军地区防御计划的框架，凡是不需要据守这些点的军队，统归奥金莱克亲自指挥，可以在侧翼、正面或后方自由作战。这个巨大的棋盘里还布有雷带，位置很巧妙，既便于己方反击，又使敌人无法加以利用。这样部署的军队可以在任何方向正面作战而不会失去平衡。没有任何一部分有孤军作战的危险，指挥官也无须因为担心敌军的后方进攻而分散注意力——此前格拉齐亚尼和里奇就犯了这一致命错误。奥金莱克的司令部就位于棋盘内。

但我们要做的还不止这些。如果敌人从棋盘的侧翼发起进攻，我们需要对其进行内外夹击，因此奥金莱克安排了装甲部队和机动部队，预备从东南方向对这种进攻发起反击。这一计划在三个方面应用了间接路线：首先进行棋盘式部署，以一种本质上间接的方式迎接敌人的进攻，而重型装甲集团和轻型机动部队分布在恰当的位置，以不同的方式间接逼近敌人的侧翼和后方。

现在，哪怕我们的第八集团军在得到从国内前来的援军支援前，就被隆美尔从阿拉曼－鲁韦萨特棋盘阵地撤回，我们也不会一败涂地，因为我们到达阿拉曼后，就立即在更东边修筑了第二道防线，以防第一次防御战失败。为此，亚历山大港的防御延伸到了艾姆里亚以外的沙漠和尼罗河以东。奈特伦谷这一天然障碍也成为防御区的基础，而在开罗以西，耕作区的防御延伸到了法尤姆，并准备在马迪附近和更南边的尼罗河上架桥。如果第八集团军因为隆美尔过于强大而不得不从阿拉曼地区撤退，这项工作可以保障其井然有序、完好无损地撤退，并且一如既往地能够从两个方向威胁敌军的侧翼。

1942 年 8 月 6 日，当韦维尔视察第八集团军时，他在离开前对我说："你们的部署的确非常有利。采用这种防御形式，你们可以伴装向后撤退，引诱敌人进入你们布下的罗网中。你考虑过这样做吗？"事实上，我们已经研究过这种可能性，并认为成功的希望似乎很大。

对军事科学来说，令人遗憾的是，这种防御布局从未在战斗中得到适当的检验。因为当隆美尔在 9 月再次推进时，得到加强和休整的第八集团军在数量、火力和装甲方面都远胜于他，因此当他向棋盘布局的南翼发动进攻时，我们强大的预备队立刻猛烈反击，使他未能取得任何进展，并被击毁了大约 60 辆坦克。从整体上看，战斗是按照我方总司令的计划而不是隆美尔的计划进行的。奥金莱克无疑是此次胜利的头号功臣，其他指挥官因他的远见而受益。当然我们也不能抹杀总司令的功劳，哪怕是在危机中，他也为实施一系列新想法做好了准备。事实上，在 7 月，隆美尔就注定会失败，尽管我们不得不等到 10 月，等到蒙哥马利发动反击，才为奥金莱克的胜利画上完美的句号。正是间接路线原则和防御性进攻启发了我们的部署，这些都可以在你的著作中找到。

在这场战争中，我们在中东的部队经历了两次危机，一是西迪巴拉尼的进攻战，二是保卫埃及的防御战。如果当时我们的部署失误，我们在中东的部队很可能已全军覆没。如果奥康纳当初失败了，或者隆美尔击败了奥金莱克领导下的第八集团军，轴心国将会占领埃及和中东，历史将被彻底改写。任何一位将军，倘若处在奥金莱克的位置上，面对如此危急的情势，恐怕很难像奥金莱克这般冷静和明智。1942年7月，奥金莱克采用间接路线实施了一连串行动，逆转局势，从灾难中夺取了胜利。在战争史上，无论是防御还是进攻，很少有如此优秀的例证可以充分说明间接路线的价值。从某种程度上来讲，这些行动都受到了你这本书的启发。这并不意味着奥康纳或奥金莱克或任何优秀的将军都是照着书本打仗的，但是可以说明，他们在战争中与在和平时期一样，对军事理论不断进行研究和思考。回顾这一系列战役，可以发现，采用间接路线的一方往往都能取得胜利，除非敌方在地面武器、机动性和空中力量方面具有压倒性优势。因而我们可以得出结论，间接路线原则具有极高的价值，任何一名指挥官都不应忽视。此外，值得注意的是，无论是在加扎拉的隆美尔，还是在西迪巴拉尼的奥康纳，都不具有空中优势。可见，无论空中优势多么强大，都无法补救地面上的糟糕指挥。

一些读者可能会批评你的书中没有给出固定的取胜方案，但是他们可以从中找到一个解决战争问题的关键方法，那就是采用间接路线。这是一种考验智慧的工具，只有头脑灵活和敢于打破正统的人才可能使用，有些思路开阔的士兵就曾在克朗塔夫会战前询问布赖恩·博鲁:"今天要打一场什么样的战争?"世间并不存在一条固定且现成的作战规律。只有正确评估当前的形势,考虑敌我双方的力量对比,采用最恰当的间接路线,才能打破敌人的心理和物质平衡,剥夺他们的自由。在某种情况下这可能与物资补给相关,在另一种情况下则可能与火力攻击相关。要依据间接路线原则决定是进攻还是防守。即使采取战略防御,偶尔也可能需进攻,而战略进攻有时也源于最初的战术防御。精神状态也很重要。采取间接路线发动进攻是必要的。无论敌人多么强大,如果一直采取防御态度,那么在精神上就已经输了。迂回进攻的目的是找到敌人的弱点,打击其士气;目标应是在心理上扰乱敌军统帅。一方取得了多大的成功,要看其在过程结束时享有多大的行动自由。为此,应采取一切可能的方法让敌人捉摸不透,例如同时威胁多个目标。但是,固定的方案是不存在的,要根据实际情况采取行动,且绝不能忘记间接路线原则。

毫无疑问,在所有军事行动中,要想取得胜利,必须具备常识和理性,并懂得使用间接路线。对于需要独当一面的指挥官来说,最后一种素质尤为必要。间接路线无疑是赢得战争胜利的正确方法。

你永远的朋友,

艾瑞克

1942 年 10 月